KINZAI バリュー叢書

コロナ禍と世界経済

田中　理・西濵　徹
桂畑誠治・星野卓也［著］

一般社団法人金融財政事情研究会

はじめに

２０１９年末に中国で始まった新型コロナウイルスの感染は、わずか数カ月のうちに世界中に広がり、多くの人々の命と当たり前の日常を奪っている。感染防止を目指した都市封鎖の影響で経済活動が全面停止し、世界経済は過去に類のない失速を余儀なくされた。本書は、一連の危機をつぶさにフォローしてきた第一生命経済研究所のエコノミストによる共同執筆書である。なぜ感染がここまで拡大したのか、各国・各地域で感染が拡大した経緯、感染防止や景気悪化を食い止めるための措置を振り返るとともに、危機後の世界が直面する変化や課題をあぶり出すことを目的としている。

本書は全8章からなる。第1章「コロナ危機の構図」では、新型コロナウイルスがどのように世界各国に蔓延していき、経済危機へと発展したのかを振り返った。加えて、リーマン危機との対比などを通じ、コロナ危機の経済危機としての特異点を明らかにしている。第2章「ＳＡＲＳの教訓を活かせなかった中国」では、２０００年代初頭に中国において流行したＳＡＲＳと新型コロナウイルスの対比を通じ、この間の中国経済の変質についてまとめている。また、感染拡大とあわせて進行した中国の監視社会化の加速に焦点を当て、こうした中国の国家モデルの今後についても論じた。

第3章「コロナ危機で統合強化に向かう欧州」は、欧州各国の政策対応を中心に議論を展開した。そのなかで、復興基金の創設をはじめ、危機を契機に結束を深めていく欧州の姿を明らかにしていく。第4章「世界大恐慌以来の経済危機に直面する米国」では、米国の経済情勢や政策対応を詳らかに整理したうえで、コロナ禍をきっかけにさらなる成長を遂げた米IT産業などに焦点を当てる。

第5章「グローバル化の波に飲み込まれた新興国」は、危機のもとでいっそう明らかになった新興国の中国依存の構造を示す。さらに、対外収支構造の脆弱な新興国が内包する特有のリスクファクターについて考察を行った。第6章「新型コロナウイルス禍の金融市場」では、コロナ禍における株式・債券市場、商品市場の動向を詳細に確認したうえで、今後の金融市場の大きな流れやリスクについて検証する。

第7章「揺れに揺れた日本の経済政策」では、日本経済の動向のほか、コロナ禍で露見した日本のさまざまな政策課題を示した。具体的には、行政サービスのデジタル化、ジョブ型雇用制度、フリーランスの社会保障制度などについて、その現状や加速する議論の状況、今後の展開等を記した。第8章「コロナ危機後の世界」は、危機後の回復の姿を展望することに加え、中央銀行への依存、経済格差、グローバル化の今後など、危機後の世界経済が直面する課題について論じた。

本書は、新型コロナウイルスが経済・金融に及ぼした影響や政策の動向、今後の課題を網羅的にまとめあげた内容となっている。また、可能な限り平易に伝えることにも重きを置いており、読者として経済・金融に興味のあるビジネスパーソンや学生をはじめとした幅広い層を想定している。各章は基本的に独立した内容となっているため、興味のある分野から読み進めることができるように構成されている。

本書は、新型コロナウイルスを発端とする経済危機の記録であると同時に、私たちが前例のない危機のなかで世界経済の現在を知り、将来を展望するために行った分析・思考の記録でもある。本書が、コロナ禍と世界経済を理解するうえで少しでもお役に立てれば、リサーチに携わる人間としてこのうえない喜びである。

2020年11月

星野　卓也

目　次

第4章　世界大恐慌以来の経済危機に直面する米国

桂畑　誠治

第5章　グローバル化の波に飲み込まれた新興国

西濵　徹

第6章 新型コロナウイルス禍の金融市場

桂畑 誠治

第7章　揺れに揺れた日本の経済政策

星野　卓也

第8章　コロナ危機後の世界

田中　理

第1章

コロナ危機の構図

星野　卓也

第1章では、新型コロナウイルスの感染拡大が、どのように経済危機に波及していき、各国がどのようにそれに対処していったのかをみていく。国・地域ごとのコロナ危機の姿に関する詳らかな内容については第2章以降に委ねることとし、第1章ではコロナ危機の構図やその特徴を俯瞰することを目的としている。そのなかで、直近の経済危機であるリーマン危機（Global Financial Crisis）との対比などを通じ、今回のコロナ危機がリーマン危機のような金融危機とはまったく別のタイプの経済危機であったことを示す。

1 中国からアジア、欧州、そして米国へ

２０１９年12月8日、中国湖北省武漢市の保健機関により、原因不明の肺炎患者が初めて報告された。これが世界経済を揺るがした新型コロナウイルス（ウイルス名「SARS-CoV-2」）の最初の感染例とされている。２０２０年1月14日には、世界保健機関（ＷＨＯ）が当時原因不明だった肺炎が新型コロナウイルスによるものであることを確認した。この時点で、中国当局は「ウイルスが人から人に感染する可能性は排除できないが、リスクは低い」との立場だった。このもと、1月19日から、中国の旧正月である「春節」の帰省ラッシュが始まる。中国では、延べ30億

人が帰省などのために移動し、海外旅行をする人も多かったが、いまになってみれば、これが世界的な感染拡大のきっかけとなった可能性があるだろう。

ＷＨＯはその後1月21日に、新型コロナウイルスについて人から人への感染がみられる、と発表。1月23日には、中国の武漢で感染拡大防止のため、都市封鎖（ロックダウン）を実施した。この時点でＷＨＯは国際的な緊急事態には当たらない、と発表していたが、その1週間後の1月30日には「国際的に懸念される公衆衛生上の緊急事態」であると宣言した。

その後、日本や韓国、台湾などアジア地域において順を追って感染が広がったが、危機レベルが一気に高まったきっかけはイタリアでの感染拡大であった。イタリアでは、2～3月にかけて新規感染者数が急拡大し、ピーク時には６０００人／日を超えた。イタリアの感染が欧州周辺国に広がり、3月に入ってからは米国においても感染が広がっていった。新型コロナウイルスの感染は、中国を中心とした「アジアの問題」ではなく、「世界の問題」に変容していった。こうしたなかで、2～3月の金融市場は荒れた。2月最終週のニューヨークダウ平均株価は３５８３ドルの下落となり、週間下げ幅ではリーマン・ショックを超える大きさとなった。商品市場では、原油価格の主要指標であるＷＴＩ価格が一時「マイナス」になるという異常事態も発生した。金融市場の混乱とともに、新型コロナウイルスがグローバルな経済危機に発展するという認識が世界で共有されていくこととなる。

こうしたなかでＷＨＯは、３月11日に新型コロナウイルス感染症（病名「COVID-19」）について世界的流行、「パンデミック」と認定した。

2 新型コロナウイルスがかくも厄介な理由

新型コロナウイルスについては、まだ多くの点が明らかになっておらず、本章執筆時点（２０２０年10月）においても、全世界で医学的見地からの検証が進められている最中にある。本書は経済書であり、ウイルスの性質に関する細かな議論には踏み込むことはしないが、感染拡大が経済危機に波及した経緯を示すために、ウイルスの特徴について最低限の整理を行う。

新型コロナウイルスは感染・発症すると、発熱・咳・倦怠感などの症状が生じる。重症化すると呼吸が苦しくなる、胸の痛みなどの肺炎症状が現れ、最悪の場合には呼吸が困難になり、死に至る。主な感染経路は飛沫感染や接触感染である。飛沫感染とは感染した人が咳やくしゃみをした際に飛散したウイルスを吸い込むことで生じる感染を指し、接触感染はそうしたかたちで飛散したウイルスが付着したものを触った手から、目や口などを通じて感染することを指す。日常生活における簡単な所作を通じて感染が広がっていく。

新型コロナウイルスが世界的な流行を招いた背景には、①無症状患者の存在、②重症化・致死率の低さ、の2点が指摘される。ＷＨＯによれば、新型コロナウイルスの感染者は、80％以上が軽症、または不顕性感染（感染しても無症状）である。症状が出ない場合には、自らが感染したことに気づかずにほかの人に感染を広げてしまう。こうした「ステルス感染」の存在によって、感染症の最も基本的な対策である「感染者の完全隔離」がむずかしい状況に陥った。また、致死率も過去に流行した感染症に比べて決して高くはない。過去に流行した感染症と特徴比較をしてみると、２００２年からアジアやカナダで流行した重症急性呼吸器症候群（ＳＡＲＳ）の感染者数は８４３９人、死亡者数は８１２人で致死率は９・６％にのぼった。２０１２年ごろから流行した中東呼吸器症候群（ＭＥＲＳ）は感染者数が２５１９人、死亡者数は８６６人で致死率は34・３％だ（２０２０年1月までにＷＨＯに報告されている値）。これに対し、新型コロナウイルスの致死率は４％強程度であり、ＳＡＲＳ、ＭＥＲＳよりも致死率が低くなっている。

また、新型コロナウイルスに感染した場合でも、特に若い年齢層においては重症化・致死率が低い点も各国共通で示されている。ウイルスに感染しても、多くの人が軽症・無症状のままである一方、基礎疾患保有者や高齢者は重症化しやすく、死に至る可能性が相応にある。また、重症患者の増加によって医療供給体制がひっ迫すれば、十分な医療サービスの提供が困難になり、より多くの命が失われる可能性が高まることになる。若い人など重症化リスクの低い人にとって、自らがウイルスに感染することはさほど大きな問題にならない一方、そうした無症状者や軽症者がリスクの高い人に感染を広げてしまうことで重症者・死亡者が増えてしまう。

　このようなウイルスの性質は、各国に政策対応の「余地」を生み出し、それをむずかしくした。仮に、どんな年齢層でも感染すれば高確率で死に至るような強い毒性のあるウイルスであれば、人の移動をウイルスの完全せん滅までいっさい禁じる、という強い政策を各国は打ち出したであろう。そしてその方針に異論は生じず、世界各国で協調、世論からの反対も生じなかったと考えられる。しかし、重症化率・致死率が「低い」がために、日常生活と感染症対策を「両立」するという選択肢が生まれ、各国政策当局はこれらをうまくバランスさせることが求められた。そうしたなかで、各国の対応は大きく分かれ、例えばフィリピンのように自宅待機などの命令に従わない人には「軍・警察による射殺も辞さない」（ドゥテルテ大統領）といった強硬な感染症対策をとる国がある一方、ブラジルのように、新型コロナウイルスを「ちょっとした風邪」であり、「経済が機能しなければ自殺など別の原因で死ぬ人が出てくる」（ボルソナロ大統領）と評する国もあった。新型コロナウイルスはその毒性の弱さゆえに、政策対応に当局者の裁量が介入する余地を生み出した。そして、政策対応の問題・経済の問題に発展していくことになったのである。

3 国ごとに分かれた外出規制のかたち

多くの国では感染抑止のため、外出を制限する措置をとった。不顕性感染者の存在ゆえに、「だれが感染しているかわからない」という状況のもと、感染しているか否かにかかわらず、人と人との接触を断ち切ることで感染の収束を目指した。

この対応は経済活動に大きな影響を与えることとなる。特に、飲食サービス、観光、エンターテインメントなど、対人サービス業は事実上の活動停止を余儀なくされることになった。例えば日本では、宮川ほか（2020）がグーグルが公表した人出の変動データを用いて、人出の減少した都道府県において企業の倒産確率が上昇している点、宿泊・飲食サービス業の倒産確率が高いといった業種ごとの異質性などを明らかにしている。外出の規制が経済の悪化に直結するという状況のもとで、各国の政策当局者は「経済」と「感染抑止」の2つを常に天秤にかけた政策運営をしいられることになる。

各国はどのような規制措置をとったのか。「経済」と「感染抑止」がトレードオフの関係にあるなかで、各国の対応も大きく分かれた。図表1－1は、オックスフォード大学が算出している政府の新型コロナウイルス感染症対応の厳しさを測る「厳格度指数（Stringency Index）」につい

図表1－1　厳格度指数の国際比較

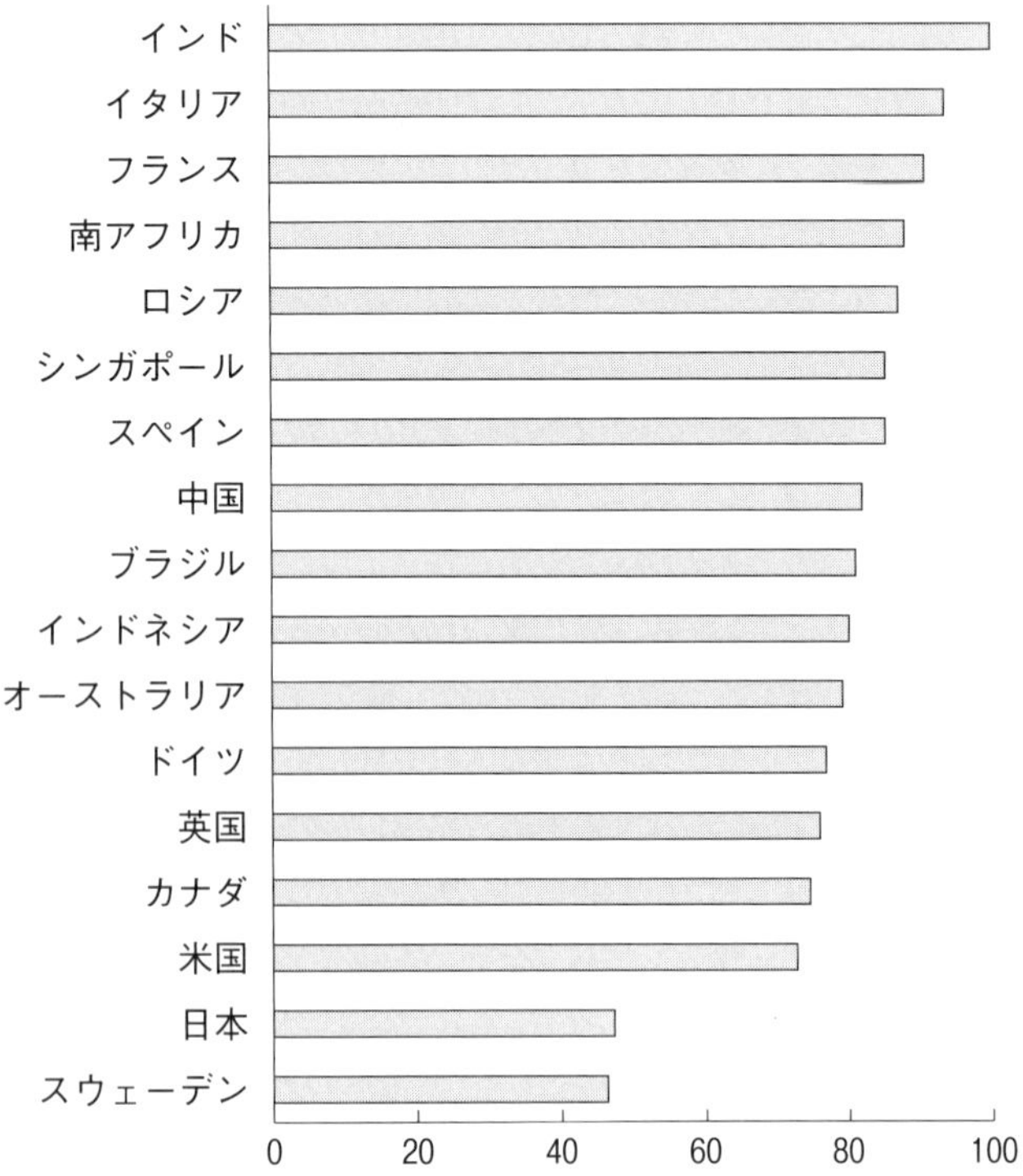

(注)　各国の規制の強さを0～100でスコアリングした値。2020年3～8月におけるピーク値。
(出所)　オックスフォード大学より第一生命経済研究所作成

て、主要国の比較を行ったものだ。この数値は政府のロックダウンの厳格度を表したもので、学校閉鎖、職場閉鎖、公共イベント、集会、外出自粛、国内移動制限、海外渡航制限などの項目について、それぞれ「どの程度の強制力があるか」「地域限定か全国一律の措置か」などの共通軸でスコアリングした値を示している。高ければ高いほど、より厳格なロックダウンが行われていることを示しており、横断的に国際比較をすることができる。

厳しいロックダウン措置を行った国の一つがインドである。インドでは、人々の自宅からの外出制限に加え、必需品輸送や警察・救急サービスなどを除き、道路・航空・鉄道などすべての輸送サービスを停止させた。また、教育機関や工業施設も全面的に停止した。これに対し、厳格度指数が低く、緩めの対応をとった国として、スウェーデンや日本があげられる。スウェーデンでは社会的距離（ソーシャル・ディスタンス）の確保や高齢者施設への訪問自粛が呼びかけられたが、強制力のある外出規制を実施しなかったほか、企業活動や店舗営業が認められた。また、高校や大学はオンライン授業を中心としたものにシフトする一方で、それ以下の子どもには普段どおりの登校を認めた。公共交通機関も平常どおりに運行した。日本でも、外出に対しては厳格な「規制」ではなく強制力のない「要請」を行った。企業に対してテレワークが呼びかけられたが、公共交通機関は通常どおり運行した。

ともに緩い規制を選択した日本とスウェーデンだが、その内容には差異がみられる。図表1－

図表1－2　厳格度指数の内訳

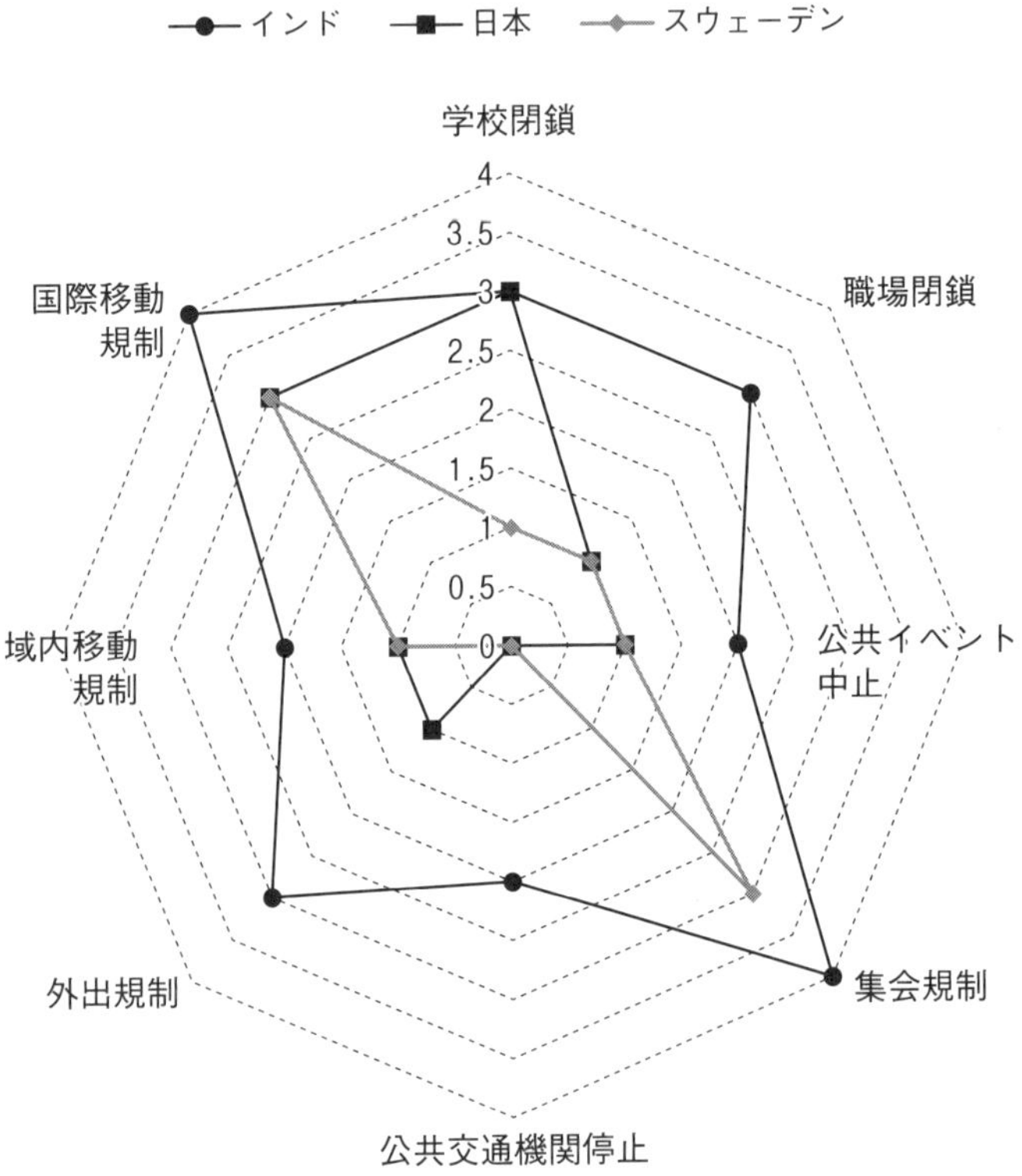

（注）　2020年7月までの期間におけるピーク時の値。
（出所）　オックスフォード大学より第一生命経済研究所作成

2は、厳格度指数の構成要素をレーダーチャートにしたものである。日本とスウェーデンとの違いとしては、日本は学校の休校措置に踏み切ったのに対し、スウェーデンでは小中学校では通常どおりの登校を認めた点がある。さらにスウェーデンでは大人数の集まる集会については罰則付きで制限が加えられたのに対し、日本では集会規制は行われなかった。感染防止のための規制も各国によってまちまちであった。

4 財政・金融政策は一気に危機モードへ

新型コロナウイルスの感染拡大やそれに伴う外出規制などの影響で経済活動に多大な悪影響が及ぶなか、2020年春先ごろのマーケットの混乱を契機として、各国当局は財政・金融政策をフル稼働させていった。図表1－3では、主要先進国の財政・金融政策の内容をまとめている。

各国政府の財政政策は、企業や雇用の保護や資金繰り支援、家計所得の補てんに主眼が置かれた。米国では、給与保護プログラム（Paycheck Protection Program: PPP）が打ち出された。この制度は、新型コロナウイルスの影響を受けた中小企業や個人事業主を支援するため、従業員の人件費や賃料、水道光熱費等に充てる資金を融資によって提供するものだ。この制度の最大の特徴

日本	・雇用調整助成金の対象・給付率の拡充 ・影響を受けた中小企業、自営業主への給付金 ・全国民を対象とした家計向け給付金 ・納税、社会保険料支払の猶予
主な金融政策	
FRB	・FF 金利の 150bp の利下げ ・国債買入れ、オーバーナイトレポ、タームレポの拡大 ・主要中央銀行とのスワップラインのコストを引下げ ・米ドルスワップラインを多くの中央銀行へ拡大
ECB	・民間、公的部門の証券を対象とした資産買入れプログラム（PEPP） ・貸出条件付長期資金供給の第 3 弾（TLTRO 3） ・新たな流動性ファシリティ（PELTRO） ・適格担保基準の時限的緩和
BOJ	・国債買入れ上限の廃止 ・社債、CP、ETF、REIT の買入れペース拡大 ・特別資金供給オペ、民間金融機関に貸出インセンティブを付与
BOE	・政策金利の 65bp 引下げ ・国債、社債の買入れ拡大 ・中小企業融資に対する貸出インセンティブ付与

（出所） IMF、JETRO 等より第一生命経済研究所作成

図表１－３　主要国の財政金融政策

主な財政政策	
米国	・給与保護のための返済義務を免除可能な融資 （Paycheck Protection Program：PPP） ・失業給付の拡大 ・低中所得家計への給付 ・学生ローン返済の猶予
ドイツ	・時短労働者への助成金（Kurzarbeit）の拡大 ・低所得の親へ育児給付金を拡大 ・深刻な影響を受けた中小企業経営者・自営業者への給付金 ・一時的な付加価値税（VAT、日本の消費税に相当）の減税
フランス	・社会保険料、納税の延期と税額控除 ・時間短縮スキームのもとでの企業への賃金支援 ・影響を受けた零細企業、自営業者への給付金、家賃や光熱費の支払延期 ・期限切れ失業給付のロックダウン終了までの延長
イタリア	・雇用保護、解雇された労働者や自営業者の所得支援 ・影響を受けた企業への税金繰延べや公共料金の支払延期 ・家計への所得支援
英国	・休業した従業員の給与の８割を支給 ・固定資産税の減税、影響を受けた企業への直接助成金 ・ユニバーサルクレジットの支給額増加 ・一時的な付加価値税（VAT、日本の消費税に相当）の減税

は、雇用維持の目的に沿うための一定要件を満たせば、返済義務が免除される点にある。融資の形式をとっているが、実質的には企業への給付の性格が強い。ドイツでは、企業が失業防止のために、従業員に時短労働を行わせた際に支給される給付金制度がある（Kurzarbeit）。新型コロナウイルスの拡大を受け、この適用要件を従来の「労働時間短縮を従業員数の3分の1に適用する場合」から「従業員の10％に適用する場合」へと緩和した。これにより、従業員を短時間労働に転換させ、仕事の分散（ワークシェアリング）を促すことで、失業を防ぐことをねらった。英国では、新型コロナウイルス雇用維持スキーム（Coronavirus Job Retention Scheme）を設けた。雇用形態などを問わずに、新型コロナウイルスの影響で一時帰休となる従業員の給与の80％を企業に支給することを決定した。日本でも、既存の制度として企業が労働者を解雇せずに一時帰休として雇用を維持した際に支給される雇用調整助成金があるが、新型コロナウイルス対策として、これの適用要件や給付率の拡大が行われた。すなわち、既存制度では雇用保険加入者のみを対象としていたところをすべての従業員に拡大したほか、助成額も休業手当の3分の2から5分の4に引き上げた（中小企業の場合）。また、中小企業について、地方自治体などの休業要請を受ける場合には助成率を１００％とするなどの特例措置が設けられた。

中央銀行も、経済の下支え、企業の資金繰り支援や市場安定化のための措置を総動員した。3月、新型コロナウイルスの欧米への感染拡大を受けて金融市場が混乱するなかで、米国の中央銀行である米連邦準備制度理事会（ＦＲＢ）は、日本、欧州、カナダ、英国、スイスの中央銀行とドル・スワップ協定を締結した（後にオーストラリア、ブラジルなど9カ国が加わる）。金融市場が不安定化するなかで、基軸通貨であるドルの需要が高まったことを受け、各国中央銀行を通じて市場にドルを潤沢に供給するための措置であった。各国中央銀行の金融政策もまた、緩和方向に大きく舵を切った。ＦＲＢは金融政策を決める連邦公開市場委員会（ＦＯＭＣ）を臨時に開催し、３月３日に50ｂｐ、３月15日に１００ｂｐの緊急利下げを実施した。加えて、借入コストを抑制するために国債やモーゲージ債券の購入拡大や、短期資金を融通するためのレポ取引の拡充などが実施された。ＥＣＢにおいても、新たな枠組みであるパンデミック緊急資産買入れプログラム（Pandemic Emergency Purchase Programme: PEPP）、条件付長期資金供給オペの第３弾（TLTRO3）といった大規模な資金供給策が実施されている。日本銀行も従来「年間80兆円をメド」としてきた国債買入れについてその上限を撤廃したほか、社債やコマーシャル・ペーパー（ＣＰ）、ＥＴＦ・ＲＥＩＴの買入れペースを拡大した。

このように、各国当局は大規模な財政・金融政策を通じて経済影響の極小化を図ったが、それでもコロナ危機の経済への影響は甚大だった。感染の起点となった中国では、１－3月期のＧＤＰ成長率が前年同期と比べてマイナス６・８％となった。中国のコロナ前の成長率は６％強のプラス成長が巡航速度であり、その落差は大きい。工場や店舗の休業、労働者の自宅待機などをしい

図表1－4　主要国のGDP成長率（前期比年率）

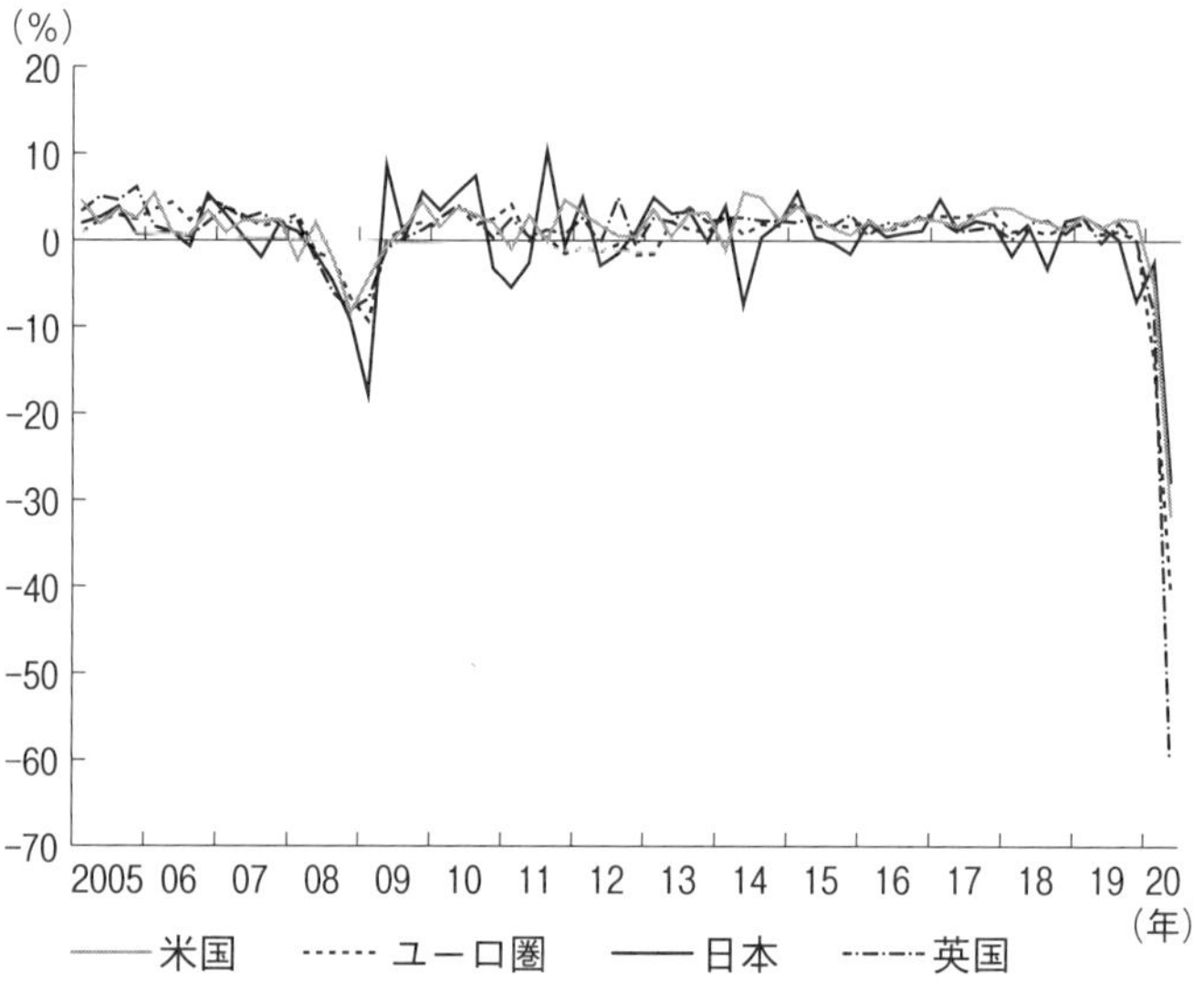

（出所）　Refinitiv より第一生命経済研究所作成

られ、多くの経済活動が停止した。その後に感染が広がった主要先進国では経済への影響は4－6月期に集中し、経済指標は惨憺たる内容だった。各国の4－6月期のGDP成長率は、米国でマイナス32・9％、ユーロ圏でマイナス40・3％、日本ではマイナス27・8％に及んだ（前期比年率・速報段階の値、図表1－4参照）。いずれも四半期の成長率としてはリーマン危機時を上回るマイナス幅の大きさである。

　日米欧のGDPの動向（速報段階の値）を需要項目別に確認すると、共通して著しい悪化がみられたのが、感染拡大に伴う外出規制の影響を受けた個人消費である。例として、米国の個人消費の内訳をみると、耐久財（耐用年数の長い自動車や電化製品などへの支出）が前期比マイナス０・４％、非耐久財（食品など耐久財以外の財）が同マイナス４・２％、サービスが同マイナス13・３％の減少となった。特に消費への影響が大きかった分野がサービス業であり、ヘルスケア（同マイナス21・９％）、飲食サービス・宿泊（同マイナス34・２％）、娯楽サービス（マイナス49・５％）の減少が著しかった。人と人との接触や長距離の移動を伴うようなサービス業において、新型コロナウイルスの影響が大きかった。

　こうした経済活動の停滞によって、労働市場も甚大な影響を受けた。国際労働機関（ＩＬＯ）が６月にまとめたレポートを参照すると、世界の労働時間は２０２０年１－３月期に世界の労働時間の５・４％が、４－６月期には14％が失われたと推計されている。これらはフルタイムの労働者１億５０００万人、４億人分の労働が失われたことに相当する。ここには、新型コロナウイルスの感染拡大を受けて①失業して次の職探しをしている人（完全失業者）の労働時間が失われたことに加えて、②失業したが次の職探しができていない人や、③労働時間を短縮した人、④雇用関係を維持しながら休業状態にある人の労働時間の喪失が含まれる。各国ごとにみてみると、米国の失われた労働時間のうち、46・４％が①失業して次の職探しをしている人が増加したことによるものであるのに対して、英国では73・０％が④雇用関係を維持しながら休業状態にある人によるものとなっている。ここには各国の政策対応の違いが影響している。失業保険の拡充を行った米国では、レイオフ（一時的な解雇）が一般的に行われることもあり、いったん失業者となって失業給付を受け取る人が増えた。一方、雇用を維持した企業に対して80％の賃金補償をする政策を打ち出した英国では、従業員の雇用を維持しつつ休業させた企業が多かった。また、早期に感染を収束させた韓国は56・0％が③労働時間の短縮の影響によるもの、厳しい外出規制が敷かれたペルーでは、②失業して次の職探しをしていない（できていない）人の寄与度が88・0％を占めている。一般的に、雇用情勢を分析する際には失業者の動向をみる。しかし、経済指標の定義のうえで失業者としてカウントされるのは、先の①失業して次の職探しをしている人だけである。新型コロナウイルスの感染拡大は、政策の内容などに応じて多様なかたちで労働機会の喪失を招いており、その影響は単に失業者の動きのみをみるだけで測りきれない広範囲なものとなった。

5　コロナ危機の特性分析——リーマン危機との比較などから

ここまで、2020年前半までの新型コロナウイルスの感染拡大の経緯や世界経済に生じた影響などについて概観した。ここからはコロナ危機がこれまでにもたらした経済への影響をみていくことで、その危機としての性質を明らかにする。コロナ危機はそのショックの大きさから、2008年に始まったリーマン危機と対比して扱われることが多い。しかし、その危機の性質は多くの面で異なっている。

供給ショックを起点としていること

経済におけるショックは、大きく3つに大別することができる。①供給面のショック、②需要面のショック、③金融面のショックだ。供給のショックは、例えば戦争や自然災害があげられる。戦争によって生産設備やインフラが損壊することによって、これまでどおりに物をつくったり、モノを運んだり、サービスを提供することができなくなることを通じて経済活動に悪影響が及ぶケースである。新型コロナウイルスの感染拡大の影響は、第一にこの供給ショックに分類することができる。ウイルスの感染拡大によって、突如工場の生産活動や人の移動、観光サービスの提供などを行うことができなくなっている、という点がその特徴である。これに対して、2008年のリーマン危機は金融ショックを発端としている。サブプライムローンの膨張を背景とした住宅価格の暴落によって、大手証券会社のリーマン・ブラザーズが経営破綻に追い込まれた。その影響が関連企業に波及するとの観測が広がるなかで、米国政府の対策も遅れたことから金融市場において経済不安が広がり、世界的な金融危機へと連鎖してしまった。資産価格の暴落を受けて消費が落ち込み、同時に進んだドル安は特に米国に対する輸出依存度の高い国を中心に悪影響を広げていった。この点で、リーマン危機は金融ショックが需要ショックに波及し、経済の悪化を招いた例であるといえる。

一般的に、需要ショックへの政策対応は、財政・金融政策のアクセルをふかすことによって経済活動を活性化させることで行われる。政府の減税・公共投資の追加や、中央銀行の金融緩和を通じて、需要を喚起することによって、経済全体の需要と供給のバランスを正常化させるのだ。

一方、供給ショックが起きた際に行うべき対応はボトルネックの解消だ。「財・サービスへの需要が存在しているにもかかわらず、その供給ができない」という状態を克服することが処方箋となる。例えば、毀損した生産設備やインフラを復旧させること、断絶したサプライチェーンを復旧することなどがそれに当たる。コロナショックでいえば、ウイルスの感染拡大を食い止めることや、外出せずに仕事ができる環境を整えることなどである。

ではなぜ、供給ショックであるコロナショックに対して、各国政策当局は大規模な財政・金融政策をとる必要があったのか。実際に、供給ショックに対して需要を喚起するようなマクロ経済政策をとることに対し、一部の経済学者などからは反対意見も出ていた。

需要喚起策が必要な理由は、コロナ危機が供給ショックと需要ショックを併せ持った性質を有するためだ。労働者が仕事をすることを妨げる都市封鎖は、供給ショックの性質が強いものであるが、それによって労働者が所得を失えば、その人は製品・サービスを買わなくなる。後者は需要ショックにほかならない。Brinca et al.（2020）は、米国の労働時間と実質賃金のデータを用いて、今回のコロナショックによる経済の落込みが、供給ショックによるものなのか、需要ショックによるものなのかという要因分解を試みている。推計モデルを簡単に説明すると、労働時間と賃金が同方向に動く（ともに減る）場合には需要ショック、逆方向に動く場合（労働時間が減り賃金が上がる）には供給ショックが発生している可能性が高いとみなす。需要・供給ショックともに労働時間の減少を招くが、需要ショックであれば労働需給緩和→賃金下落が生じ、供給ショックであれば需給ひっ迫→賃金上昇が生じているという想定によるものだ。米国で感染が広がり、ロックダウン措置がとられた4月データの分析結果によれば、おおむね3分の2が供給ショック、残りの3分の1が需要ショックであるとしている。供給ショックが大宗を占めるものの、需要ショックも相応の寄与度があったことが示唆されている。

　時間をおいて、供給ショックが将来の需要ショックにつながっていく、という視点も重要だ。こうした視点での需要ショック対策の必要性についてはGuerrieri et al.（2020）の議論が参考になる。ここでは、今回のコロナショックが典型的な供給ショック以上のものに波及するリスクをはらんでいると論じられている（ケインズ的供給ショック）。換言すると、供給ショックの影響を受けた多くの労働者が所得を喪失し、そうなれば消費に回る支出が削減され、より大きな需要ショックにつながるおそれがある、ということだ。このため、コロナショックへの対応は需要対策と供給対策の両建てで進める必要がある、と論じている。失業対策や家計への直接給付により需要ショックをやわらげることが、結果的に景気後退の深刻度合いをやわらげることにつながるのである。

リーマン危機は金融ショックをきっかけに需要ショックを招いたものであり、コロナショックは供給ショックを起点に需要ショックにつながったものであると整理することができる。この点で経済危機の構造が根本的に異なっているのである。

金融危機への伝播が回避されたこと

先の議論でも明らかなように、供給ショック、需要ショック、金融ショックの3つのショックは、それぞれが完全に独立しているわけではなく、各々に相互関係がある。今回のコロナショックは、供給ショック→需要ショックを招いた例であると説明したが、経済悪化に対する懸念が高まったことで、2020年2~3月の金融市場は大荒れとなった。前述のとおりリーマン危機は、不動産バブルの崩壊が金融機関の破綻を招き、その波及懸念からさらに金融市場が悪化して実体経済の悪化を招くというスパイラルを生んだ事例だ。コロナショックもまた、金融市場の暴落をきっかけにさらなる事態の悪化を招く可能性はおおいにあった。

しかし、4月以降の金融市場はこうした懸念とは裏腹に反発した。図表１－５は米国の株価指標であるＳ＆Ｐ５００、その変動が投資家にどう予測されているかを示すＶＩＸ指数、社債市場の信用スプレッドである。ＶＩＸ指数は、オプション市場の動向から投資家が将来の資産価格の変動をどうみているかを指標化したものであり、将来の大幅な株価下落が予想された場合に上昇する傾向がある点から、「恐怖指数」とも呼ばれる。いずれの値も3月半ばごろを最悪期として反転しており、金融市場が徐々に落ち着きを取り戻していったことがわかる。供給ショック→需要ショック→金融ショック→金融機関の経営悪化→さらなる需要ショックという、最悪のスパイラルに突入することは回避されたかたちだ。

これは、政策当局の前例のない対応が奏功したことが大きいだろう。先にみたように、金融市場の混乱のなかで、ＦＲＢは各国中央銀行と通貨スワップ協定を結び、潤沢なドル供給を行うことを示した。各国の中央銀行トップも、コロナ禍に対応して政策を総動員する姿勢を明らかにしていった。政府もまた前例のない規模で財政政策を拡大させた。

リーマン危機時には政府などの対策が遅れたことで、金融市場の不安が増幅され、金融ショックに至った。最終的には政府が金融機関への公的資金注入を行ったが、それを決定するには、「危機を招いた、しかも民間企業である金融機関を政府が救済するべきか」という政治的にむずかしい判断が必要であった。大型金融機関は危機に瀕しても政府に救済される、という理解が広

図表1－5　コロナ禍の金融市場

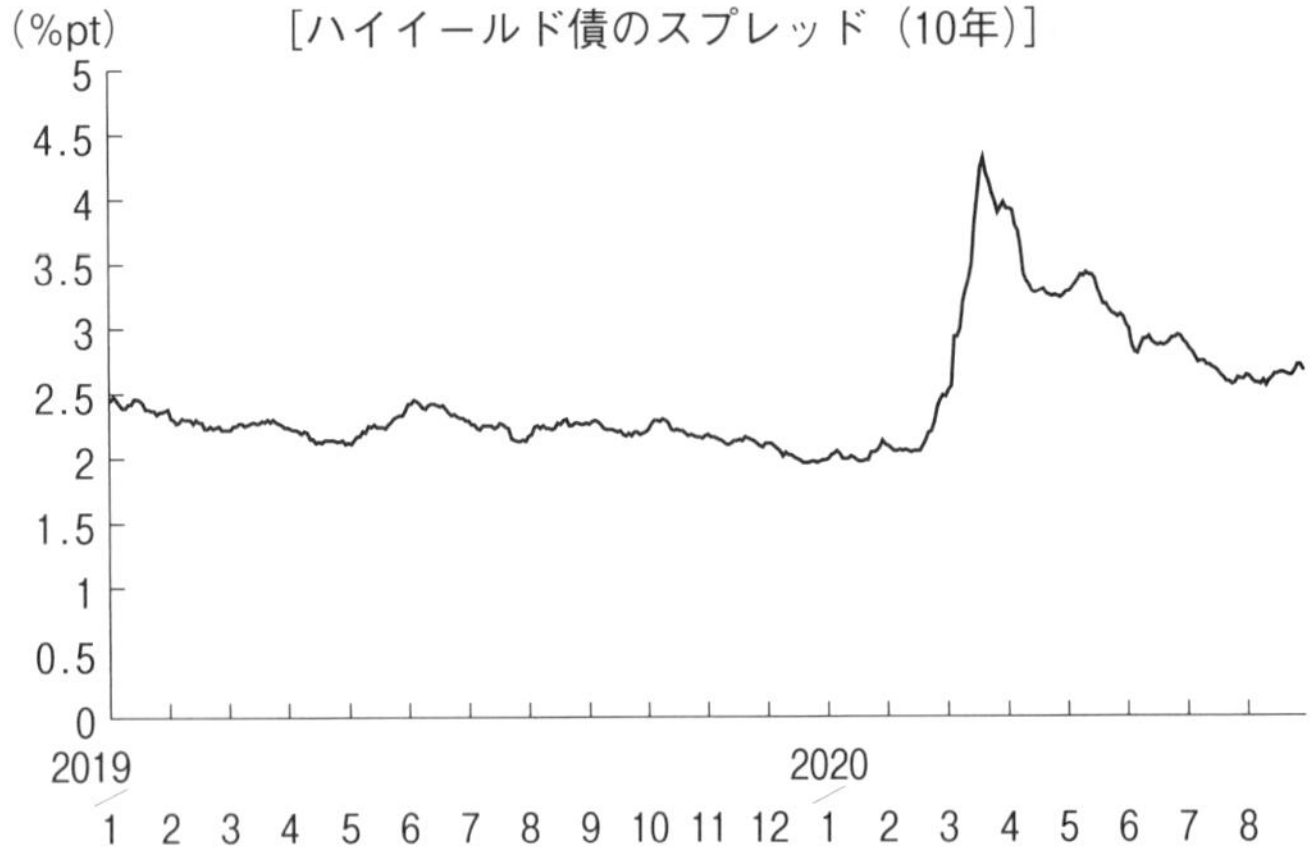

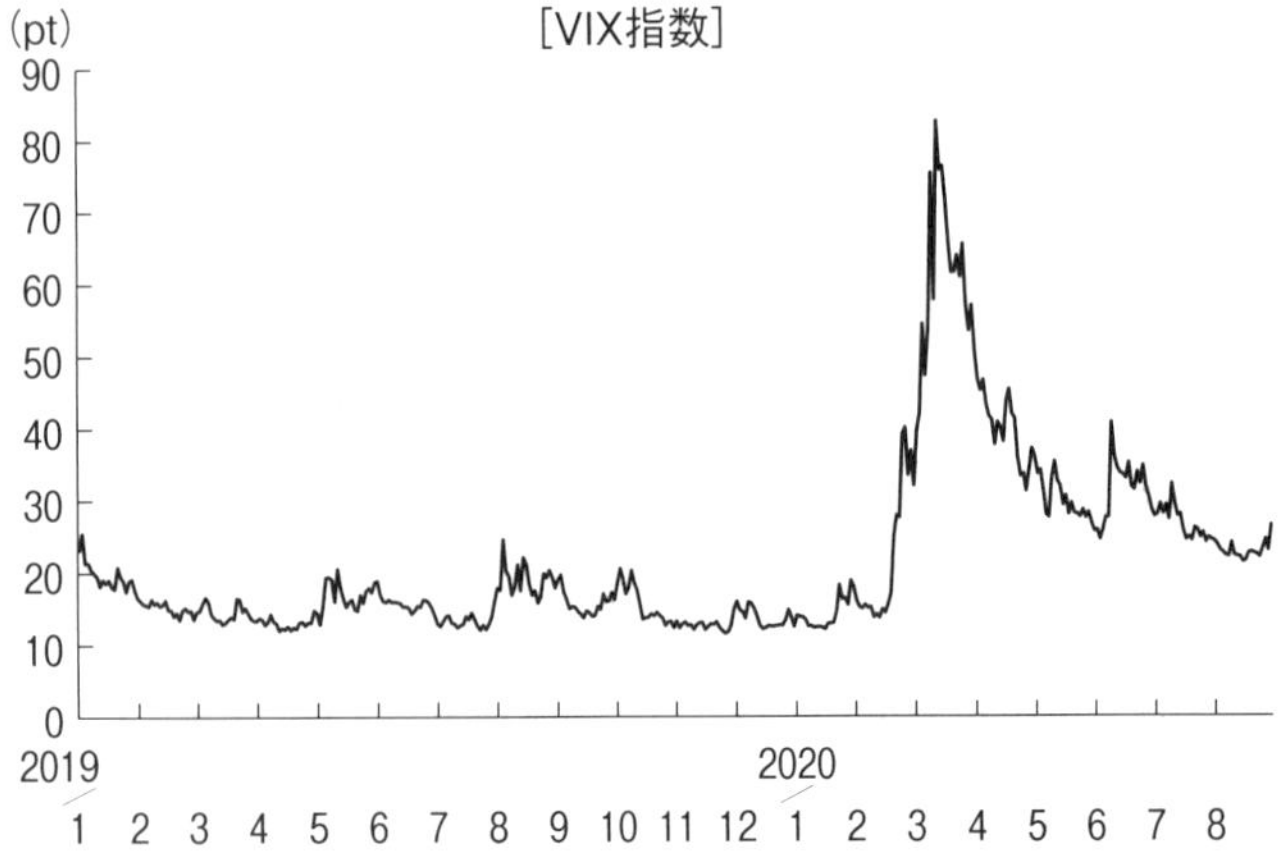

（注）　ハイイールド債のスプレッドはMoody'sのBaa債の値。
（出所）　FRED Economic Data、Bloombergより第一生命経済研究所作成

まることは、モラル・ハザード防止の観点から望ましくないため、この論点が政策の発動を遅らせることになった。リーマン危機を招いたのは金融機関であり企業であり、人であったが、これに対してコロナ危機を招いたものは「ウイルス」だった。ウイルスが経済活動の悪化をもたらす事態を避けるべき、との理念は政治的コンセンサスを得やすく、これが各国政府・中央銀行が協調的かつ迅速な危機対応につながったといえよう。

金融政策の限界のなかで財政政策が主軸となったこと

各国中央銀行総裁が金融緩和を強化するなかで、同時に口にしたのは財政政策への

期待である。１００ｂｐの緊急利下げを実施したＦＯＭＣ（3月16日）後の会見でパウエルＦＲＢ議長は、「影響を被る業種や労働者を直接支援できるのは財政政策だけだ」として、政府の財政政策による景気刺激を求める発言を行った。ＥＣＢのラガルド総裁も、12日の理事会後に「政策が効果を発揮するためにも財政当局による野心的かつ協調的な対応が必要」と述べている。

ここからみえてくるのは、金融政策余地の枯渇である。なかでもＥＣＢや日本銀行は、コロナ前からすでに短期金利をマイナスにする政策を導入していたが、その副作用に関する議論も活発に行われていた。特に、金利収入を収益の柱とする金融界を中心に強い反発が生じており、金融機関の収益悪化に伴う仲介機能の低下が経済にとってもマイナスになる、とする「リバーサルレート」などの考え方も広がっていた。大幅な利下げを行ったＦＲＢにおいても、パウエル議長が、ゼロまで引き下げたＦＦ金利をマイナスにすることに対して、距離を置いた発言を行った。

このように、金利の引下げを含め過剰な金融政策は経済にとって逆効果、との認識が主要先進国の中央銀行に広がるなかで、金融政策は景気浮揚策としての「限界」を迎えていた。そうしたなかで、頼みの綱となったのが政府による財政政策であった。各国政府は雇用維持支援策や中小企業、家計向けの給付金などを通じ、新型コロナウイルスの感染拡大による供給ショックが需要ショックに波及することを防ぐことを目指した。元来、財政規律を重視するＥＵにおいても、各国の財政収支をＧＤＰ対比３％に抑えることを加盟各国に求めるマーストリヒト条約の規則を、一時的に棚上げすることを3月に決めた。図表1－6は、ＯＥＣＤの経済見通し（２０２０年６月）による各国政府の財政収支の推移（２０２０年は予測）をみている。各国の２０２０年の財政赤字の大きさはリーマン危機時を上回る見込みだ。各国政府が財政の均衡を棚上げしてでも、大規模な財政出動を通じて経済を守る姿勢を明確にした。

対人サービス業・女性にインパクトが偏重していること

コロナ危機の特徴として、そのインパクトが非製造業に集中した点があげられる。図表1－7は IHS Markit 社が公表するグローバル購買担当者景気指数（ＰＭＩ）の推移をみたものである。ＰＭＩは各企業の業況を身近に知る立場にある購買担当者を対象に、景況感を尋ねて指数化したものだ。景況が「改善」とする回答と「悪化」とする回答が拮抗する場合には50をとり、50を上回れば景気の「改善」、下回れば景気の「悪化」を示す指標として用いられる。指標は各国で集計されているが、グローバルＰＭＩは各国の指標を統合して世界経済全体の景況感を推し量ることのできる数字であり、製造業、サービス業の２つに分けて公表されている。リーマン危機の最悪期には、製造業のＰＭＩは33・8（２００８年12月）、サービス業のＰＭＩは37・8（２００８年11月）まで低下した。

今回のコロナでは、製造業のボトムが39・6（２０２０年4月）、非製造業は23・7（２０２０

図表1－6　各国の財政収支（GDP比）

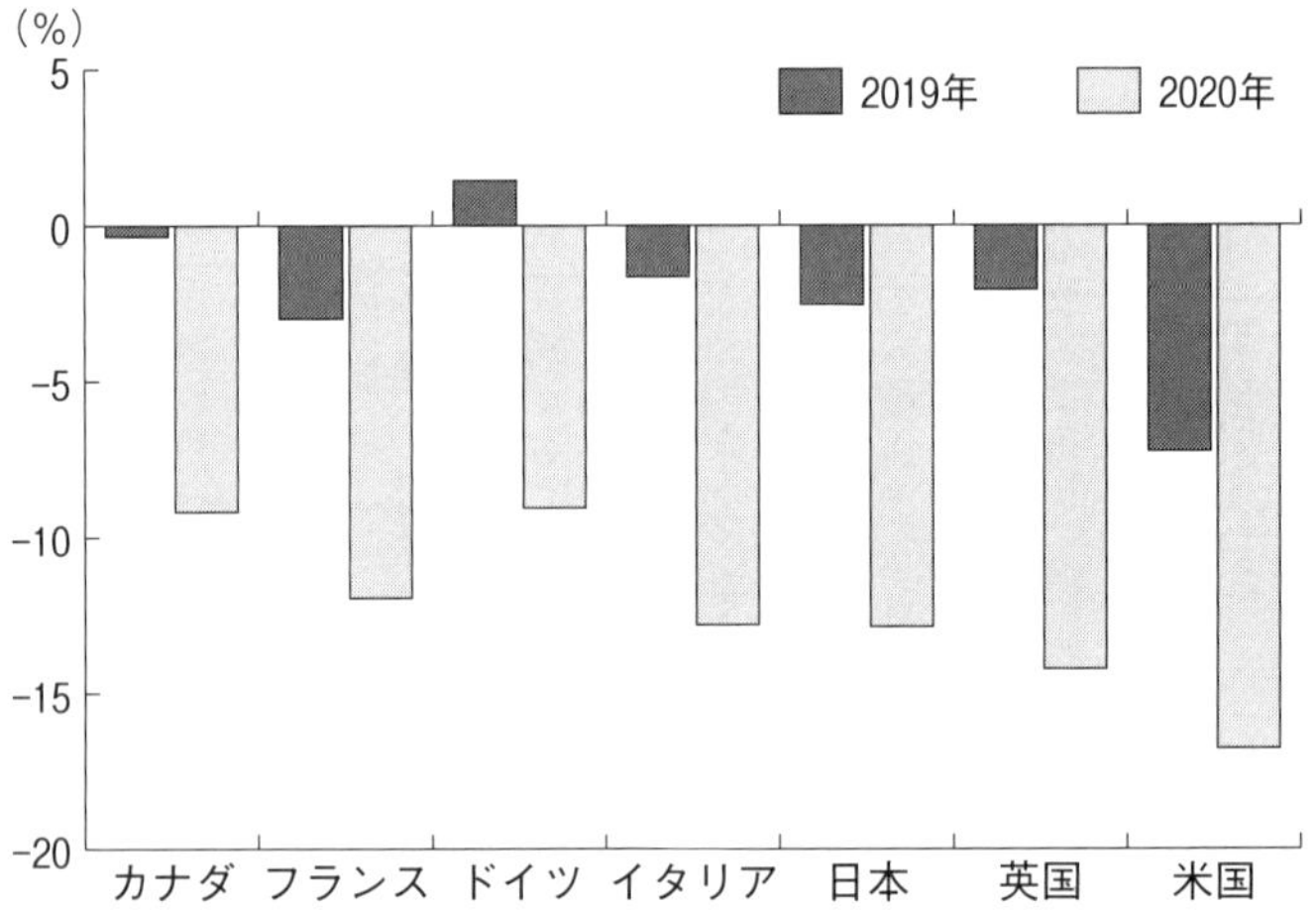

（注）　2020年の値はOECD経済見通し（2020年6月）による。
（出所）　OECDより第一生命経済研究所作成

年4月）だった。リーマン危機時には製造業の景況がより大きな悪化をみせたのに対して、今回はサービス業により大きなショックが及んだ。

リーマン危機時には経済環境の悪化に加えて、ドル安が進行したことが相まって、世界最大の消費地である米国を主要輸出先とする国の製造業において、特に多大な打撃が及んだ。今回のコロナ禍で深刻な影響を受けているのは外出や人との接触を伴うサービス業が中心である。これらの業態ではサービスの提供そのものを行うことができない状態に陥った。製造業も、外出を完全に禁じられた国では生産活動を行うことができなくなったが、世界全体でみれば対人サービス業に

図表1－7　グローバルPMIの推移

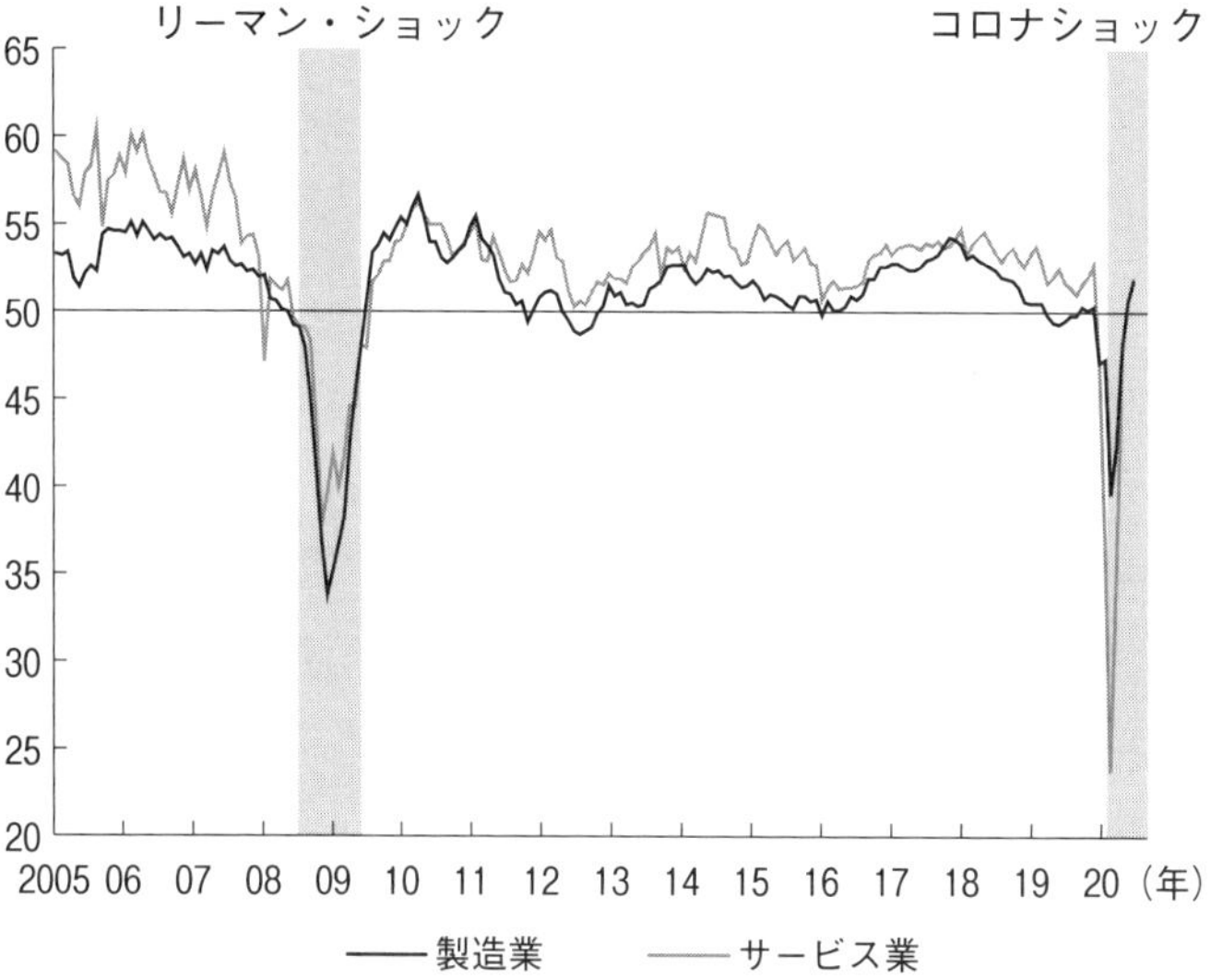

（出所）　IHS Markitより第一生命経済研究所作成

比べてその供給ショックの程度は緩かったといえよう。日本の緊急事態宣言下においても、感染拡大防止のために製造業の工場停止まで求められることはなかった。

対人サービス業では、こうした供給ショックが長引く可能性が高い点もポイントだろう。感染拡大のピークが過ぎたとしても、感染の再拡大を避けるために、例えばソーシャル・ディスタンスの確保などが求められた。このソーシャル・ディスタンスの確保は、特定の業態では供給制約そのものになる。例えば、スポーツイベントや劇場、遊園地などのエンターテインメント産業では、ソーシャル・ディスタンスの確保のために収容人数を減らす必要が生じ、従来どおりのかたちでサービスを供給することができなくなってしまう。人数が減る分、単価をそのままにすれば収入は減ってしまうが、施設借入費用などはコロナ前と変わらない。一方で、供給ショックが早期に解消する業態では、補助金や減税などの需要喚起のための財政政策の恩恵も受けることができる。この意味で難題となるのは、供給ショックの影響を受け続ける最も状況が厳しい業態が、需要喚起策の恩恵を受けられない、という点だろう。日本では、家計に1人当り10万円を支給した特別定額給付金の効果で、電化製品や家具の売れ行きが伸びた。お金がどこにも回らないよりははるかに良いものの、この制度では、深刻な供給制約を抱える業態にお金は回りにくい。そこで、深刻な打撃を受けた観光業に絞った観光促進策が、旅行代金などを政府が補助する「Go to キャンペーン」だったわけだが、感染の第二波発生に伴って東京都発着の旅行が対象外となるなど、感染防止とのバランスを求められるなかで軌道修正を迫られた。対人サービス業にとっては、感染拡大という供給制約が解消しないことには、財政政策をはじめとした需要喚起政策が機能しない。ワクチンの開発・普及などによる抜本的な解決が図られるまで、供給制約が払しょくされる状態が見通せない。このように供給ショックのインパクトが特定の産業において大きく、さらに長期化するという点で、需要全般の停滞を招いたリーマン危機とは異なっている。

　そして、この業態間のインパクトの異質性は、「女性により深刻な打撃を与える」という、危機のもう一つの性質を生み出している。ＩＬＯ（２０２０）によれば、世界全体で、深刻な打撃を受けた宿泊施設、外食サービス、卸小売などの業態で働く女性はおよそ5億１０００万人にのぼる。これは女性全体の40％に相当し、男性の36・６％よりも高い割合だ。地域別にこの割合を比較すると、中央アメリカ（女性：58・９％、男性：43・０％）や東南アジア（48・５％、33・２％）でより顕著である。また、各国では家事労働者として働く女性が多いが、接触回避を求められるなかで失業リスクにさらされている。こうした人たちの多くは移民であり、十分なセーフティネットが整備されていない。また、世界的に医療、介護部門で働く人は女性が多く、7割以上にのぼっている。コロナ感染のリスクと隣り合わせで働く人もまた、女性が多くを占めている。

デジタル化が供給ショックをカバーする一方、格差要因になったこと

先に述べたように、コロナショックの初期インパクトは供給側のショックを中心としたものだった。この供給制約の一部をクリアすることを可能にしたものがテレワークであり、テクノロジーの進展だった。多くの国において、外出規制によって従来どおりオフィスに勤務して仕事をすることができなくなった人たちが、ＰＣを自宅に持ち帰り、在宅勤務を行うようになった。コミュニケーションツールの充実など一連のテクノロジーの発展によって、ホワイトカラー職種の多くは、感染症の蔓延のなかでも仕事を行うことができた。これがなければコロナ禍の経済活動

への影響は、より深刻なものになっていたはずだ（筆者たちが本書を書くこともなかっただろう）。そして、コロナ禍はテレワークの可能な職種とできない職種の差も浮き彫りにした。事務・企画・調査といったホワイトカラー職種などでは、テレワークを行うことが容易な一方で、建設現場での作業や医療従事者、コロナの影響の大きい宿泊・飲食サービスやエンターテインメント業などは、完全にテレワークに代替することがむずかしい。Dingel et al.（2020）は、米労働省がスポンサーとなっている職業情報ネットワーク（O*NET）のデータベースなどを用いて、あらゆる職業に関する在宅勤務の実現可能性の分類を実施している。米国における37％の仕事は在宅での仕事に完全に置き換えることが可能であるが、残りはむずかしいとしている。そして、在宅でできる仕事は米国の総賃金の46％を占め、在宅でできる仕事はできない仕事よりも高賃金となる傾向がある点も示している。さらに、ここで導いた職業分類を他国にも適用し、発展途上国など低所得国では在宅でできる仕事の数が米国の半分にとどまっている可能性も同時に指摘している。

対人サービス業は、「テレワークでの仕事に代替できない」という側面においても、コロナ禍の影響を色濃く受けている。さらに、こうした職種は低賃金職種となる傾向も確認されている。こう考えると、コロナ禍は経済格差をいっそう拡大させることになる可能性が高いという示唆が得られる。また、米国では人種別の雇用状況を公表しているが、コロナ禍の影響を黒人やヒスパニック系の人たちが白人より色濃く受けていることが明らかになっている。黒人やヒスパニック系の人たちが、テレワークのむずかしい職種に就いていることがこうした傾向につながっている。米国では黒人男性の死亡事件をきっかけに、「ブラック・ライヴズ・マター（黒人の命は大切だ）」を掲げた人種差別への抗議デモが広がったが、これはコロナ禍でより鮮明になった経済格差と無縁ではないだろう。先には対人サービス業への影響集中が、女性により大きな経済的打撃を与えていることを述べたが、仕事のテレワークへの代替性格差もまた、経済格差や人種間の格差など別の格差問題を浮き彫りにしている。

6 感染状況が回復の成否を決める「ウィズコロナ」の経済

コロナ危機はその収束が見通せない点も厄介なポイントである。収束の「時期」が見通せないことはもちろんだが、その「終わり方」も不透明だ。ワクチンの開発・普及によって感染を恐れる必要がなくなるかたちで収束するのか、それとも人間側が感染リスクを受け入れて生活を元に戻していくのか、さまざまなシナリオが考えられる。

新型コロナウイルスの類似事例として１９１８～１９２０年を中心に世界的に流行した感染症

である「スペイン風邪」がある。このときの収束は世界的に感染が広がったことで集団免疫が獲得され、重症・死亡率が低下したためと考えられている。いずれのシナリオが実現するにせよ、一朝一夕に解決する類のものではないだろう。ワクチンが開発されても、世界全体への普及には時間がかからざるをえない。人間側が感染リスクを受け入れるにしても、各国で感染状況やウイルスに対する考え方が異なるなかにおいて、そのコンセンサス形成は容易ではないだろう。集団免疫の獲得がなされるとしても、そこまでにどれほどの時間がかかるのかは不透明だ。テクノロジーを通じて多くの人がウイルスの情報を得られる現代においては、感染の抑制が一定程度なされる結果として、集団免疫を獲得するまでにはより多くの時間を要する可能性もあろう。危機の終わりが見通せないなかにおいて、各種の感染対策をとりながら新型コロナウイルスとの共存を図る、いわゆる「ウィズコロナ」は長期化する可能性が高くなっている。

「ウィズコロナ」の時代が続く場合、各国は都市封鎖とその緩和を繰り返しながら医療崩壊などの事態を避ける道を迫られることになる。２０２０年、多くの国ではコロナ感染拡大初期に当たる3～4月にロックダウンの強化が行われ、「家にいる時間」が増加＝外出が減少した。しかし、その後の帰結は国によってさまざまだ。感染の震源地である中国は厳格なロックダウン措置のなかで、新規感染者数の第一波の抑え込みに成功した。その後、外出規制の緩和を進めたが、再び感染拡大の兆候がみられたことから再び厳格化、新規感染者数の再拡大は抑え込まれている。欧州諸国、ドイツやフランス、イタリア、スペインなどでは、新規感染者数がピークアウトした後、ロックダウンを段階的に緩和、新規感染者数にも落ち着きがみられている。一方、オーストラリアは同様に段階的に規制を緩めたが、その後感染の再拡大がみられており、外出規制を再度強化するに至っている。日本は、緩めの外出規制のなかにありながらも、感染拡大の第一波の抑え込みに成功したことで、外出自粛要請の緩和を進め外出が増えたが、その後7月ごろから感染が再拡大している。スウェーデンでも、外出時間の増加がみられた後に再度新規感染者数が増加している。そのほか、ブラジルやインド、南アフリカでは、規制の緩和後に感染が加速した。最大の経済大国である米国では、厳しい外出規制を敷いているなかにありながらも、徐々に外出時間が増加し、その後6月半ばごろから感染が再び拡大している。感染が収束に向かう国がある一方で、ロックダウンからの出口戦略において感染再拡大を許してしまう国もみられている。

図表1－8はこのうちオーストラリア・ドイツ・インド・日本の4カ国について、①新規感染者数、②グーグル社の公表するスマートフォンの位置情報データに基づく「家にいる時間」、③先のオックスフォード大学の厳格度指数の3種類の値について国別に時系列プロットしたものだ（2020年8月末までのデータ）。②は新型コロナウイルスの感染拡大に伴い、公衆衛生政策に活用する観点からグーグル社が公開したデータだ。スマートフォンの位置情報をもとに、人々の移

動状況を把握することができる。今回用いた数値はコロナ前と比較して「家にいる時間」が長いか短いかを示している。

こうした感染抑止の出口戦略の成否は、経済の回復にも差をもたらしている。多くの国のサービス業ＰＭＩ（購買担当者景気指数）は４～５月を底にボトムアウトしているが、その後の戻りには差が生じている。第一波のピークアウト後、７月のサービス業ＰＭＩは、感染の再拡大が限定的であった中国やユーロ圏では50を大きく上回る水準をつけたが、感染が再加速した日本や米国では景況感の悪化を示す50未満のレベルにとどまった。感染が拡大すると、再び政府などによる規制が強化されることや、感染を避けるために自ら外出を控える人が増えることなどから経済活動は停滞する。感染を完全に止めることが最大の経済対策であることはわかっているが、完全収束まで経済を止めてしまっては影響が甚大なものになる。新型コロナウイルスの蔓延が続く「ウィズコロナ」の経済においては、感染拡大の動向がそのまま経済回復の成否に直結する状況が続くことになる。そして、ロックダウン措置は感染拡大の抑制に効果を発揮しているとみられる一方、一度感染拡大を抑えてもその後の感染再拡大を防げるわけではないという点も明らかである。多くの国では第一波を抑え込んだ後も感染が続いた（図表１－９参照）。そして、外出規制を緩めた後に再強化をしいられる国も多い。アクセルとブレーキを交互に踏みつつ、その最適速度を模索しながら走っていくしかない状況のもとで、各国は政策の舵取りに悩まされ続けている。

以上、第1章ではコロナ危機の経緯やそれに対する政策対応、危機としての特性について概観してきた。第2章以降では、コロナ危機を受けての各国・地域の政治経済動向や課題、ポストコロナの展望などについてより詳しく明らかにしていく。

［インド］

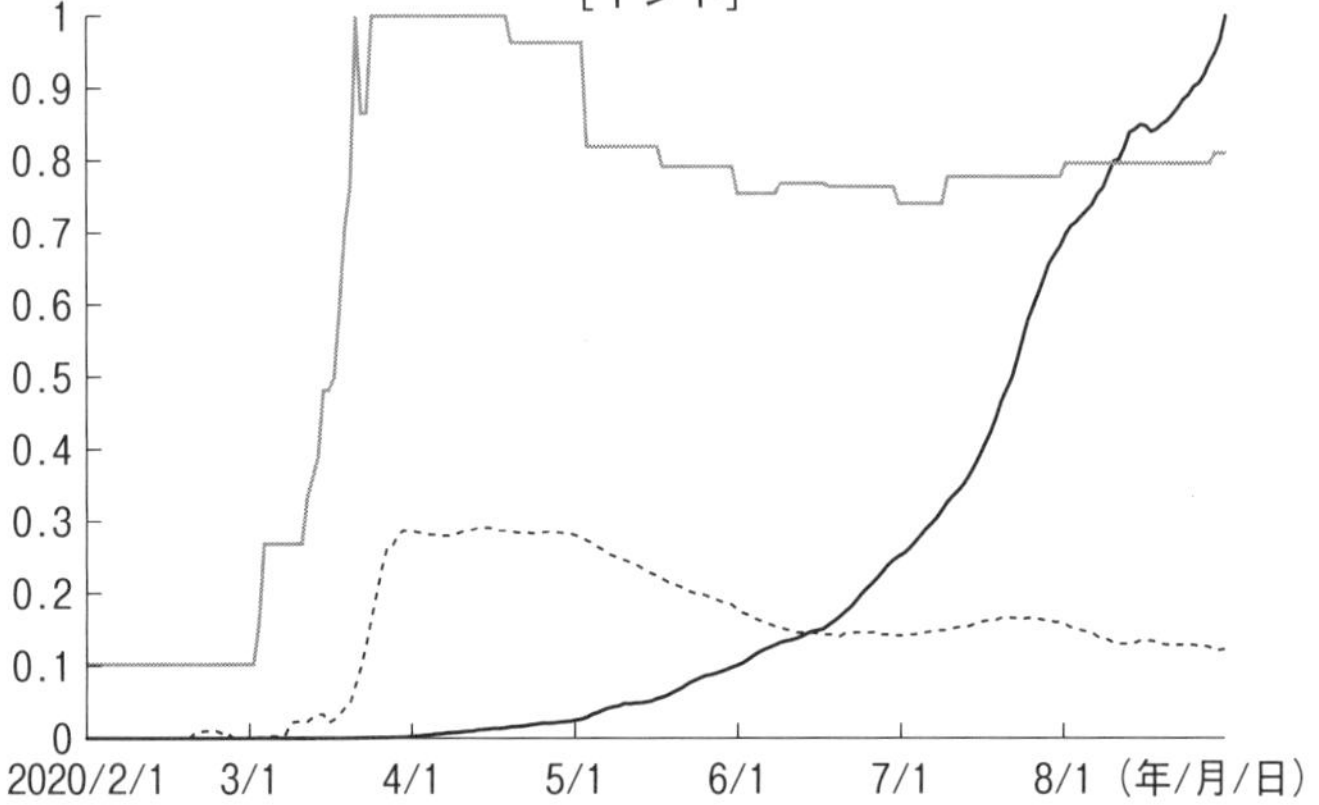

［日本］

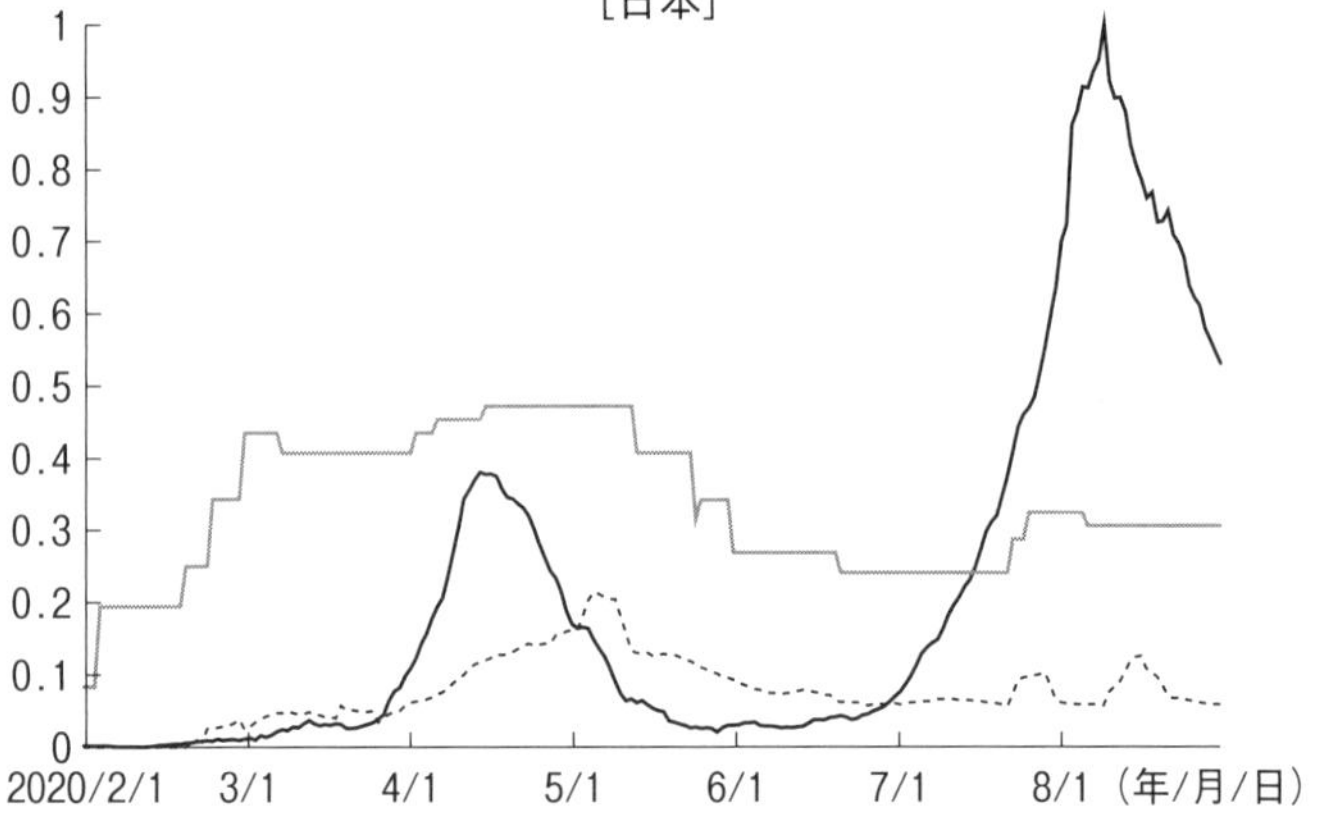

て標準化。各国ごとに標準化しているため、国ごとの横断比較はできない。
た値。家にいる時間はコロナ発生前対比の増加率を示している（例えば、

作成

図表1－8　各国の政策厳格度指数と新規感染者数および家にいる時間

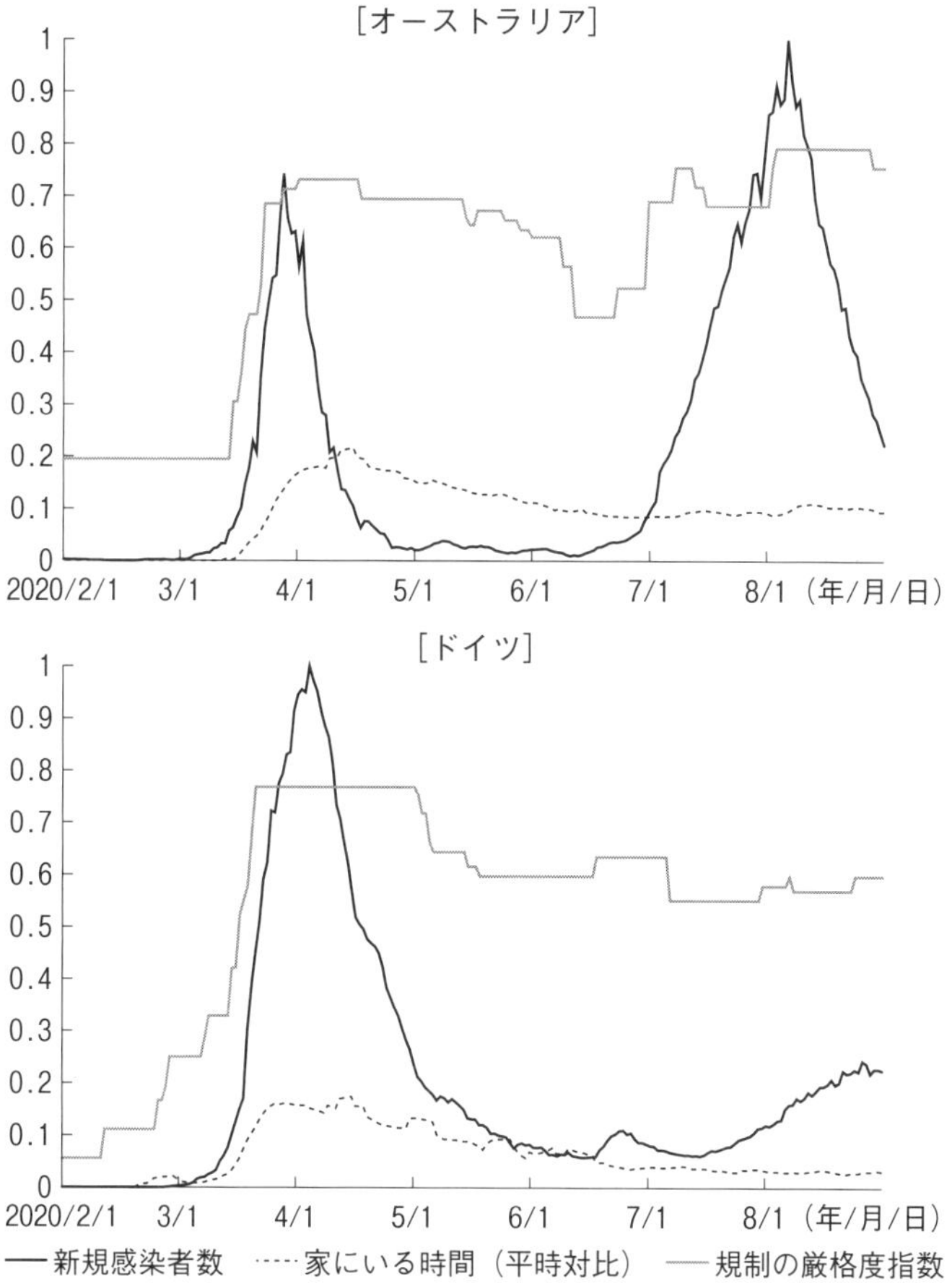

（注）　新規感染者数は7日移動平均の値について、各国の最大値を1とし
厳格度指数は0～100で示されているが、こちらも0～1に標準化し
0.3であれば家にいる時間が平時から30％増えたことを示す)。

（出所）　WHO、グーグル、オックスフォード大学より第一生命経済研究所

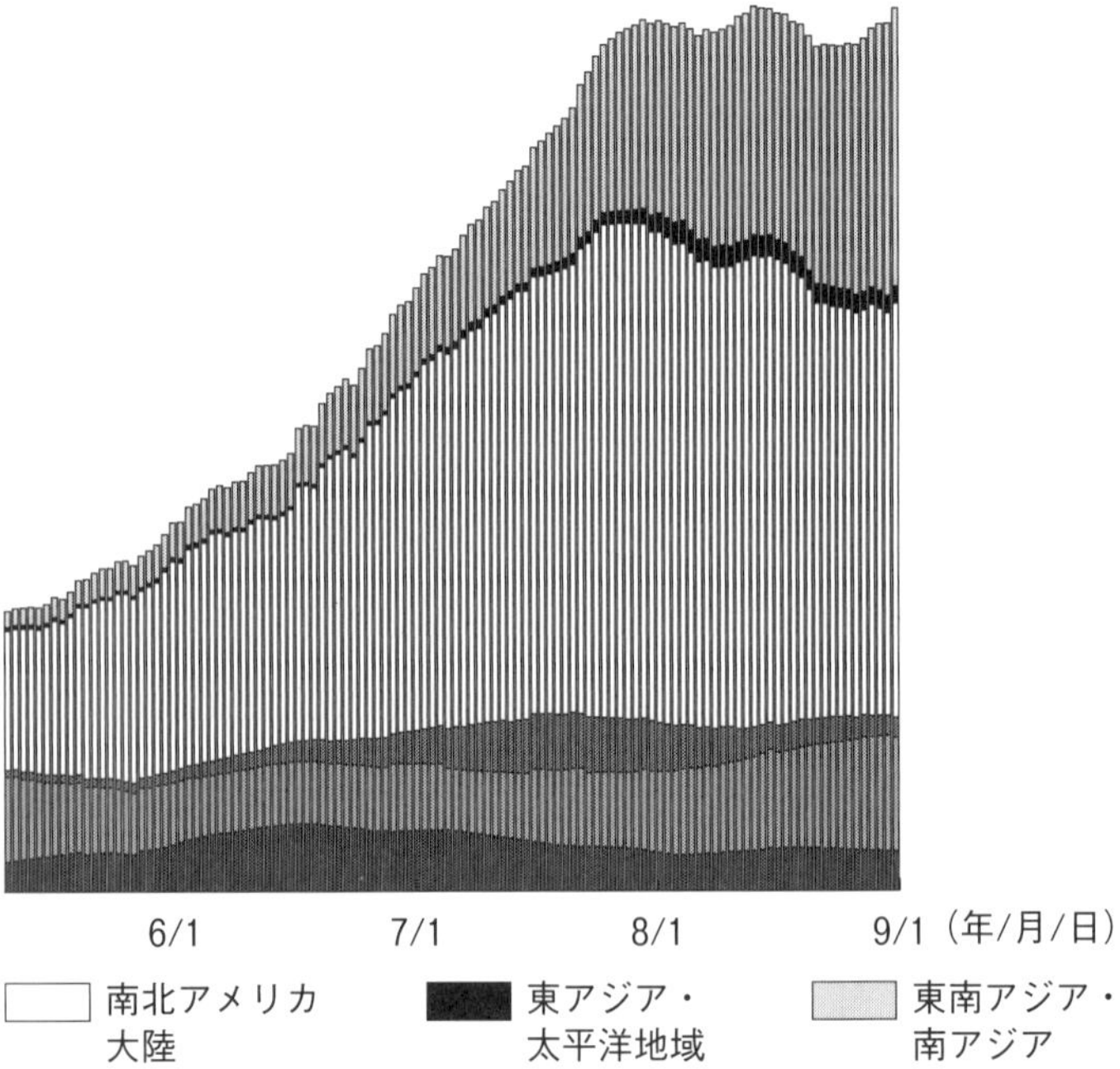
6/1
7/1
8/1
9/1（年/月/日）
南北アメリカ大陸
東アジア・太平洋地域
東南アジア・南アジア

図表1－9　新型コロナウイルス新規感染者数の推移

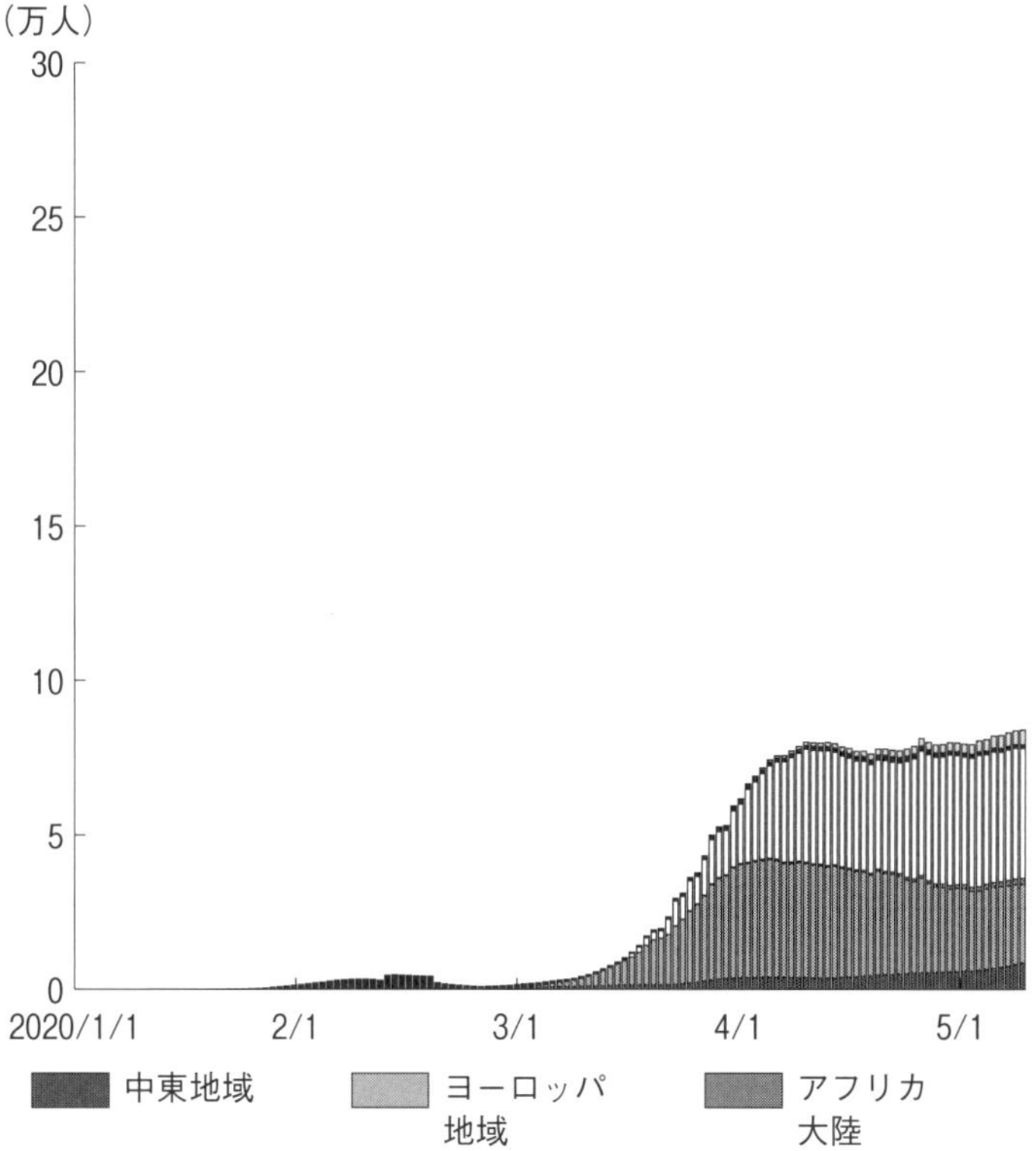

（注）　7日移動平均。
（出所）　WHOより第一生命経済研究所作成

【参考文献】

宮川大介、尻高洋平、武政孝師、原田三寛、柳岡優希（2020)、「コロナショック後の人出変動と企業倒産：Google ロケーションデータと TSR 倒産データを用いた実証分析」RIETI Special Report, 2020 年 4 月

ILO (2020), ILO Monitor: COVID-19 and the world of work. 5 th Edition", June 2020

Brinca, P., e Castro, M. F., & Duarte, J. B. (2020), *Measuring Labor Supply and Demand Shocks during COVID-19.* Technical report, Federal Reserve Bank of St. Louis, St. Louis, MO, USA.

Guerrieri, V., Lorenzoni, G., Straub, L., & Werning, I. (2020), *Macroeconomic Implications of COVID-19: Can Negative Supply Shocks Cause Demand Shortages?* (No. w26918). National Bureau of Economic Research.

Dingel, J. I., & Neiman, B. (2020), *How many jobs can be done at home?* (No. w26948). National Bureau of Economic Research.

速水融（2006)「日本を襲ったスペイン・インフルエンザ―人類とウイルスの第一次世界戦争」藤原書店

第2章

SARSの教訓を活かせなかった中国

西濵 徹

1 なぜSARSに比べて被害が大きくなったのか

〝内陸部の玄関口〟で発生、世界に広がる

新型コロナウイルスの世界的流行は、2002〜2003年にかけて中国において感染が発見され、その後にアジアを中心とする国々にも感染の動きが広がった重症急性呼吸器症候群（SARS）コロナウイルスを想起させる。当時の胡錦濤政権では、情報の隠ぺいともとれる動きがみられ、中国国内における感染情報の共有が遅れた。結果的に感染爆発を招くとともに、中国以外の30カ国以上の国々に感染が拡大したことで、中国に対する世界の信認が低下した。中国国内におけるSARSの感染者数は累計で5327人、死亡者数も349人に達するなど深刻な被害が出た。

SARSは中国南部の広東省で発見された後、同省内に感染が拡大、さらに隣接する香港に広がった。つまり、当時においては中国の〝沿海部の玄関口〟であった香港での感染拡大が海外への伝播につながった。一方、新型コロナウイルスは中国中央部、内陸地域に位置する湖北省武漢市で発見された後、同市や同省さらには中国国内のみならず海外にも感染拡大の動きが広がると

いうように、SARSの流行とは感染ルートが大きく異なっている。しかしながら、中国国内における新型コロナウイルスの感染者数は2020年10月時点の累計で8万5915人、死亡者数も4634人と、いずれもSARSを大きく上回った。さらに、新型コロナウイルスが中国以外で感染が広がった国の数もSARSをはるかに上回っており、世界に及ぼす影響も比較にならないほど深刻なものになっている。

世界の成長率の3割を中国に依存

このように新型コロナウイルスによる影響が大きく拡大した背景には、過去約20年間にわたって中国経済が高い経済成長を実現してきたことに加え、それに伴い中国国内の経済構造そのものが大きく変容しており、世界経済とのかかわり方そのものも大きく変化していることがある。例えば、SARSの感染拡大が直撃した当時の中国経済の規模（GDP）は1・5兆～6兆ドル程度であり、世界経済における中国経済の比率は4％程度にとどまるなど、あくまでも一つの「開発途上国」であった。しかし、図表2－1にある2000年代以降の高成長を経て、いまや中国は世界2位の経済規模を有する。2019年時点の経済規模は27兆ドル、世界経済に占める割合も19・2％とほぼ5分の1の水準になっている。

そして、世界経済はここ数年間、成長率の3割以上を中国経済の成長に依存するなど、いまや

図表2−1　経済成長率の推移

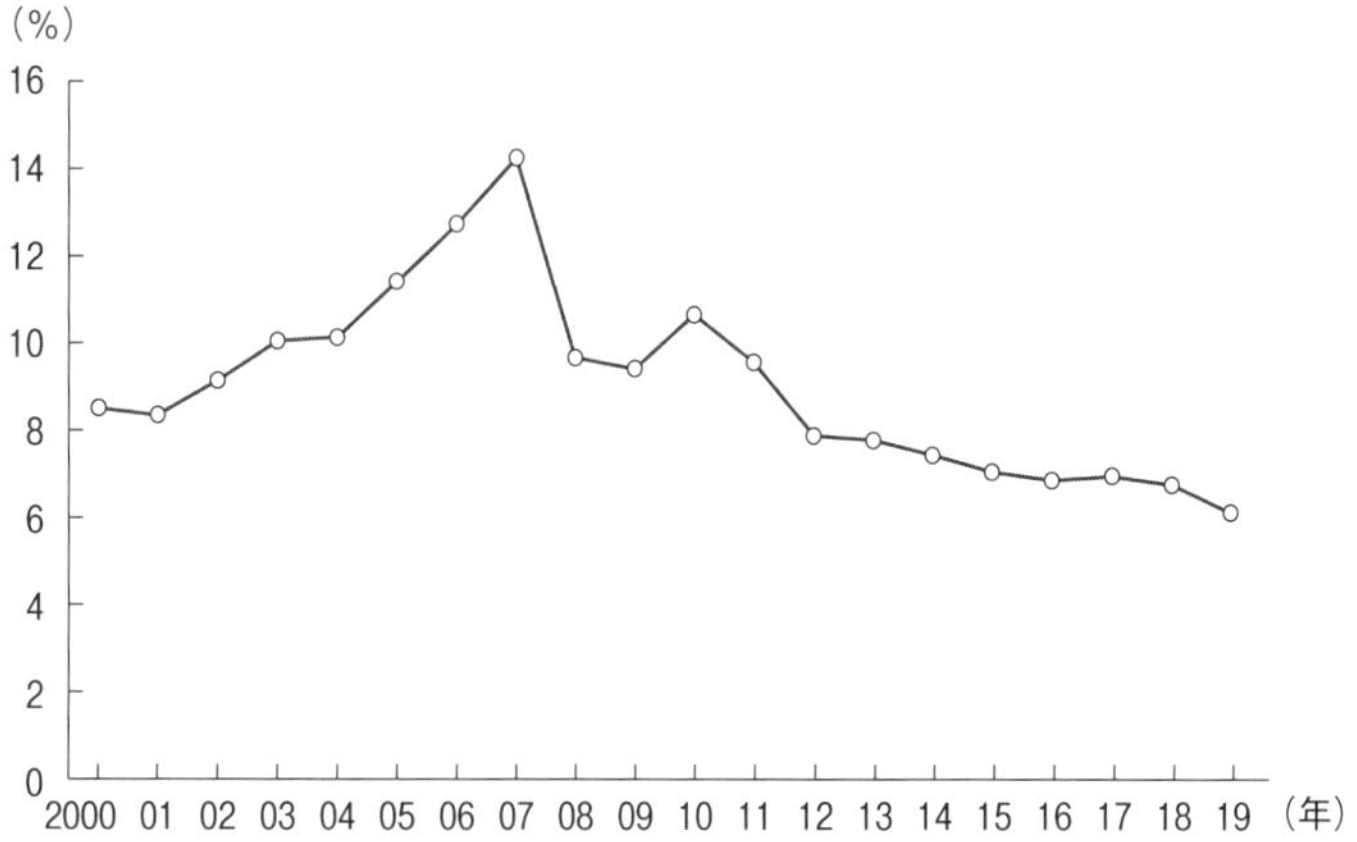

（出所）国家統計局、CEICより第一生命経済研究所作成

世界経済は中国経済に「おんぶに抱っこ」の状況にある。また、SARSが感染拡大した2002年および翌2003年ごろにおける中国から海外に渡航する旅行者数（観光およびビジネス）は年間1700万〜2000万人程度であった。これに対して2019年の中国人渡航者数は年間1億6921万人と、実に10倍近くに拡大している（図表2−2参照）。それだけ海外に感染が広がりやすい環境になっていたといえる。

さらに、今回の新型コロナウイルスが発見され、その後の感染拡大の中心地となったのが湖北省武漢市であったことも、世界的なパンデミックに発展する一因であった。というのも、中国最長の河川である長江とその最大の支流である漢江の合流点に位置する湖北省武漢市は、中国内陸部における水上交通の結節点であるだけでなく、中国における近年の陸路や航路の発展のなかで、同国中西部における交通の要衝として発展してきた。武漢市は、その地理的な条件を背景に、鉄鋼関連や自動車関連、化学関連をはじめとする重化学産業を軸に工業化が発展、中国国内でも有数の工業都市として繁栄を享受してきた。さらに当地は習近平政権が推進する産業高度化政策（いわゆる「中国製造２０２５」）の柱の一つである「次世代情報技術」の核といえる３次元ＮＡＮＤ型フラッシュメモリーの生産拠点となっているほか、人工知能（ＡＩ）の開発拠点として存在感を高めてきた。このように、産業集積地としての発展に伴い中国内・外とのヒトの往来が急速に拡大する湖北省武漢市は、近年では中国における海外への「玄関口」の一つに数えられるようになってきた。

もとより同市には日本からも多数の企業が進出している。その半分近くを製造業関連企業が占め、自動車部品関連やソフトウェア関連などといった情報技術（ＩＴ）関連企業の比率が高い。新型コロナウイルスが湖北省武漢市で発見され、その後同市で感染拡大の動きが広がった段階において、すでに日本経済は無関係ではなく、現地工場の操業停止と都市封鎖によるサプライチェーンの途絶から甚大な影響を受けることになる。

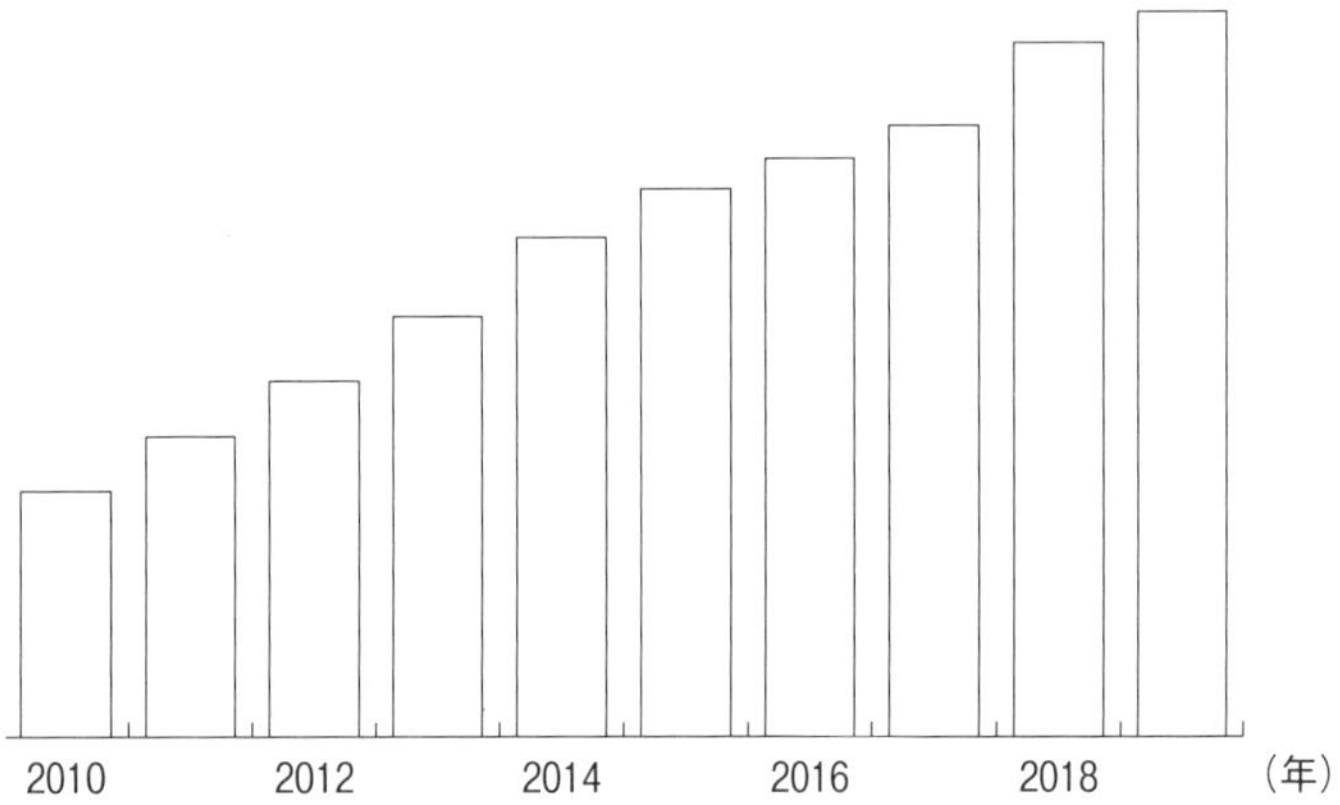

中所得国化で激増していた国内外への観光客数

また、過去20年間における中国の目覚ましい経済発展も、新型コロナウイルスの世界的流行を加速したと考えられる。ＳＡＲＳが流行した当時の中国の１人当りＧＤＰは１１００ドル強と「低所得国」レベルをわずかに脱した程度であり、海外旅行はおろか国内旅行でさえも、ほとんどの中国人にとって、「高嶺の花」とも呼べる状況にあった。しかし、２０００年代以降における中国経済の高成長を背景に、２０１９年時点の１人当りＧＤＰは１万ドルを上回る水準に達するなど、いわゆる「中所得国」に変貌している（図表２－３参照）。経済発展

図表２－２　海外旅行者数の推移

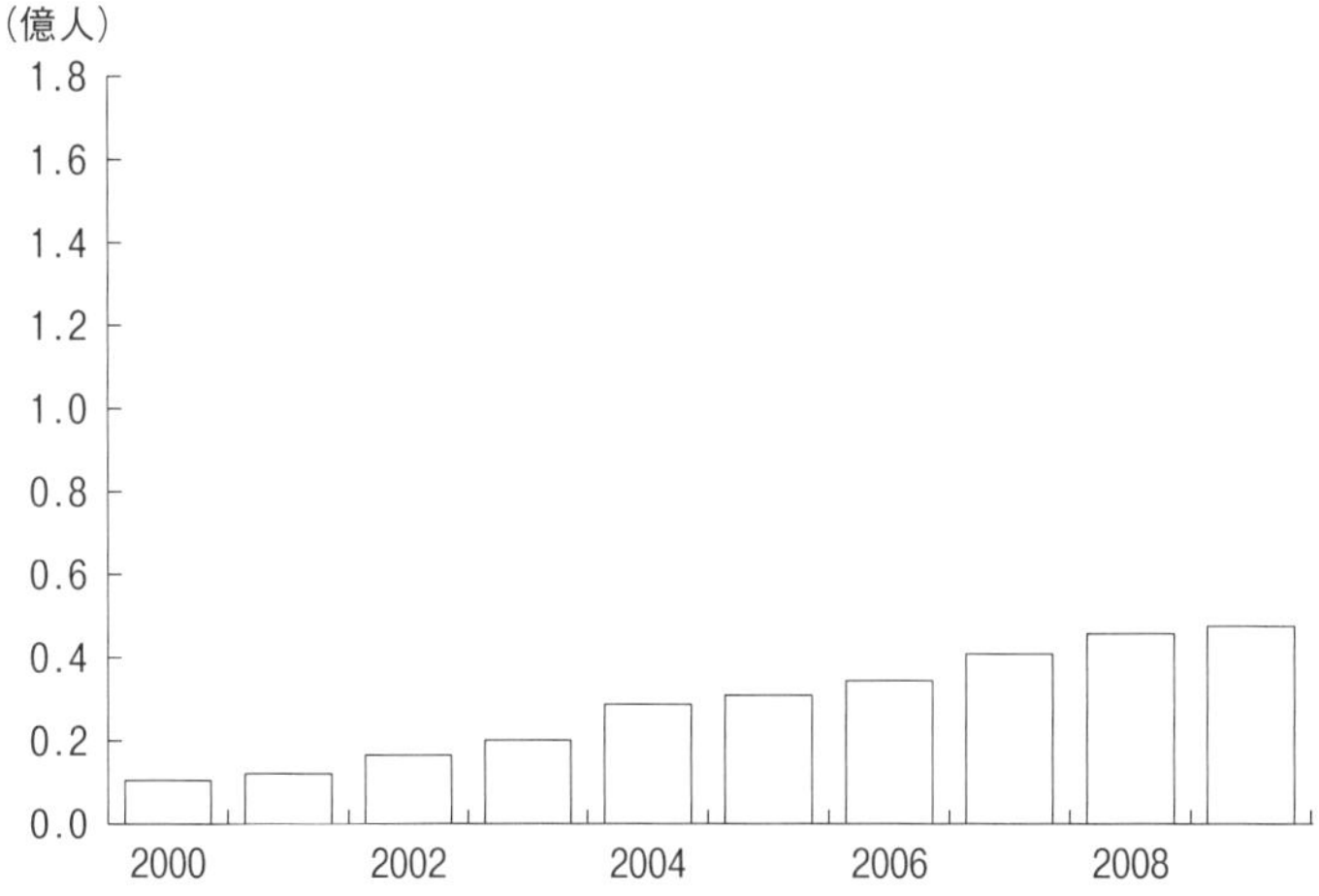

（出所）　CEICより第一生命経済研究所作成

やそれに伴う生活レベルの向上につれて、近年は中国国内での観光による移動が著しく活発化している。具体的には、２００２年時点における中国国内観光者数は年間の累計で８億８０００万人程度であったのが、２０１９年時点では60億人超と、実に７倍近くも増加している。前述した産業集積地である武漢を中心としたビジネス客に加えて、近年の観光客移動の活発化もまた、中国全土での感染拡大を助長したといえる。さらに、１年で最もヒトの移動が活発になる春節（正月）の時期が例年に比べて前倒し（２０１９年の２月５日に対して２０２０年は１月25日）になっていたことも、感染拡大の動きが急速に広がることにつながったと考えられる。

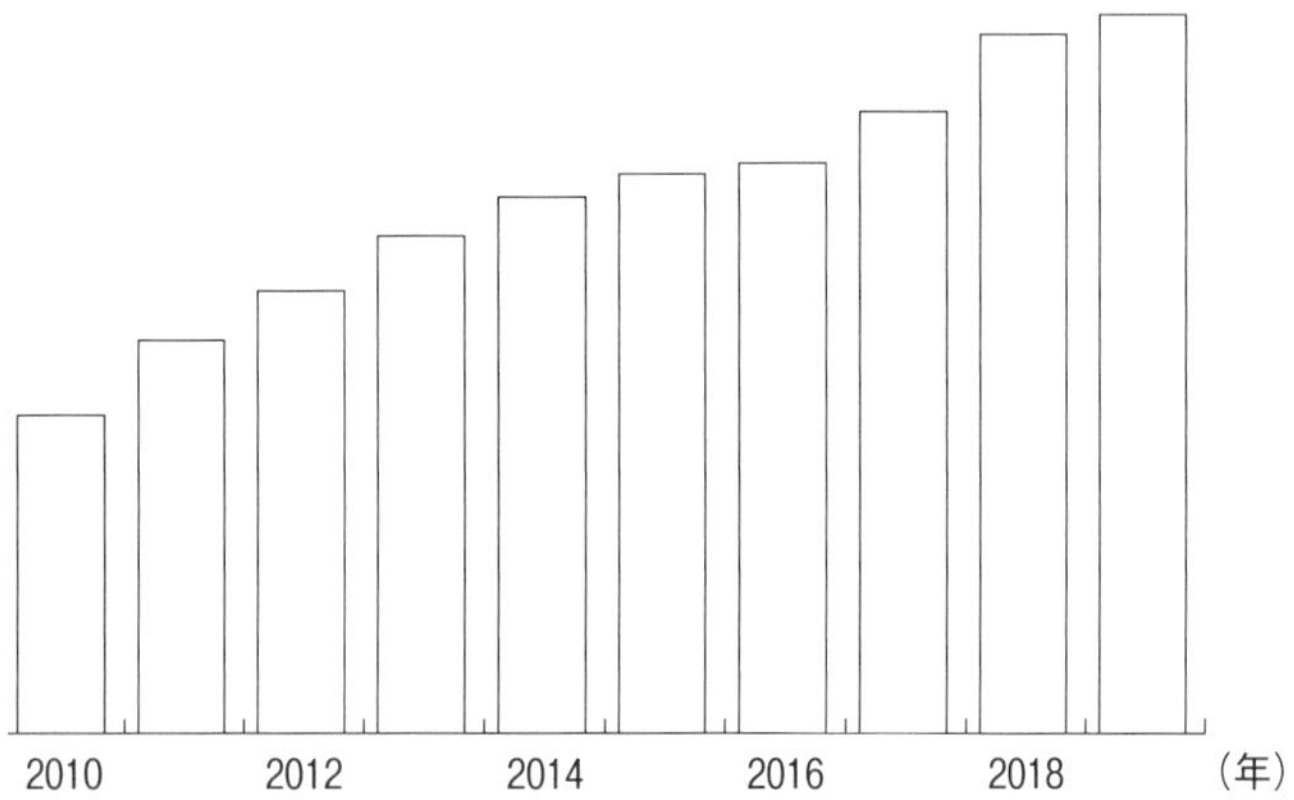

米中摩擦のあおりで コロナ対策が二の次に

こうした意味では、新型コロナウイルスがＳＡＲＳに比べて国内外で感染拡大が起こりやすい環境にあったといえる。しかしその一方で、ＳＡＲＳでの教訓が今回の新型コロナウイルスの感染拡大に際してあまり活かされたようにもみえない背景には、感染拡大の動きが２０２０年という時期と重なったことが少なからず影響している可能性がある。中国国内における報道などをもとに時系列的に政府の新型コロナウイルスへの対応策の動きをみると、習近平政権は比較的早い段階で感染対策を強化したと主張しているものの、そうした内容には実

図表2－3　1人当りGDPの推移

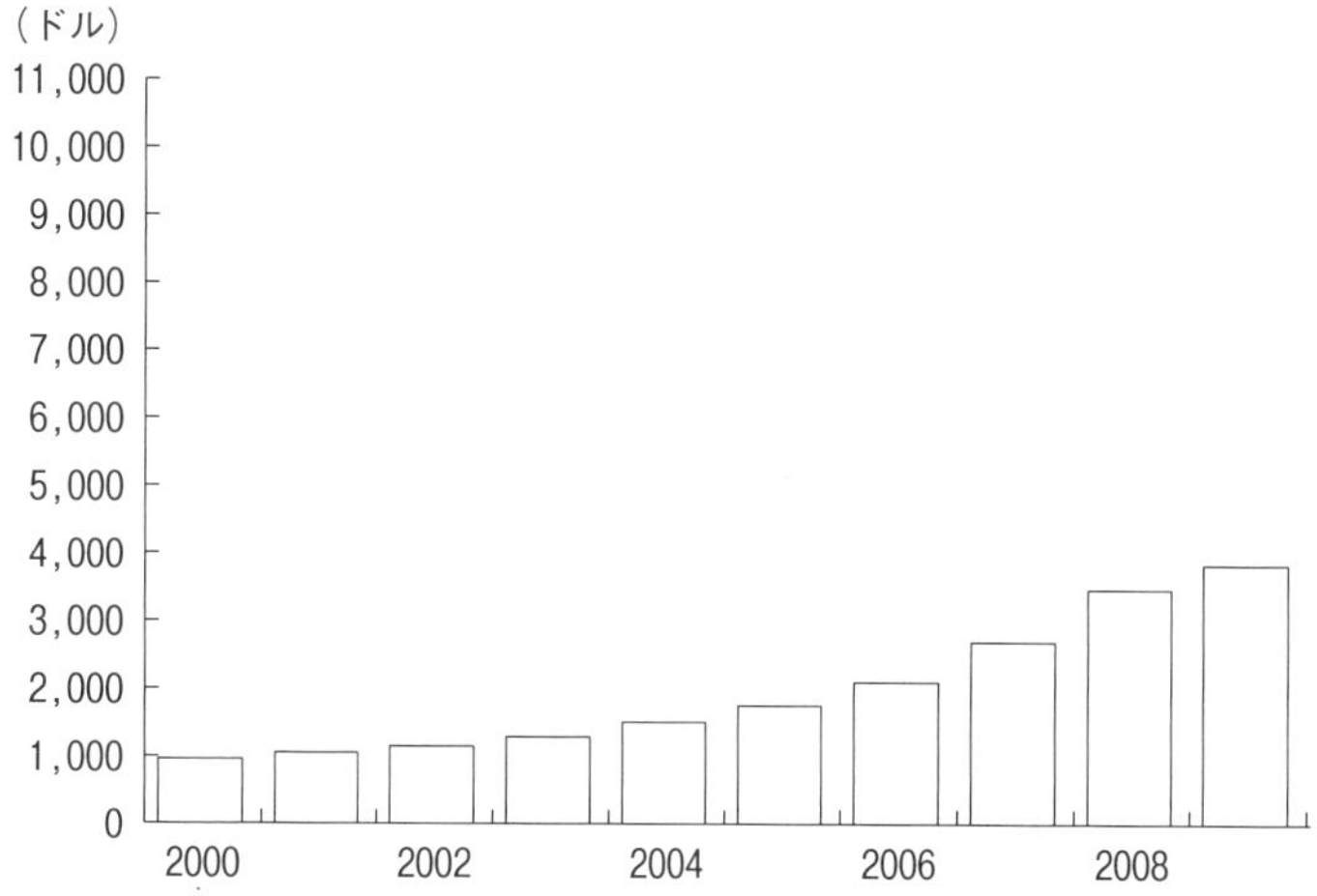

（出所）　CEICより第一生命経済研究所作成

は「後出しじゃんけん」的措置であったと事後的に判明したものが多数散見されるなど奇妙なところが少なくない。また、隣の台湾においてはＳＡＲＳの深刻な域内感染を教訓に、きわめて早い段階で感染抑制に向けて中国本土とのヒトの行き来を制限したのとは対照的に、中国本土ではそうした取組みが1カ月近く遅れるなど後手に回った感は否めない。

ここで新型コロナウイルスの発生当初の現地政府および中央政府の初動について整理しておこう。その背景には、新型コロナウイルスの発見当初の段階において習近平指導部をはじめとする中国政府全体にとって最大の関心事項が、米中協議における「第1段階の合意」の締結の可否にあった可能性が高い。ここ数年の中国経済にとっては米中摩擦が最大のリスク要因となってきたが、２０１９年末にかけてトランプ政権との間で「第１段階の合意」による事態打開が図られるとの期待感が高まっていた。このタイミングに発生した新型コロナウイルスに対して、習近平政権にとって幅広い経済活動へのダメージにつながる都市封鎖などの対応の決断を鈍らせる一因になった可能性も指摘されよう。

防疫強化を鈍らせた「所得倍増計画」必達方針

中国では共産党のもとで中期的な５カ年計画に基づく経済運営が行われているが、２０２０年は第13次５カ年計画の最終年に当たる。同計画では２０２０年の国内総生産（ＧＤＰ）と都市および農村部の１人当り所得を２０１０年の倍にする、いわゆる「所得倍増計画」が謳われており、その実現に向けて期間中の年平均成長率を６・５％以上に維持することが掲げられている。なお、中国の２０１９年時点のＧＤＰは99・1兆元と２０１０年時点（41・2兆元）に比べて２倍以上となっているほか、２０１９年の１人当りＧＤＰでも７万８９２元（1万２６４ドル）と２０１０年時点（3万８０８元（４５５１ドル））の２倍以上となっている。これらを素直にみれば目標はクリアしていると判断できる。

その一方、目標設定を実質成長率で規定していることを勘案すれば、実質ベースでみた

２０１９年時点のＧＤＰの水準は２０１０年時点に対して１・９倍程度であり、計算のうえでは２０２０年に５・５％以上の成長率を実現できれば２０１０年に対する倍増目標の達成が可能になる。ちなみに、前掲図表２－１で示したように、２０１９年の経済成長率は６・１％と前年（６・８％）から鈍化して29年ぶりの低い伸びにとどまったものの、前述の理屈に基づいて２０２０年の成長率目標を「５・５％以上」と設定することは、年初段階においては決して高過ぎることはない「ハードル」であった。

さらに、所得倍増計画については、２０１２年に習近平氏が中国共産党総書記に就任して事実上の政権発足の際に発表した講話（いわゆる「中国の夢」）には具体的に明示されていないものの、国内外から事実上の政権目標の一つととらえられてきた経緯がある。したがって、仮に新型コロナの発生と感染拡大といった不確定要因が影響した場合においても、この目標が実現できない事態となれば、習近平政権にとってみれば大きな「失点」となることは避けられなかった。新型コロナをめぐる事実の公表とそれに対する防疫強化策によって経済活動が制限され、結果的に想定外の景気減速を招く可能性を極力低減させたいとの思惑が影響した可能性は十分に考えられる。

2 一転して都市封鎖に動いた当局の意図とその結果

後手に回った武漢市当局の初動防疫

このように、中国では、新型コロナ感染拡大当初、当局が経済面への影響を重視するあまり、防疫上の政策判断が後手に回る事態を招き、さらにそのことが感染拡大とともに国民の間に不安や疑心暗鬼を招いた。そこで中国当局は一転して武漢市はもとより湖北省全土を対象に都市封鎖に動くなど、強硬な防疫政策に舵を切った。その後も地方レベルで独自に都市封鎖措置をとる動きが広がり、最終的には事実上中国全土で都市封鎖が行われた。

また、例年であれば1年で最も国内外にヒトが移動する春節の時期に、団体での海外旅行を事実上禁止するなど、国内外で厳しくヒトの移動を制限した。それにもかかわらず、春節後も感染拡大が収まらなかったことから、政府は全土を対象に春節連休を一律延長したほか、地方レベルでも独自にヒトの移動を事実上規制する措置がとられた。

こうした厳格な感染防止策の結果、春節の時期に期待された国内・外の旅行消費が大きく萎む事態となったほか、春節後に期待された企業活動の再開が大きく遅れることで、中国経済には需要と供給の両面から大きな下押し圧力がかかることになった。

ともあれ、中国政府は景気の急失速状態を受け入れるかたちで一転して新型コロナウイルスの感染を封じ込める方向に舵を切ったわけだが、後手に回っていた印象が強かった当初から「豹変」ともとれる動きであった。

この変化の背景として、かつてＳＡＲＳの感染拡大の際に、当時の胡錦濤政権の防疫対策をめぐり、初動の遅れなどで批判を浴びたことがあげられる。さらに、世界保健機関（ＷＨＯ）など国際社会に対する情報提供の遅れや、情報隠しともとられかねない動きをみせたことが、結果的に世界中に感染を拡大をさせたという強い批判を米国をはじめ海外から招いたことも大きく影響したと考えられる。

武漢市の当局が新型コロナウイルスの最初の症例を報告したのは２０１９年12月で、その後にウイルスと関連が明らかとされる最初の死亡者が確認されたのは、年が明けた２０２０年１月初めであった。この段階では武漢市当局は、ＳＡＲＳと異なりヒトからヒトへの感染の可能性は低く、状況は管理可能との認識を示したうえで、当初感染源と疑われていた海産物および野生動物を売買する市場に世間の関心を向けることで事態をやり過ごそうとしたふしがあった。

さらに、１月中旬以降になって医療現場がひっ迫、一部では患者の受入れが困難になる医療崩壊とも呼べる事態に陥っていたにもかかわらず、武漢市当局はそうした情報を公表することはなく、また、市民の外出等が制限されることもなく、平時の生活の状態と変わることはなかった。このころに武漢市当局が実施を呼び掛けていた防疫政策としては、公共施設での検温や感染防止用マスクの着用など、最低限のものにとどまっていたとされる。

中央政府の武漢調査で潮目変わる

しかし、1月下旬にＳＡＲＳの感染拡大の際に中国国内で警鐘を鳴らしたことで知られる疫学者の鐘南山氏をトップとする中央政府が派遣した専門家チームが武漢市に入り、感染源および感染規模の調査を実施したことで状況は一変した。この時の中央政府による専門家チームの派遣は２０１９年12月に武漢市当局が新型コロナウイルスの症例を発見してから実は3度目であったが、その際に武漢市当局が公表していなかった事実がいくつも確認されるとともに、中央政府に対して武漢市の隔離および病院の収容能力の急拡大の必要性を訴える報告が行われたとされる。その後は中央政府が武漢市に特別対策本部を設立し、武漢市当局にかわって直接感染対策の陣頭指揮にあたることになった。そして、新型肺炎の感染者の追跡調査を行った結果、感染が確認されたヒトが都市封鎖措置の実施前に武漢市から中国全土に移動していたことが確認されたため、武漢市の都市封鎖措置が即実施されることが決定し、また、中央政府は事態収拾に手間取ったことなどを理由に、武漢市や湖北省の政府要人を数多く更迭するといった動きをみせた。これら感染地域の多くでは、独自に都市封鎖措置をとる動きが広がった。

疑念招いたWHO事務局長の対応

中国の経済規模は世界全体の5分の1弱に達しているほか、ここ数年はこうした強大な経済力を背景に習近平政権は国際場裏における発言力を年々高めてきた。事実、2016年には習近平氏が中国のトップとして初めてダボス会議（世界経済フォーラム年次総会）に出席するとともに、その基調講演に登壇して共産主義国のトップが自由貿易の重要性を語るという、一見すると不思議な光景がみられたが、米トランプ政権の誕生などをきっかけに世界的に保護主義的な動きが広がりをみせるなかで、中国が自由貿易の「旗手」となる姿勢を示した。それは、中国が国際社会に対するプレゼンスを高め、それに伴う責任もまた自覚するようになってきたと考えられる。

例えば、ここ数年の中国は、さまざまな国際機関に対する拠出金比率を拡大させるとともに、トップ人事などを通じて国際的な発言力を高める動きをみせてきた。

世界的な新型コロナウイルス対策で陣頭指揮を執るWHOも、その後の報道によると2019年12月の段階で台湾当局から湖北省武漢市での原因不明の肺炎の蔓延と「ヒトからヒトへの感染の可能性」について通報がなされていたもようだが、2020年1月段階ではヒトからヒトへの感染はなく、緊急事態には当たらないと台湾当局の主張を否定した。この背景には、中国が「一つの中国」の原則を強硬に主張する背後で台湾のＷＨＯ参加を認めておらず、結果的にＷＨＯが中国の意向を忖度するかたちで台湾の主張を無視したととらえられている。

このようにＷＨＯが中国の意向を強く意識する姿勢をみせた理由について、ＷＨＯ内部からはＳＡＲＳの際に情報の隠ぺいともとれる動きがみられたため、中国側からの自発的な情報提供を促すためという〝釈明〟も聞かれた。他方、２０１６年のＷＨＯ事務局長選挙において現職のテドロス・アダノム氏がアフリカ唯一の候補者として立候補する意向を示した際、アフリカ諸国の意向をひとまとめにすべく中国の力、具体的には「チャイナマネー」の存在が大きかったことが影響したとされる。この結果、新型コロナウイルスの問題が顕在化して以降もＷＨＯはたびたび中国への配慮をみせ、擁護する発言を繰り返す一方、その後の都市封鎖など中国の対コロナ強硬策を称賛するなどちぐはぐな対応が続いた。

国民の不満のマグマが政府を動かす

他方、中国国内においてはインターネットの普及が進む半面、海外との間には、いわゆる「万里の長城」と称される「ファイヤーウォール」が築かれ、情報の行き来には厳しい制約があるとされている。しかし、現実にはそうした包囲網をかいくぐるかたちで中国の国内事情が海外に発信される機会も増えているほか、中国国内でも海外情報を得ることが可能になっている。このファイヤーウォールのもとでは、中国国内でコミュニケーション手段として普及が進むソーシャル・ネットワーキング・サービス（ＳＮＳ）に対しても事実上の検閲が行われているとされるが、一般的にはさまざまな「隠語」を通じて情報のやりとりを行う動きがみられるなど、インターネット上でも口に蓋をすることはむずかしくなっている。武漢市において新型コロナウイルスの感染拡大が確認された際も、事態の悪化を知らせる医療関係者などがいたが、当局はこうした通報を握りつぶすだけではなく、一部では逮捕により抑え込もうとしたようである。

しかし、台湾では早い段階で新型コロナウイルスの危険性が共有されていたほか、感染封じ込めに成功しているようすが伝えられたこともあって、中国国内で当局の対照的な対応の拙さに注目が高まり、結果的に中央政府に対する批判のマグマが溜まる兆候があらわれた。おそらくは、こうした世論が習近平政権をして、かつてのような「知らん振り」を通すことを断念して、直接対応に乗り出させたともいえる。

3 感染対策の背後で加速する「デジタル・レーニン主義」

スマートフォンなしで外出もままならないキャッシュレス社会

今回の中国における感染拡大対策で特筆されるのは、デジタル技術を積極的に活用するかたちで感染状況を追跡する手法がとられたことだ。具体的には、国内普及が著しいスマートフォンの位置情報などのビッグデータを用いて感染者やその接触者が追跡された。同様の方法は中国のほか韓国や台湾など近隣諸国においても実施されており、一つの「世界標準」となっている。こうした「デジタル監視」と呼ばれる手法は従来、テロ対策など治安維持などに限定的に活用されてきたものだ。それが、新型コロナウイルスという「未知のウイルス」による未曾有の事態に直面したことで、なし崩し的に実装化が進められた面も少なくない。

そもそも中国ではＱＲコードを用いた決済システムの普及が進んでおり、ＩＴ大手２社が提供する決済システムが付随するサービスの多様化なども相まって普及が後押しされた結果、日々の生活において現金を利用する機会はほぼなくなっているとされる。日本においても政府による「キャッシュレス化」の号令のもとに、消費税率引上げのタイミングで実施されたキャッシュレス還元策などを通じて、ＱＲコード決済などのシステムが一定の市民権を得つつあるようにみえる。しかし、依然として現金が日々の決済手段として重視される場面が少なくなく、中国のそれとは歴然とした差がある。

今回の中国の「デジタル監視」に際しても、このＱＲコード決済システムによって、スマートフォンの使用者の外出・帰宅時間、立ち寄った場所、公共交通機関の利用歴などあらゆる行動履歴が把握されるとともに、健康情報も紐づけされる。公共交通機関の利用や建物に立ち入る際の「身分証明書」のかわりにＱＲコードを読み込むことが事実上義務化された結果、ＱＲコードを読み込むスマートフォンなどの携行を忘れた場合には、外出することもままならない状況になっているもようである。

中国におけるキャッシュレス化の進展の背景には、ＩＴ大手２社が提供するＱＲコード決済システムが決済そのものではなく、その背後で集積されるビッグデータを活用することで新たなサービスの提供を進め、そうした取組みを中国政府、つまりは中国共産党が後押しした面が大きい。例えば、ＩＴ大手が提供しているＱＲコード決済システムでは、関連企業による購買履歴や支払動向、公共料金の支払履歴に加え、学歴や職歴、交友関係をはじめとするデータをもとに算出した信用スコアと紐づけされ、利用者はそのスコアに応じてさまざまな恩恵を受けることが可能である。さらに、こうした恩恵の提供元に中国政府が相乗りした結果、幅広い市民生活、ならびに経済活動と切っても切れないシステムになっており、今回の新型コロナウイルスをめぐる感染拡大予防策に活用という名のもとに適用範囲が拡大されても、それに伴う弊害よりも恩恵のほうが大きいとの見方が広がっているようだ。

プライバシーよりも「安定」が優先される社会

また、中国ではすでに警察をはじめとする安全保障に関連する分野で顔認証システムの実装が進められているが、ＩＴ大手がさまざまなツールを通じて入手したビッグデータはこれらと結合されており、結果的に日々の生活の監視につながっているとみられる。信号のそばに設置された監視カメラが信号無視するヒトを検知して個人情報を把握したり、新型コロナウイルスの感染拡大抑止策の一つとしてドローンを用いて外出中のヒトに警告を与えるといった事例が日本でも報道された。

このように中国ではすでに日常生活のあらゆる場面が監視状態に置かれているともいえる。これを必要と感じるか、行き過ぎと考えるかは、各人の判断によるところであるが、中国においては個々のプライバシーの問題以上に市民生活の「安定」が重視されていることは間違いない。

こうしたビッグデータを活用した監視社会化への道筋は、２０１３年に中国共産党内で提起された「社会信用システム」の構築が土台となっており、翌２０１４年に国務院がその実装化に向けた要綱を取りまとめたことで前進した経緯がある。その後、２０１５年には民間企業による試行実験が開始され、ＩＴ大手2社などそこに参画する企業の独擅場と化しているという。

なお、当初の段階で国務院が想定した社会信用システムの構築によって市場経済秩序の是正、政府介入の縮小、資源配分の最適化、内需の拡大、産業構造の転換、国内での社会対立の回避、国際協力や交流の深化に加え国際的な影響力向上などを図るとし、２０２０年までに構築完了を目指すとされた。また、具体的な実装分野として、政策運営、ビジネス、社会生活、司法の4分野があげられており、中国の経済および社会レベルの向上に向けて「信用」を重視させるべく、法令や企画、契約などを通じて信用を守るインセンティブを付与する（逆に信用を損なえばペナルティーが付与される）、その実現に向けて信用記録とその情報インフラを活用し、情報の公開と共有を図るとしている。

ドイツの社会学者であるセバスチャン・ハイルマン氏は、中国共産党によるデジタル技術を活用した統治手法を「デジタル・レーニン主義」と命名し、ビッグデータによって中国国民はすべての面で監視されており、監視社会の行方を描いた名著で知られる『１９８４年』（ジョージ・オーウェル著）の世界を超越しているとの見方を示している。前述の国務院の要綱を字面だけ読めば、社会信用システムの構築を通じて政府、企業、国民すべてが信用に基づく行動をとる仕組みづくりを進めるという明るい未来が描けるかもしれない。しかし、現実にはテレビや新聞、インターネットなどのメディアを通じて共産党体制を護持するための教育が徹底されており、共産党が統治しやすい仕組みづくりに利用されている面は否めない。さらに、2017年に公布・施行された「国家情報法」では、中国国内の個人および企業が中国政府による情報活動に協力することを求められていることが規定されており、中国国内における情報が中国政府にわたる可能性が否定できないことも、そうした疑念にいっそう拍車をかけている。

「デジタル人民元」構想のねらい

さらに、前述のとおりQRコード決済の普及が進む中国では、「デジタル人民元」の発行を通じて通貨さえもデジタル化される方向にある。中国政府は2020年に入ってからデジタル人民元の実証テストを始めており、2022年に開催が予定される北京冬季オリンピックまでに全国で活用することを目指しているとされる。一部には、デジタル人民元について米IT企業のフェイスブック社が発行を目指した暗号資産「リブラ」への対抗策との見方もあるが、中国人民銀行（中央銀行）は2014年には中央銀行発行デジタル通貨（CBDC）の研究に着手しており、2017年には専門の研究所を設立するなど着実に実装化に向けた準備を進めてきた。

また、現在の基軸通貨である米ドルに対抗する観点から、人民元のデジタル化を通じて国際化を推し進めることで米ドルが有する地位を覆す意図をみる向きもある。しかし、現在実証テストが実施されているデジタル人民元は、金融機関などが発行する間接型の発行形態となっており、デジタル人民元を発行する金融機関へのアクセスがなければデジタル人民元自体を使用することができない仕組みである。その意味では、あくまで中国国内での閉鎖的な環境のなかでの使用を前提としたかたちであり、貿易決済などを通じて幅広い分野で使用することはできず、習政権が進める外交戦略である「一帯一路」との絡みも十分にみえてこない。

それでも、すでにQRコード決済においても銀行口座など個人情報との紐づけが進んでいることを勘案すれば、今後はデジタル人民元の普及が進むことによって政府の施策が個人に届きやすくなる一方、なんらかのペナルティーが科される事態となれば直接的に影響力を行使しやすくなることも予想される。現状のデジタル人民元はブロックチェーン技術を用いていないもようだが、これはすべての情報を政府が把握することを意味しており、ペナルティーによって政府が直接的に資産の差押えを行うことも可能になる。新型コロナウイルス対策という名目の良さ、デジタル人民元という利便性を追求した先には、想像を超える世界が待ち受けている可能性もある。

４　中国経済はＶ字回復を果たすことができるか

「４兆元」リーマン景気刺激策の副作用

中国では、都市封鎖措置を含む厳しい新型コロナウイルス対策の結果、２０２０年８月20日には国内での無症状感染例の報告がいったん途絶えるなど、国内の感染拡大は、欧米や他の新興国よりも早く収束したようにみえる。しかし、国内外へのヒトの移動を大きく制限する措置をとった結果、２０２０年１－３月期の実質ＧＤＰ成長率は前年同期比マイナス６・８％と、四半期ベースの成長率が入手可能な１９９２年以降で初めてマイナス成長となるなど、景気に深刻な下押し圧力がかかった（図表２－４参照）。季節調整値の前期比年率ベースではマイナス10・０％、同年率換算ベースでは30％を超える落込みを記録するなど、予想外の景気減速に直面することになった。

中国全土に広がった都市封鎖措置は３月ごろから徐々に解除され、当初の感染拡大の中心地であった湖北省武漢市でも４月初めに都市封鎖措置が解除された後は、経済活動の正常化に向けた取組みが進められた。さらに、５月末には３月初旬から延期されていた全国人民代表大会（全人

図表2－4　実質GDP成長率（前年同期比）の推移

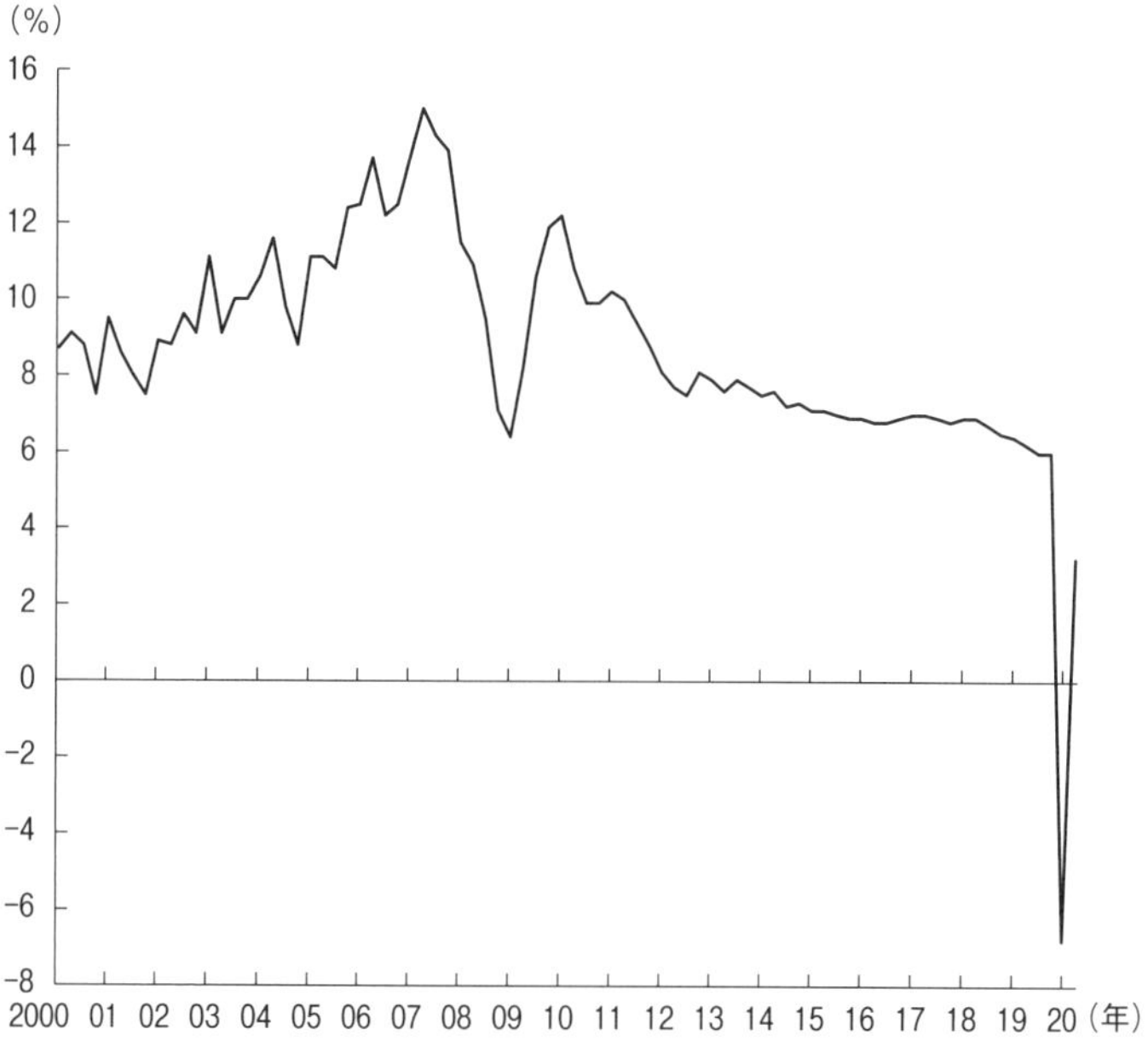

（出所）　国家統計局、CEICより第一生命経済研究所作成

代）が開催され、国内外で景気に対する不透明要因が山積していることを理由に1988年以降で初めて経済成長率目標が示されない異例の全人代となったが、財政、金融政策の両面で雇用の拡充を通じた景気下支えを図る次のような方針が決定された。

まず、地方政府による歳出拡大に用いられる特別債の発行枠が3兆7500億元と2019年（2兆1500億元）から拡充され、同国では初めての特別国債を1兆元発行する方針が示された。中央政府から地方政府への財政移転の額は、中央政府の歳出拡大分や特別国債の発行をあわせて２兆元相当になるとしている。

中国の緊急景気対策としては、リーマン・ショックに端を発する世界金融危機の直後の「４兆元」規模の景気刺激策が記憶に新しい。この時、中国経済は文字どおりＶ字回復を果たすことに成功した。これに対して、今回の全人代で示された景気刺激策の規模を単純に足し合わせると４兆元と遜色ない水準に達している。しかし、今日の中国の経済規模は、世界金融危機直後の２００９年当時の２倍を超えていることから、マクロ的な経済効果は単純に考えても当時の半分以下になることは避けられない。

さらに、景気刺激策の規模そのものはそれなりの水準であっても、中国政府内部からは「洪水のような対策はとらない」とする方針を繰り返し示すなど、過度な財政出動に傾くことはしないとの姿勢を強調してきた。この背景には、前回の世界金融危機後の大規模景気刺激策によって、中国経済がＶ字回復を実現できた半面、その過程で地方政府や企業部門を中心に過剰設備と過剰債務が積み上がったことで今日の中国経済の足かせとなる事態を招いたとの反省がある。実際、ここ数年間は、ある程度の景気減速を容認してでも過剰状態の解消を目指す「デレバレッジ」政策をとり、経済の軟着陸を図ってきた。ところが、２０１８年の米トランプ政権の発足後、米中摩擦が高まり中国経済への悪材料が重なったため、中国政府としては政策の微修正を余儀なくされる展開が続いてきた。こうしたなか新型コロナによって実質ＧＤＰ成長率が急落したといって、かつてのようなスケールでの経済対策は実行しにくい。国際金融市場においては世界経済の減速懸念が高まるたびに中国政府が景気刺激策に動くのではないかという期待が高まるが、実態としては逐次的に小出しの対策を打ち出す展開に終始するなど、中国の経済成長は次第に頭打ちの様相を呈してきている。

また、前述のように感染拡大自体は、沈静化しているとはいえ、散発的に新型肺炎の感染者が確認され、また、製造業を中心とする工場の操業率は依然として感染拡大前を下回る水準で推移してきた。他方、前述のとおり全人代で公共投資の拡充などを通じた景気刺激策が打ち出され、投資が押し上げられたことに加え、都市封鎖措置の解除を受けて、外出規制に伴い下押しされた反動によるペントアップ・ディマンドが発現した結果、２０２０年の４－６月期の実質ＧＤＰ成長率は前年同期比３・２％増と２四半期ぶりにプラスに転じるなど、予想外に早く景気の底入れを果たした。前期比の成長率もプラス11・５％と１－３月期のマイナス幅を上回る水準となり、年率換算ベースではプラス50％を上回る大幅拡大を実現したほか、実質ＧＤＰの水準は新型コロナウイルスの感染拡大が確認される直前の２０１９年10－12月期をわずかに上回る水準となるなど、その影響を克服したといえる。

国内需要のカギ握る家計消費の回復

ところで、中国の四半期ベースのＧＤＰ統計は供給要因に基づいて試算されており、個別の経済指標をみても鉱工業生産については底入れを示唆する動きが確認できるなど供給サイドを中心に景気回復が進んでいるようすが確認できる。その一方、需要サイドの統計である小売売上高は低迷が続いているほか、固定資産投資についても公共投資の進捗を反映して公的部門を中心に回復が進んでいるものの、民間投資は弱含むなど対照的な動きがみられた。つまり、２０２０年半ばの段階では表面的に中国景気はＶ字回復の途上にあるようにみえるものの、そのけん引役は景気刺激策によって押し上げられた公共投資をはじめとする公的部門が中心であり、民間需要による持続可能な景気拡大には程遠い状況にあるといえる。その意味では、今後の景気の行方は民間需要の勢いが回復できるか否かに大きくかかっている。

民間需要回復のカギを握るのは、家計消費の動向である。全人代において中国政府は財政および金融政策を総動員するかたちで雇用拡大を重視する考えを示したが、この背景には中国経済の成長のけん引役として家計消費を中心とする内需に転換させたいとの思惑がうかがえる。習近平政権が発足して以降、中国経済の成長の原動力を外需から内需に、内需のなかでも投資から消費にシフトさせることを目標に掲げてきたものの、現実にはＧＤＰに占める家計消費の比率が劇的に向上するには至らず、投資依存体質からの脱却は進んでいないととらえられる。

実質ＧＤＰこそ、２０２０年４－６月期には早くもプラス成長に転じるなど景気回復が進む一方、雇用に関する指標は弱含む展開が続いており、企業部門を中心に景気回復に自信がもてていないようすがうかがえる。さらに、２０２０年は大学の新卒者が８７４万人と史上最大の水準に達するなど、今後数年間は同じような規模での新卒者が労働市場に流入する見通しであり、特に若年層をめぐる雇用環境の改善には雇用機会の創出が欠かせない状況にある。こうした事情も中国政府があらゆる政策を動員して雇用創出を図る姿勢を打ち出す背景になっているとみられる。

その一方、近年の高成長を追い風に人件費は大きく上昇しており、かつてのように低廉で豊富な労働力を背景とする労働集約型産業による経済成長の実現余地は小さくなっている。その意味では、生産性の向上に資する取組みが欠かせないが、すべての労働者が構造改革に順応できるとは考えにくい。また、14億人という人口規模の大きさを勘案すれば、構造改革によって数パーセントの労働者が職を失う状況に追い込まれた場合でも、絶対数は巨大になる。なかなかドラスティックな対応がむずかしいのも実情である。

さらに、中国政府内では雇用対策の打開策として李克強首相が提唱する、道路の使用制限緩和により屋台を誘致し、消費拡大を目指す「露店経済」が示されるなど、時代に逆行する動きもみられ、短期的にみて構造転換が進むかは見通しにくい。当面は公共投資の拡充を追い風に景気を下支えする展開が続く可能性はあるものの、その効果が一巡した後に持続可能な経済成長を実現できるかは心許ない状況にあるととらえられよう。

5 「ポストコロナ」の中国と世界経済の関係

中国モデルが要支援国のデファクト・スタンダード化に?

新型コロナウイルスをめぐっては、その「特効薬」とされるワクチンの開発と普及には、なおそれなりの時間を要するとみられるなか、当面の世界経済はこのウイルスと共存するいわゆる「ウィズコロナ」の時間を過ごすことを余儀なくされる。このなかで、中国については当初の感染拡大の中心地となったものの、デジタル技術を活用しながらプライバシーの制限を強める「中国モデル」と呼べる対応によって感染抑制が一定の成果をみせていることは「ポストコロナ」の世界を見渡すうえで重要なカギを握ると予想される。

一方、欧米など主要国においては、法律に基づくかたちで強制力を伴う外出禁止措置がとられはしても、基本的にプライバシーを重視する姿勢は維持されているほか、強制措置には金銭的補償を実施するという取組みが進められてきた。なぜ、中国はこうした西側諸国からみると強権的な措置をとれるかというと、中国では共産主義体制のもと、国民の土地所有が認められず、国家的プロジェクトなど公共の利益を優先することで（近年は事情は変わっているようだが）強制的に土地の収用などが行われるなど、伝統的に個人の権利が公益よりも低く置かれていた背景があると考えられる。新型コロナウイルスの感染抑制をめぐる対応が一定の成果を得たことで、今後も個人の権利に対する制約が比較的容易に行いやすい状況が続く土壌は残ると予想される。

さらに、前述したようにテレビや新聞、インターネットなどあらゆるメディアを通じて「社会信用」の醸成というかたちで、政府および共産党にとって都合の良い思想、考え方が流布されやすい環境にある。数年経過すれば個人のプライバシーが制約を受ける状況が当たり前といった世代が多数を占める可能性があるうえ、そうした国が世界最大の人口を擁する状況は世界にとってこれまで以上に無視しえない事態を招くであろう。

他方、習近平政権のもとでは外交戦略の柱に「一帯一路」を据え、中国と欧州を結ぶ陸路と海路に沿う国および地域への影響力を向上させているほか、その実働部隊の一つとしてアジアインフラ投資銀行（ＡＩＩＢ）を設立するなどの取組みを進めている。さらに、中国による海外支援は国家開発銀行や中国輸出入銀行などの政府系金融機関のほか、中国・ユーラシア経済協力基金、シルクロード基金といった政府系ファンドを駆使して、経済支援を足がかりに中国企業の進出支援を図ることで経済的な結びつきを強化させてきた。こうした取組みそのものは、欧米をはじめとする主要国や世界銀行をはじめとする国際機関と同様の支援を行っていることに鑑みても非難される筋合いのものではないかもしれない。しかし、現実には中国の支援の名のもとで実施されたプロジェクトの多くが中国企業が受注するなど、現地の経済効果に資する構造とはなっていない。それどころか、資金支援の背後で被支援国の債務が過大に積み上がることで返済が滞る事態に陥り、最終的に債務減免などと引き換えにインフラの権益を中国が譲り受けるといった運用が行われる例が散見される。

足元では新型コロナウイルスが世界中で猛威をふるい続けるなか、こうした動きは足踏みしているとみられるが、同時に多くの国がコロナ禍の影響で経済は著しく疲弊しており、海外からの支援を喉から手が出るほど欲している状況にある。国際通貨基金（ＩＭＦ）などの国際機関は時間を要する従来の手法にかえて即効性のある施策で対応する姿勢をみせているものの、従来は新興国に対する支援の主要プレーヤーであった欧米先進国の多くが自国内の新型コロナウイルス対応で手いっぱいの状況にあるなか、中国が困窮の度を深める新興国に支援の手を差し伸べる余地は大きくなっている。そして、繰り返しになるが、中国からの支援の受入れは、その背後で中国企業の進出を通じて国内経済の中国との連動性を高め、結果的に多くの新興国で中国経済に対する依存度がこれまで以上に高まっていく可能性も予想される。

なお、今回の新型コロナウイルス対策で用いられた「中国モデル」は、あらゆる行動を監視することが事実上可能になるとともに、強制力を伴うかたちで為政者の望む方向へ国民の行動や意思の誘導を図りやすいともとらえられる。さらに、ビッグデータを活用したシステムなどはいわゆる「ネットワーク外部性」が高い分野であり、いったん基盤となるシステムが構築されれば、その後は同様のフォーマットに準拠するかたちで汎用システムへの展開やシステム自体のアップグレードが図られることになる。つまり、どのような仕組みが「デファクト・スタンダード」になりうるかという、言わばモデル間の陣地合戦の様相を呈しやすい。その意味では、仮に、ある国において中国モデルがデファクト・スタンダード化することとなれば、中国に有利なかたちでシステムが構築される可能性も否定できない。

米中対立の行方

金銭的な意味、ないし欧米などの主要国との対立などを理由に経済的な制約に直面している新興国にとっては、目の前に「札束」を掲げる中国という存在はありがたい存在である一方、もし支援の一環として「中国モデル」の導入が進められれば、その後は中国の影響力のもとに置かれる状況が続く可能性も予想される。それは、仮に中国が導入を進めている「デジタル人民元」が海外にも開放されるとともに、貿易やサービスのやりとりにかかわる決済に用いられるようになり、同様のシステムが当該国のなかでも活用されるようになれば、政策運営に対して直接、間接的に影響力が及んでいくことになる。あくまでここでの仮定は一つの「リスクシナリオ」ということになろうが、こうした経路を通じて中国の影響力が世界的に広がっていく可能性は十分に考えられる。

その一方で、トランプ政権の発足後、米中対立が激化する流れが強まっており、一部にはトランプ米大統領やその取り巻きによる属人的な問題としてこの流れを読み解かれることが少なくない。しかし、現実にはここ数年の米国内における対中感情は（ワシントンＤＣを中心とする政治・行政関係者を中心に）悪化傾向を強めており、トランプ政権の誕生によって対中感情の激化の度合いが速まっただけととらえられる。

さらに、新型コロナウイルスをめぐっては米国が最大の感染者と死亡者を生むなど、最もその悪影響を被った国である。当初の感染拡大の中心地が中国であったため、米国内では中国政府による対応の拙さがその後の被害を大きくさせたとの見方が大勢を占める。また、トランプ政権下に激しくなった米中摩擦の焦点も、当初の貿易関係から、その後は情報技術を中心とする知的財産の問題、南シナ海を中心とする安全保障問題に発展するなど、世界の「覇権」をめぐる問題に広がっている。加えて２０１９年の香港での「逃亡犯条例改正案」をきっかけにした反政府デモの広がりや、２０２０年の「香港国家安全維持法」成立を受け、香港返還後も同地に維持されてきた一国二制度の形骸化につながる動きは、中国の内実を米国をはじめとする西側諸国に突き付ける格好となった。米国議会においては香港問題やウイグルでの人権問題に焦点を当てた動きも活発化している。２０２１年１月にバイデン政権に移行した後も、米国の対中姿勢が大きく転換する可能性は低く、さらに英国など米国の対中強硬姿勢に同調する西側諸国もなくなることはないとみられる。

もちろん、自国の経済的利益を優先すれば、中国の姿勢や「中国モデル」に目をつぶる国は欧州諸国のなかにも一定数あるだろう。しかし、いまや米中対立は世界の覇権をめぐる問題に発展していることを受けて、米トランプ政権は同盟国を中心とする西側諸国に対して「踏み絵」を迫る動きを強めている。政権交代の有無にかかわらず、今後もこうした動きは現状と程度の差こそあれ、継続していく可能性がある。その意味では、「ポストコロナ」の世界は経済面では中国との紐帯を維持しつつ、イデオロギーや政治面では米国を中心とする軸と、中国を中心とする軸との分離がより鮮明になることも考えられる。

対外強硬姿勢をとらざるをえない中国政府の事情

一方、中国自身も米国の圧力に対して引くに引けない事情を抱えている。足元の中国の人口は14億人を上回るなど世界最大となっているが、すでに生産年齢人口は減少局面に突入するなど潜在成長率の低下につながる兆しが顕在化している。さらに、向こう数年以内には総人口も減少局面に転じる可能性が高く、経済成長の実現余地が狭まってくることは避けられない。そうなれば、中所得国から高所得国に移行する前に潜在成長率が大きく低下することで構造問題がより大きく中国経済の重石となるおそれがある。

　こうした課題を突破するための一つのカギが産業高度化政策である「中国製造２０２５」であり、２０２０年には次の5カ年計画である第14次5カ年計画やさらなる産業高度化政策である「中国製造２０３５」の制定が予定されている。これまでは中国経済が抱える構造的な問題は、過剰債務問題や株式や不動産のバブルなど部分的に表面化することはあったものの、全体的には経済成長の実現によって表面上は糊塗できていた。しかし、先行きにおいては前述のようにそうした取組みが以前よりも困難になる一方で、中国政府や共産党は国内外に対して「虚勢」を張る意味でも引き続き米国をはじめ国際社会に対して「強面」の対応が続くと予想される。

　中国経済が成長を実現できているうちは、新興国を中心に世界経済のけん引役である中国になびく流れは続くと見込まれるものの、中国が成長余力を失えば、中国自体も内向き姿勢を強めざるをえなくなることも考えられる。そうなれば、すでに米国はオバマ政権のもとで「世界の警察官」としての役割を放棄しているが、中国が米国にかわってそうした役割に就くことがないまま、世界はバラバラになっていくのかもしれない。

「ポストコロナ」の世界は、短期的には米国と中国を軸にした分離の動きが進むと予想される一方、中期的には軸をなくした世界がそれぞれ離散と集合を繰り返しつつ新たな秩序を模索する新たな時代への過渡期を迎える可能性がある。

第3章

コロナ危機で統合強化に向かう欧州

田中　理

1 なぜ欧州で爆発的な感染が起きたのか

新たな震源地となった欧州

中国・武漢市での市中感染や横浜港に入港した大型客船「ダイヤモンド・プリンセス号」での集団感染が下火となったころ、新たな感染の激震地となったのが欧州だった。2020年3月初旬にはイタリア、スペイン、フランス、ドイツで1日当りの新規感染者（7日移動平均、以下同じ）が100人を超え、そこからわずか1週間足らずで1000人を突破した。遅れて感染が拡大した英国を加えた主要5カ国の感染者は、4月初旬には各々数千人規模にまで膨れ上がり、世界の1日当りの感染者の約半数が欧州（注1）に集中した（図表3－1参照）。なかでもイタリア北部のロンバルディア州やスペインの首都マドリードとその周辺地域では、急速な感染拡大で医療資源の圧迫が顕著となり、4月初旬にかけて両国では1日当りの死者が1000人を超える事態へと発展した。

感染封じ込めを目指し、各国は相次いで罰則を伴う厳しい外出制限、国境封鎖や都市間移動の制限、工場の操業停止、生活必需品を除く商店の営業禁止、学校や大学の休校、大規模集会の禁

図表3－1　欧州の主要国別新規感染者数（7日移動平均）

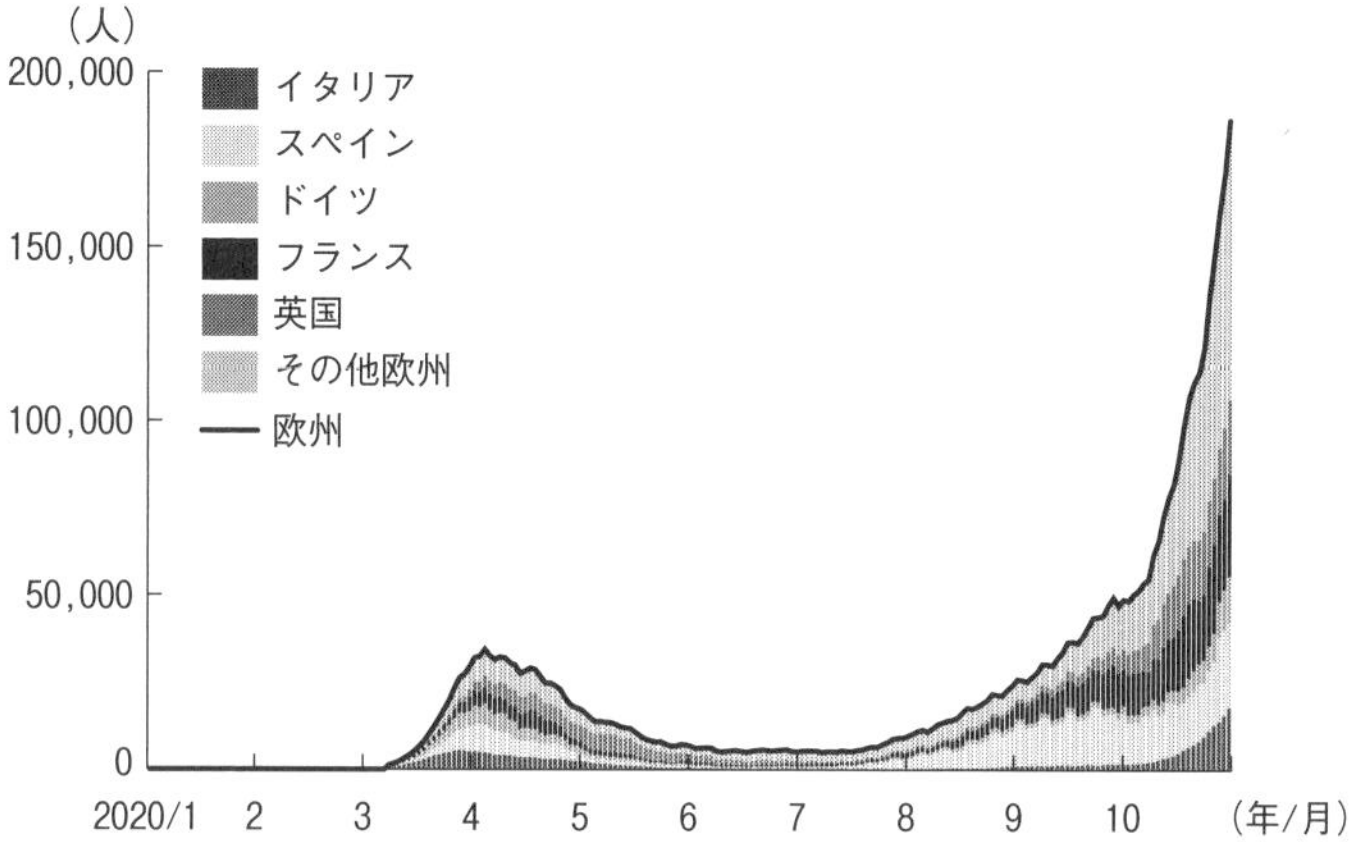

（注）　ここでの欧州は欧州連合（EU）27カ国、欧州自由貿易連合（EFTA）4カ国、英国の合計。
（出所）　Refinitivより第一生命経済研究所作成

止などの措置を開始した。都市封鎖（ロックダウン）の開始後、爆発的な感染拡大は徐々に沈静化に向かい、5月中旬には英国を除く主要4カ国の1日当りの新規感染者が再び１０００人を切り、6月に入ると各国で数百人規模にまで縮小した。

しかし、段階的なロックダウンの解除で経済活動や人の移動が再開するなか、欧州を感染第二波が襲っている。1日当りの新規感染者は8月後半にスペインで1万人を超え、9月中旬にはフランスで、10月初旬に英国、10月中旬にはイタリアでも1万人を突破した。充実した医療体制と徹底的な検査実施で感染封じ込めに成功してきたドイツも、10月後半に

1万人を超え、いずれも春のピークを上回っている。その後も感染者は増え続け、10月末の時点でフランスが5万人前後、英国が3万人前後、スペインとイタリアが2万人前後、ドイツが1万人台後半に達している。

人口当りの感染者は、チェコ、ベルギー、ルクセンブルク、オランダ、スロベニアで多い。春に比べて重症患者や死者が限定的だったこともあり、当初、多くの国は全面的なロックダウンを再開するのではなく、社会的距離（ソーシャル・ディスタンス）の確保を徹底するとともに、経済活動再開のペースを落とすことや、大企業集会の禁止やマスクの着用義務づけなど、地域や対象を限定した行動制限の強化で対処していた。だが、感染者の増加に伴い病院の入院患者や集中治療室（ＩＣＵ）の利用患者が増えており、10月後半に入るとスペイン、フランス、イタリア、ドイツなどで、夜間の外出禁止、重要な用事以外の外出禁止、飲食店の営業禁止や営業時間短縮、映画館やスポーツジムの閉鎖などのロックダウンの再開を余儀なくされた。

（注1） 世界保健機関（ＷＨＯ）の地域分類で「欧州」に含まれる国は、ドイツ、フランス、イタリア、スペインなど欧州連合（ＥＵ）加盟国、英国、スイス、ノルウェーなどの非ＥＵ諸国、ボスニア、モンテネグロ、アルバニアなどのバルカン半島諸国、ロシア、ウクライナ、ベラルーシなどの独立国家共同体（ＣＩＳ）諸国に加えて、トルコ、イスラエルも含む。ドイツ、フランス、イタリア、スペインの主要4カ国の感染が下火となった5月中旬以降、ロシア、トルコ、バルカン半島諸国で感染拡大が続いたため、欧州全体の1日当りの感染者は

2万人前後で高止まりし、スペインやフランスの感染再拡大を受け、8月に入ると3万人に迫っている。

欧州での感染者第一号は？

欧州で初めて感染者が確認されたのは2020年1月24日で、中国からフランスへの帰国者が南西部の中核都市ボルドーの病院に入院し、隔離された。その後、1月下旬にかけて、ドイツ、スペイン、イタリア、フィンランド、スウェーデン、ロシアで感染報告が相次いだ（注2）。もっとも、それ以前から欧州内には複数の感染者がいたとみられている。英国放送協会（BBC）は、2019年の12月27日にパリで診察されたフランス人患者が新型コロナウイルスとみられる症状を発症していたとする医師の談話を伝えている（注3）。この患者には外国への渡航歴がなく、感染経路もわかっていない。

欧州は陸続きで地理的に近接した国が多く、国境を越えた人の往来が活発だ。シェンゲン協定（注4）を結んだ国の間では国境でのパスポート検査も必要ない。国境近くに住む人々は買い物や仕事で日常的に越境することも多い。また、感染者が増加した2月は多くの欧州諸国の学校休暇の時期と重なる。この時期に各地で行われるカーニバルや、オーストリアやイタリア北部のスキーリゾートには、欧州各国から多くの家族連れが訪れていた。英国、ドイツ、北欧諸国などではスキー休暇からの帰国者を介した感染事例の報告が相次いだ。こうして人知れず欧州に入ったウイルスは瞬く間に各国に拡散していった。

（注2） Spiteri et al.（２０２０）
（注3） 5月5日付のＢＢＣのオンライン記事（https://www.bbc.com/news/world-europe-52526554）
（注4） 締結国間の出入国管理をなくし、域外国境の出入国管理を締結国で調和させる協定で、アイルランド、ルーマニア、ブルガリアを除くＥＵ加盟国と、スイス、ノルウェー、アイスランドの非ＥＵ加盟国が締結している。

中国との関係を強化してきた欧州

感染はその後、欧州各国にくまなく広がっている。ただ、２０２０年3～4月にかけてのイタリアやスペインの惨状は世界各国に大きな衝撃を与えた。なぜ両国であれほど爆発的な感染が起き、多くの死者が出たのかは、今後さまざまな角度から科学的な検証が試みられるだろう。ここでは、欧州で感染拡大が起きやすかったいくつかの要素について触れておく。

まず、欧州で初期に感染が拡大した国は、ビジネス、観光、移民などさまざまなかたちで中国とのかかわりが深かった点で共通する。中国向けの輸出シェアが欧州で最も大きいドイツには、中国に深く根付いた企業も多く、メルケル首相も産業界の要人とともにたびたび中国を訪問している。英国は中国が主導するアジアインフラ投資銀行（ＡＩＩＢ）計画にいち早く参加の名乗りをあげた国で、金融立国として人民元ビジネスなどにも力を入れる。イタリアは先進7カ国（Ｇ７）で初めて中国の「一帯一路」構想の覚書に署名した国で、中国からの投資拡大を低迷する経済建て直しの起爆剤にしようと考えている。中国はこうした国以外にも、近年、多くの欧州諸国に接近している。ギリシャ、フランス、オランダなどの港湾事業に次々と参入し、一帯一路構想の一環で、中東欧諸国で高速道路や鉄道網の整備などのインフラ事業を展開している。２０１２年からは「中国・中東欧首脳会合（16＋1）」（注5）を定期的に開催している。

感染者の多かった国には中国系住民も多い。パリとロンドンには欧州で最大規模の中華街があり、イタリアで感染爆発したロンバルディア州の州都ミラノにも大規模な中華街がある。イタリアでは中国籍の人口が過去10年あまりで倍増し、約30万人と欧州内で最も多い。この数字には欧州生まれの移民二世や三世は含まれず、中国系住民の人口はこれをはるかに上回ることが推測される。また、イタリア、フランス、スペイン、英国などは例年、中国人にとって欧州観光の訪問先の上位国だ。春節の大型連休（２０２０年は1月24～30日）には、多くの中国人が欧州各地を訪れていた。

（注5）枠組みに参加するのは、ハンガリー、ポーランド、チェコ、スロバキア、スロベニア、クロアチア、ルーマニア、ブルガリア、エストニア、ラトビア、リトアニアのＥＵ加盟国と、

セルビア、ボスニア・ヘルツェゴビナ、モンテネグロ、北マケドニア、アルバニアの16カ国。2019年からはギリシャも参加し、「17＋1」となった。

生活習慣も感染拡大の一因に

イタリアやスペインでは2020年3〜4月の第一波の感染ピーク時に超過死亡者（注6）が多かった。両国とも財政基盤が欧州内で相対的に脆弱で、2010〜2012年にかけての欧州債務危機時に金融市場の標的となった。スペインは住宅バブル崩壊で銀行の資本増強が必要となり、銀行救済に限定したものながら、2012年にEUの財政支援下に入った。長年の高債務国であるイタリアは、断続的に医療予算の削減を行ってきた。人口当りの病床数や病院数は1990年ごろと比較すると、半分近くに減っている。財政切り詰めが医療財政を圧迫した面があるのは否定できない。とはいえ、あれほどの爆発的な感染拡大に対処可能な医療資源をもつ国は少ない。イタリア、スペイン両国ともに人口に占める高齢者の割合が高く、罹患者が重症化しやすかったこと、高齢者施設での集団感染（クラスター）が広がったこと、感染が一部地域に集中し、地域医療のキャパシティを超えたことが大きかったのではないだろうか。

　初動が遅れたわけでもなかった。イタリアでは最初の感染者が確認された翌日には緊急事態宣言を発動し、中国とのすべての航空便の就航を停止した。両国ともに、家族主義、話し好き、夕

図表3－2　欧州主要国の家族や友人と集まる頻度（2015年）

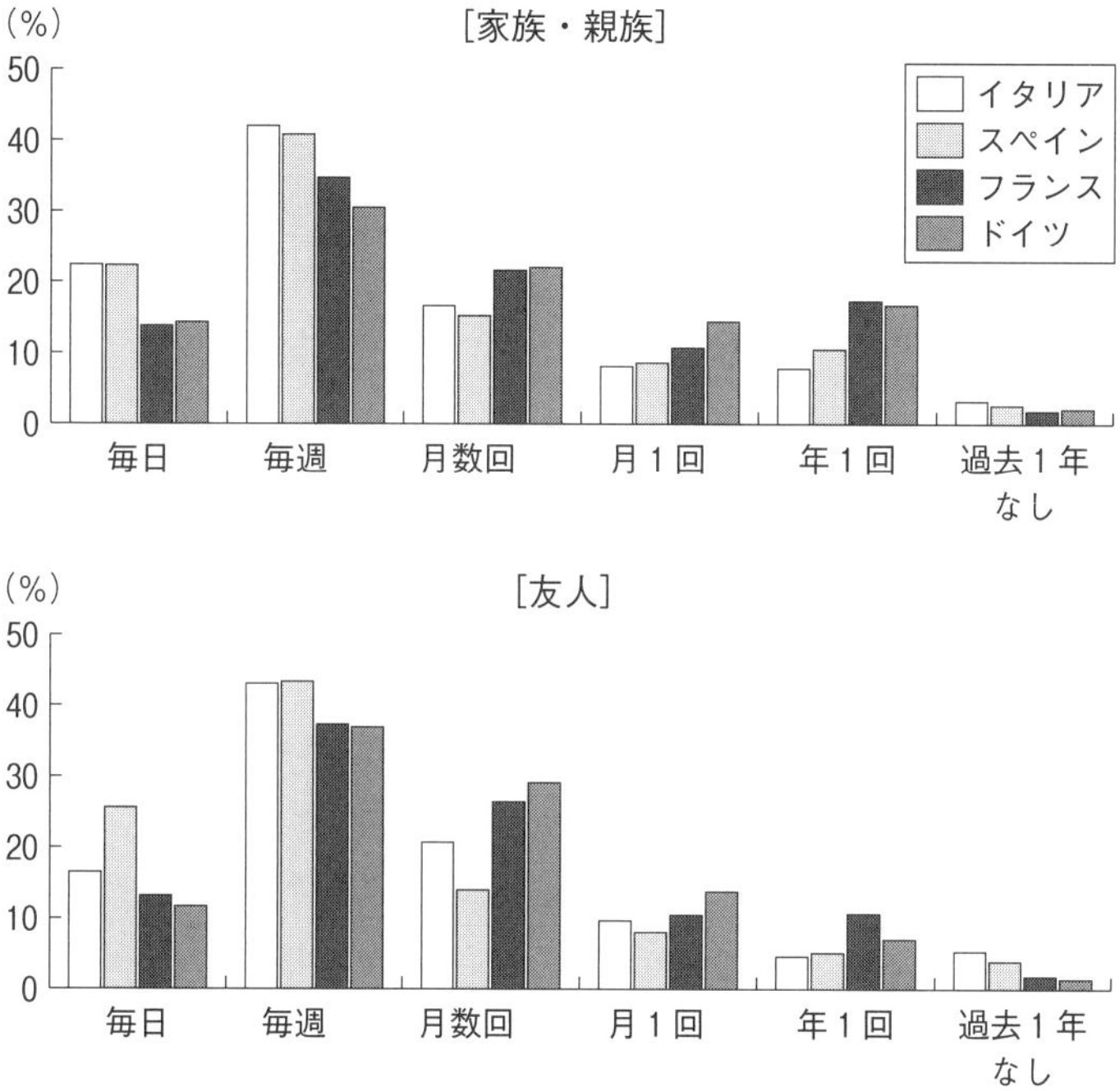

（出所）　欧州委員会より第一生命経済研究所作成

食前の「ちょい飲み文化」、ハグやキスが挨拶がわりの生活習慣も感染が広がる要素になったと考えられる。イタリアやスペインでは、家族や友人と食事をともにする頻度が高い。欧州委員会が2015年に行った調査では、家族・親族と「毎日集まる」と回答した割合がイタリアとスペインでは20％を超え、10％台前半のドイツやフランスを上回る。「毎週集まる」と回答した割合もイタリアとスペインが40％を超え、30％台のドイツやフランスを上回る。友人と集まる頻度も同様で、イタリアとスペインがドイツやフランスを上回る（図表3－2参照）。

当初、個人主義が浸透した欧州で、厳しい行動制限やマスク着用などの感染予防策が守られるかを疑問視する声もあった。だが、イタリアやスペインの惨状を目のあたりにし、多くの欧州市民は政府の行動制限や感染防止策に従った。ところが、感染拡大が一服し、段階的なロックダウンの解除を開始した夏以降は、政府の感染予防策に従わない市民も目立ち始めている。マスクの着用義務が自由の侵害であるなどと主張し、政府のコロナ対策に抗議するデモも各地で開かれている。最近では若者のパーティーや家族の会食などで感染者が増えているとされる。欧州には観光依存度の高い国も多く、夏場のバカンスシーズンを前に海外からの渡航制限の解除を急いだ面もあった。春の第一波に比べていまのところ重症者や死者の数は少ない。第二波での感染者増加は、春に比べて各国が検査体制を強化したことも影響しているが、検査を受けた人の間で陽性率も上昇している。第一波では未知のウイルスに対する医療従事者の試行錯誤が続いたことに加えて、高齢者介護施設で多くのクラスターが発生し、感染者に占める高齢者の割合が高かったことも、重症者や死者の増加につながった。これに対して第二波では当初、若者の感染割合が高かったため、重症者や死者が少なかった。だが、市中感染が広がるなか、高齢者の感染割合が高まっており、重症者や死者も徐々に増え始めている。各国は感染対策の強化やロックダウンの再開に舵を切ったが、このまま感染封じ込めに成功するかは予断を許さない状況にある。

（注６）例年同時期の死亡数から推定される死亡数（予測死亡数）と実際の死亡数（観測死亡数）との差。超過死亡数が新型コロナウイルスを直接の原因とした死亡数を上回る場合、医療体制のひっ迫などが生じている可能性を示唆する。

２ 感染封じ込めと各国の政策対応

ロックダウンで経済活動が全面停止

ロックダウンによる経済活動を全面停止する影響は大きい。欧州の主要国が本格的なロックダウンを開始したのは２０２０年３月初め～中旬にかけてだった。多くの国の景気はそれまで緩やかな拡大を続けていたため、経済活動停止の影響は２０２０年１－３月期の経済統計に部分的にしか表れなかった。それでも同期のユーロ圏の実質国内総生産（ＧＤＰ）成長率は前期比マイナス３・７％、同年率マイナス14・１％と、リーマン・ショック時（２００９年１－３月期の同マイナス３・２％、同年率マイナス12・０％）を上回る史上最大の落込みを記録した（図表３－３参

図表3－3　欧州主要国のコロナ危機後の実質GDP成長率

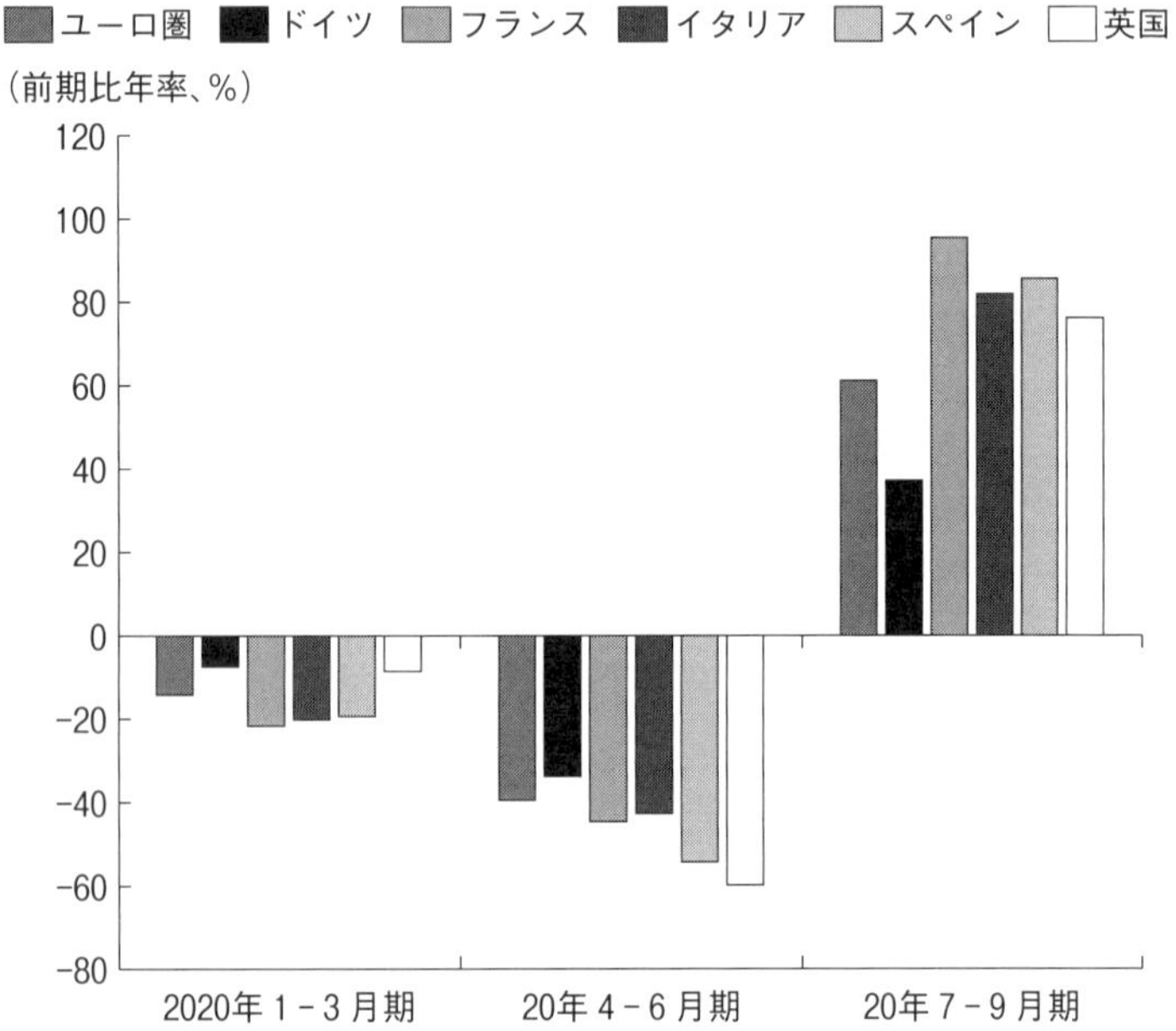

（出所）　各国統計局より第一生命経済研究所作成

照）。影響がフルに顕在化した4－6月期の成長率は前期比マイナス11・8％、同年率マイナス39・5％と平時で経験したことのない猛烈な下落となった。2四半期通算の成長率の下落はマイナス15・1％と、リーマン・ショック時（2008年4－6月期から2009年1－3月期の4四半期連続マイナス成長）のマイナス5・7％をはるかに上回る。瞬間風速の景気の落込みはリーマン・ショック時の約6倍（半分の時間で3倍下落）に及んだ。

国別には、製造業の比重が大きいドイツが2四半期通算でマイナス15・1％、サービス業の比重が大きいフランス（同マイナス18・9％）とイタリア（同マイナス17・8％）がこれを上回り、ロックダウンの解除が遅れたスペイン（同マイナス22・1％）がさらに上回る。大陸欧州諸国に比べてロックダウンの開始と感染収束がともに遅れた英国は、1－3月期の成長率が前期比マイナス2・5％、同年率マイナス8・5％の下落にとどまったものの、4－6月期は同マイナス19・8％、同年率マイナス59・8％と主要先進国中で最も大幅な下落を記録した。2四半期通算の落込み（マイナス21・8％）もスペインに匹敵する。

感染拡大のピーク時は、食料品や医薬品など生活必需品を除き、多くの店舗が閉鎖され、従業員の安全確保を優先し、工場などの生産設備も一部で稼働を停止した。需要項目別のGDPを確認すると、いずれの国も、コロナ危機対策を反映して公共投資が増加した以外は、個人消費、設備投資、住宅投資、輸出、輸入が軒並み大幅な落込みとなった。自然災害や戦争などで生産設備や社会インフラが破損する場合と異なり、コロナ禍での景気の落込みの多くは、感染予防を優先する政府の政策判断や個人の行動変容が引き起こす人為的なものだ。ロックダウンの解除に伴い、経済活動の一部が動き出すだけでも、数字上、経済成長率は大幅に反発する。5月以降、主要各国は段階的にロックダウンを解除しており、月次の経済指標も軒並み増加に転じている。7－9月期のユーロ圏の実質GDP成長率は前期比プラス12・7％、同年率プラス61・1％と大幅なプラス成長に復帰した。だが、感染再拡大とロックダウンの再開を受け、各国の経済活動に再びブレーキがかかっている。執筆時点（2020年11月）で10月以降の月次指標の発表は限定的ながら、企業の業況判断が軒並み急低下している。10－12月期の成長率はマイナス成長へ再転落するおそれもあり、二番底に対する不安が広がっている。

危機前の生活を取り戻すには時間

問題は景気の反発力と持続性だ。感染再拡大への警戒と行動制限の強化を受け、企業の業況判断の改善に早くも陰りが出ている。有効な治療薬やワクチンが開発・普及するまでの間は、ロックダウンが解除されたからといって、すぐにかつての生活を取り戻すことはできない。他人との接触機会を減らし、飲食店や商業施設の利用頻度も減り、生活必需品以外の消費を手控え、先行きの不透明感から設備投資や住宅購入も停滞する。欧州の主要各国のスマートフォンの位置情報の集計データは、第一波のロックダウンの解除後も、「公園」や「住宅」の人出が危機前を上回り、「食料品店・薬局」の人出が危機前とほぼ同水準なのに対し、「職場」や「乗換駅」の人出は危機前の6～8割程度、「小売店舗・娯楽施設」は8～9割の水準にとどまっていた。その後、秋の第二波でロックダウンが再開されたことを受け、「職場」や「乗換駅」の人出が減り、「公園」や「住宅」の人出が増えている。ロックダウンの間の景気の落込みを取り戻すことは困難で、年間の成長率が大幅なマイナス成長となることは確実だ。国際通貨基金（ＩＭＦ）が２０２０年10月に発表した世界経済見通しでは、同年のユーロ圏と英国の経済成長率は各々マイナス８・３％、マイナス９・８％と、日本のマイナス５・３％、米国のマイナス４・３％を上回る大幅なマイナス成長を予測している。この予測は感染第二波とロックダウン再開を想定しておらず、欧州諸国の成長率はさらに下振れする可能性が高い。

　ロックダウンの間の経済活動停止の影響は甚大で、政府の経済対策で景気の落込みを食い止めることはむずかしい。そこで今回の危機対応では、公共投資による需要の穴埋めよりも、ロックダウンの間の経済活動を支える雇用対策や企業の資金繰り策が重視された。主要各国はロックダウンの開始とあわせて3月以降、相次いで景気対策を打ち出した。その内容は多岐にわたるが、医療・治療・予防関連の歳出増、時短・休業補助金、失業給付の拡充、解雇規制、中小企業・自営業者・個人への給付金、税・社会保障負担の軽減や免除、賃料や公共料金の支払猶予、経営難企業の国有化、所得税や付加価値税（ＶＡＴ）の減税、公的融資保証などのメニューが並ぶ。ＥＵは厳しい財政規律で知られるが、今回のコロナ危機対応では財政規律の適用を時限的に停止することを決定した。財政収支の均衡を憲法で義務づけ、２０１２年以来、財政黒字を続けてきたドイツですら、財政拡張に舵を切った。二度にわたる景気対策で、総額２８６０億ユーロ（約36兆円）の財政出動と最大７５００億ユーロ（約94兆円）の公的融資保証を約束している。

雇用維持を優先した欧州の政策対応

欧州各国ではコロナ危機が深刻化した後も失業率の上昇が抑制されており、これまでのところ政府の雇用対策が一定の効果をあげている。細かい制度設計は各国で異なるが、解雇を抑制し、労働時間の短縮や一時休業で対応した場合、時短分の給料や休業手当の一部を財政資金でまかなう。リーマン・ショック後の景気後退時に、ドイツがＶ字型の景気回復を実現したのは、時短補助金によるところが大きいと高く評価されている。同制度の積極活用で解雇を抑制したことで、家計の雇用不安が軽減されたほか、企業は有能な人材をつなぎとめ、その後のすみやかな事業活動の再開が可能となった。こうしたドイツの成功事例を参考に、今回のコロナ危機対応では多くの欧州諸国が類似制度の拡充や導入に動いている。

欧米でコロナ危機前後の失業率を比較すると、危機発生当初、米国が危機前の３％台半ばから10％超に急上昇したのに対して、ユーロ圏では時短補助金の積極活用や一部の国が解雇規制を導入したこともあり、危機前の７％台前半から７％台後半へとわずかな上昇にとどまった（図表３－４参照）。日本も危機後の失業率の上昇が限定的だが、これは統計定義上、休業者が失業者としてカウントされないためで、統計数字に表れない〝失業予備軍〟が２００万人近くも存在する。

図表3－4　日米欧の失業率の推移

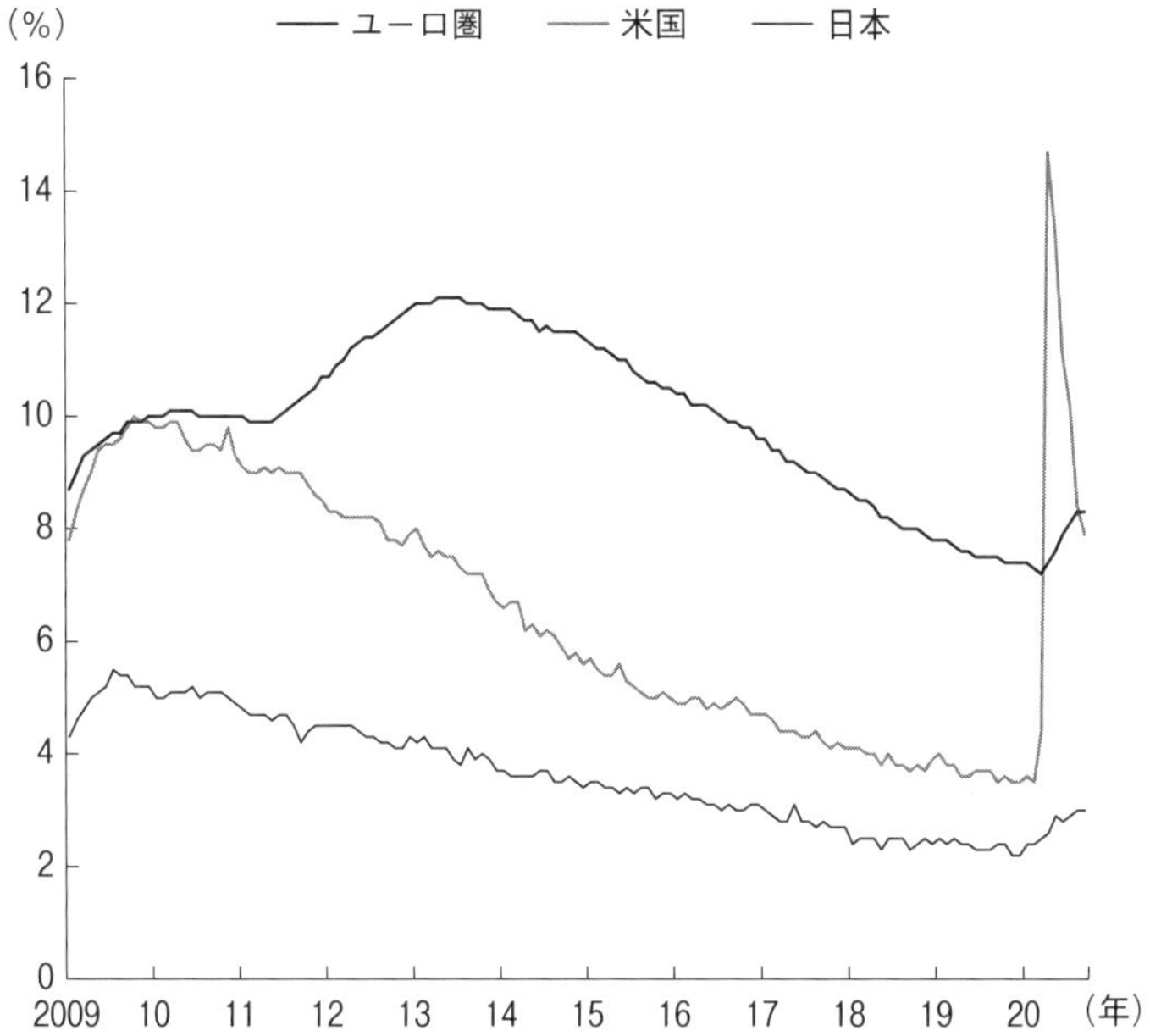

（出所）　各国統計局より第一生命経済研究所作成

ただ、失業率の上昇抑制は、時短・休業補助金による解雇抑制に加えて、職探しを諦めて労働市場から退出した人々が増加したことも影響している。失業率の統計では、期間中に職探しをしたが、就労していない人を失業者として計上する。加えて、ロックダウンの間の数カ月であれば、財政資金を使って失業を食い止めることができたが、時短・休業補助金を続けるのは財政上の負担が大きい。今後、企業の事業環境の悪化が長期化する場合、財政支援で企業内の雇用を抱え込むには限界がある。制度終了時に失業者が急増するおそれがある。例えば、英国は月額２５００ポンド（約35万円）を上限に休業者の給与の８割を支給する所得補てん制度を４月に開始し、９６０万人の被雇用者と２７０万人の自営業者が利用し、その財政負担は４２５億ポンド（約６兆円）に達する。６月末の終了予定を10月末まで延長したが、段階的に財政補てんの規模を縮小し、そのまま打ち切る。11月以降は所得補てんの規模を縮小した新たな労働支援策を開始した。フランスでも休業手当を段階的に縮小し、若者の就労促進などに財政資金を振り向ける。危機の長期化に伴い、雇用支援のあり方も雇用維持から就労促進にシフトしつつある。

3 危機で問われるＥＵの結束

初期の医療支援に失敗したＥＵ

ロックダウンの間の景気悪化を食い止め、その後の景気回復を支援するため、各国は巨額の財政出動が必要となる。だが、域内には膨大な政府債務を抱えるイタリアや欧州債務危機の震源地となったギリシャのように、財政基盤が脆弱な国もある。そのため、危機の初期段階では、コロナ危機による財政出動と景気悪化をきっかけに、イタリアなどの債務問題が再燃することが警戒された。経済構造や政治環境が異なる27カ国で構成されるＥＵの危機対応は、加盟国間の利害調整に時間がかかり、どうしても迅速性に欠ける。一つの政策を決定するには、まずは事務方レベルでの調整に始まり、その後に閣僚級の協議、さらには首脳級協議を繰り返し、各国間の意見を集約させる。時に徹夜の協議の末にまとまる政策は、合意に至る過程で規模も中身も中途半端な内容となっていることも珍しくない。

　今回のコロナ危機で欧州は当初、自国での爆発的な感染拡大への対応に追われ、ＥＵとして一体的な危機対応をまとめることに失敗した。自国の窮状に医療資源を抱え込み、医療崩壊の瀬戸際にあったイタリアやスペインに迅速な医療支援を提供することができなかった。さらに、「人の移動の自由」というＥＵの基本理念を曲げ、感染者の多い国や地域との往来を制限する国が相次いだ。ＥＵとして一体的な医療支援体制を築けなかったことが、「マスク外交」を展開する中国や、ＥＵの切り崩しをねらうロシアにつけ入る隙を与えることにもなった。危機の初期段階のイタリアやスペインでは、「今回の危機でＥＵが助けになっていない」と感じる国民が多かった（注7）。２０２０年秋の時点ではまだ、ＥＵに懐疑的なポピュリスト政党への支持は目立って高まっていない。ただ、両国はいずれもコロナ禍の影響が直撃する観光業とその周辺産業への依存度が高い。イタリアは危機前から慢性的な低成長に苦しんできた。スペインは制限解除後に感染者が急増している。感染封じ込めに失敗したり、今後も経済苦が続けば、不満の矛先が再び政府やＥＵに向かうおそれがある。

（注7） 調査会社レッドフィールド＆ウィルトン・ストラテジーズがイタリア、スペイン、フランスを対象に２０２０年3月22日に行った調査によれば、「今回の危機でＥＵがあなたの国を助けているか」との質問に対して、イタリア人の61％、スペイン人の34％、フランス人の46％が「助けていない」と答えた。

財政支援をめぐって対立する南北欧州

初期の医療支援に失敗したＥＵは、コロナ禍の加盟国を襲う経済的な打撃への対処では一体的な政策対応が必要と考えた。まず検討されたのは、欧州債務危機時にＥＵの財政・金融安全網として創設された欧州安定メカニズム（ＥＳＭ）を活用することだった。ＥＳＭは、財政資金や銀行救済資金が必要となった加盟国に対し、財政再建や構造改革の履行を条件に低利で融資する。債務危機への対処を前提につくられた仕組みのため、支援と引き換えに厳しい条件の履行が課せられる。コロナ危機による財政出動は、放漫な財政運営によるものではなく、自然災害や戦災と同様に当該国の制御できない特別な事象によるものと考えられる。イタリアなど債務不安を抱える国の間では、財政再建や構造改革の履行を条件にＥＳＭの融資枠を利用すれば、事実上、ＥＵの財政監視下に入ると警戒する声が数多く聞かれた。

財政規律を重視するオランダなどが無条件での支援提供に激しく抵抗したが、最終的には改革の履行条件などを設定せず、資金使途のみを限定するかたちで決着した。各国はＧＤＰ比で２％を上限にＥＳＭから低利で融資を受けることができ、それを直接ないし間接的にコロナに関連した医療、治療、予防費用に充てることが可能だ。２０２０年4月初旬のユーロ圏財務相会合では、総額２４００億ユーロ（約30兆円）のＥＳＭ融資枠に加えて、時短・休業補助金や失業保険の拡充など雇用対策資金を融資する総額１０００億ユーロ（約13兆円）の基金（ＳＵＲＥ）を創設すること、汎欧州で銀行融資に政府保証を付与する総額２０００億ユーロ（約25兆円）の基金を創設することが決まった。各国の感染者がピークアウト傾向にあった5月中旬になって、ようやく総額５４００億ユーロ（約68兆円）のコロナ危機対応の安全網の稼働準備が整った。ただ、ＥＵの財政支援下に入ることには根強い抵抗があり、ＥＳＭの融資枠を申請する国はいまのところ現れていない。

コロナ危機で財政移転に踏み出す

ＥＵが次に取り組んだのは、感染収束後の加盟国の経済回復を支援する復興基金を創設するこ

図表3－5　EUのコロナ危機対応での安全網

	欧州安定メカニズム（ESM）の融資枠	緊急時の失業リスク緩和のための一時的支援策（SURE）	欧州投資銀行（EIB）を活用した汎欧州の公的融資保証
支援規模	2,400億ユーロ	1,000億ユーロ	2,000億ユーロ
期限	2022年末まで	2022年末まで	2021年末まで
使途	コロナ関連の医療・治療・予防など財政支出	時短・休業補助金など政府の失業対策資金	中小企業を主な対象とする保証付融資
支援形態	融資	融資	保証
財源	加盟国が拠出するESMの資本金を裏付けに債券を発行	加盟国の合計250億ユーロの保証を裏付けに債券を発行	加盟国の合計250億ユーロの拠出を裏付けに債券を発行

（出所）　欧州委員会より第一生命経済研究所作成

とだった。早速、基金の財源としてユーロ圏が共同で債券（コロナ債）を発行するかどうかをめぐって、南北欧州間の意見が激しく衝突した。約10年前に欧州を襲った債務危機は、通貨や金融政策を一元化したが、財政運営が各国でバラバラという矛盾が表面化したものだった。EU条約が財政救済を禁じていることもあり、債務危機が発生した当時、EUには財政難に陥った加盟国を救済する仕組みがなかった。危機克服の過程で前述のESMなど財政救済の仕組みを整備したが、財政支援はあくまで返済を前提とする融資のかたちをとり、厳しい履行条件が課された。その後、債務危機がイタリアなど域内の大国に波及すると、ＥＳＭの融資能力が不安視され、かわりに共同債の発行を求める声が高まった。当時はドイツなど北部欧州諸国の間で加盟国の経済体質強化が先決との意見が多く、欧州中央銀行（ＥＣＢ）の政策介入で債券市場の動揺が収まったこともあり、共同債の議論は立ち消えとなった。

今回の危機対応でも、ＥＳＭの融資枠や雇用対策基金を通じて加盟国に提供される資金は、あくまでも返済を前提とした融資で、イタリアなどにとっては利払い費を軽減できるメリットはあるが、政府債務が増加することにかわりはない。債務の返済能力が不安視され、国債利回りの上昇や格下げ（注8）のリスクに直面する。イタリアやスペインなどの南欧諸国は、コロナ危機による財政出動は放漫財政の結果ではないと主張し、共同債の発行を通じて復興に必要な財政資金を調達することを提案した。だが、オランダなど北欧諸国の反発が続き、共同債の発行案は暗礁に乗り上げた。新たな案として浮上したのが、ＥＵの次期（２０２１～２０２７年）多年度予算を裏付けに欧州委員会が債券を発行し、復興基金の原資に充てるものだった。発行した債券の償還資金が足らない場合、追加の予算拠出を通じて加盟国政府が返済義務を負う。

この案をめぐっても、復興基金を通じて加盟国政府に提供される資金が、返済義務のない補助金か、返済義務のある融資かなどをめぐって、南北欧州間が対立した。前者の場合、支援を受ける側の政府債務は増加せず、ＥＵ予算への拠出割合に応じて加盟国が債務を部分的に共有化する。後者の場合、支援を受ける国の政府債務が増加し、償還資金は返済資金で最終的に充当可能なため、加盟国間で債務を共有化しない。イタリア、スペイン、フランスなどが全額補助金を主張したのに対し、債務共有化に反対するオランダ、オーストリアなどが全額融資を主張し、議論は平行線のまま時間が経過した。

（注8）大手格付会社によるイタリアの外貨建て長期国債格付は、ムーディーズ・インベスターズ・サービスが「Ｂａａ３」、フィッチ・レーティングスが「ＢＢＢマイナス」と投資適格級の最下位に位置し、あと1段階の格下げで投機的水準に転落する。スタンダード・アンド・プアーズ（Ｓ＆Ｐ）は「ＢＢＢ」で投資適格級の下から2番目。

最後は妥協するのが欧州的な解決策

その間、後述するＥＣＢによる積極的な国債買入れでイタリアの国債利回りの上昇は抑制されていた。だが、このまま復興基金の枠組みで合意できなければ、ＥＵの結束が疑われ、国債や通貨が売られ、債務危機や信用不安が再燃するおそれがあった。ここで危機回避に動いたのは、域内で圧倒的な経済力と政治的な影響力をもち、２０２０年7月からの半年間、輪番制のＥＵ議長国に就くドイツだった。伝統的に財政規律を重視し、債務共有化に否定的な立場をとるドイツだが、5月中旬にフランスとの共同記者会見で全額補助金での復興基金の創設を提案した。これを土台に欧州委員会が原案を練り、復興基金の大枠ができあがった。

その後も加盟国間の意見集約は難航が続いた。基金の規模、補助金と融資の割合、国別の資金配分の決定方式、新税の返済充当の是非、復興計画の監視強化、ＥＵの次期多年度予算の配分、北欧諸国が要求するＥＵ予算の減免（リベート）、ＥＵの基本価値に違反する加盟国に対するＥＵ予算配分の見直しなどをめぐって、意見が衝突した。７月中旬の欧州首脳会議は連日明け方まで協議が続き、５日間に及んだ協議の末にようやく、総額７５００億ユーロ（約94兆円）の復興基金の創設と総額１兆７４３億ユーロ（約１３４兆円）の次期多年度予算で合意した。

4 最前線で危機対応にあたったＥＣＢ

金融危機の回避が最優先

財政当局による機動的で一体的な政策対応がむずかしいなか、危機発覚後の景気の下支えと金融市場の動揺封じ込めで中心的な役割を担ったのが金融政策だった。２００８年のリーマン・ショックとその後の世界的な経済・金融危機、２０１０年のギリシャ危機とその後の欧州債務危機では、〝経済の潤滑油〟である金融市場や銀行システムに動揺が広がったことで危機が増幅された。今回のコロナ危機でも、先行きのみえない感染拡大、前例のない経済活動の全面停止、企業倒産や失業者の増加、債務膨張と信用悪化などが不安視され、金融市場は当初激しく動揺した。だが、主要国・地域の中央銀行による積極的な市場介入で信用収縮を未然に防ぎ、金融市場の動揺を短期間で封じ込めることに成功した。金融市場を介して危機が増幅される事態を免れた。

金融緩和の限界に挑むＥＣＢ

単一通貨ユーロの番人として、域内の金融政策を一元的に担うのがＥＣＢだ。欧州債務危機後の景気の低迷と低インフレの長期化を背景に、ＥＣＢは２０１１年以来、大規模な金融緩和を続けてきた。２０１２年には下限の政策金利（預金ファシリティ金利）をゼロ％に、２０１４年にはマイナス圏に引き下げた。２０１５年には市中銀行から国債や社債などを購入する量的緩和策、「資産買入れプログラム（ＡＰＰ）」を開始した。ＡＰＰは２０１８年末にいったん新規の買入れを終了したが、物価の下振れリスクの再燃を受け、２０１９年秋に月額２００億ユーロ（約２・５兆円）とこれまでよりも小規模で買入れを再開していた。

ただ、景気活性化と物価底上げを目的とする政策金利の引下げには、銀行収益圧迫という副作用が伴う。銀行にとって預金と貸出の金利差は重要な収益源だ。預金金利をマイナス圏に引き下げる（銀行が預金者から預入れ手数料を徴収する）ことは通常困難なため、預金金利がゼロ％に近づくにつれて銀行の利鞘は縮小する。

ＥＣＢは２０１９年９月に預金ファシリティ金利をマイナス０・５％に引き下げたが、その際にはＥＣＢの内部からも異例の執行部批判が沸き起こった。当時ＥＣＢを率いていたドラギ総裁が、理事会内の反対意見を押し切り、採決すら行わずに利下げを決定したためだ。その後、任期満了で退任したドラギ総裁にかわり、２０１９年11月にフランス財務相出身で国際通貨基金（ＩＭＦ）の前専務理事のラガルド氏が後継総裁に就任した。同氏は総裁就任にあたり理事会内の意見集約をこれまで以上に重視する方針を表明し、事実上、マイナス金利の一段の深掘りを封印した。

マイナスの政策金利と同様に、ＥＣＢの資産買入れも限界に近づいているとの見方が多かった。ＥＵ条約で国家財政の救済（財政ファイナンス）を禁じられているＥＣＢは、条約抵触を回避するため、各国の国債をあらかじめ定められた割合（ＥＣＢの資本金の拠出割合、各国の経済規模に準じる）に基づいて購入することが求められる。また、債券市場の価格形成機能を阻害しないよう、ＥＣＢは一つの国が発行する国債の33％以上を保有することを禁じている（注９）。ただ、域内には十分な流動性のない国債も多く、実際にはドイツ、フランス、イタリアなどの国債を重点的に買い入れることが常態化してきた。こうしたＥＣＢの国債買入れをめぐっては、財政ファイナンスとの境界線があいまいで、金融政策の範疇を超えているとして、ドイツの憲法裁判所に訴訟も提起されていた。さらなる買入れ強化は、対象資産の枯渇や法抵触のおそれが高まるとの見方が浮上していた。

（注9）ユーロ圏内で発行される国債には、保有者の一定割合が債務再編に同意すれば、全保有者を法的に拘束する「集団行動条項（ＣＡＣ）」が付帯されている。ＥＣＢが33％以上の国債を保有すると、集団行動条項の発動を阻止できる。

巨額の資産買入れで動揺封じ込め

だが、危機発覚後のＥＣＢの対応は早かった。「非常時には非常時対応が必要」（ラガルド総裁）として、２０２０年末までの時限措置としてＡＰＰの買入れ枠を１２００億ユーロ（約25兆円）増額することを２０２０年3月に決定した。それでは市場の動揺が鎮まらないとみれば、すぐさま「パンデミック緊急資産買入れプログラム（ＰＥＰＰ）」を創設し、２０２０年末までに７５００億ユーロ（約94兆円）の買入れ枠を設定した。ＰＥＰＰは事後的にはＡＰＰと同様に資本金構成比に応じた国債の買入れルールに縛られるが、その時々の市場環境や資金需給に応じて、月ごとの買入れ規模や対象資産の選定はＥＣＢに広範な裁量が認められている。企業が短期資金の調達に利用するコマーシャル・ペーパー（ＣＰ）や、適格担保基準を満たさないギリシャ国債も

図表3－6　ECBによる資産買入れの月額推移

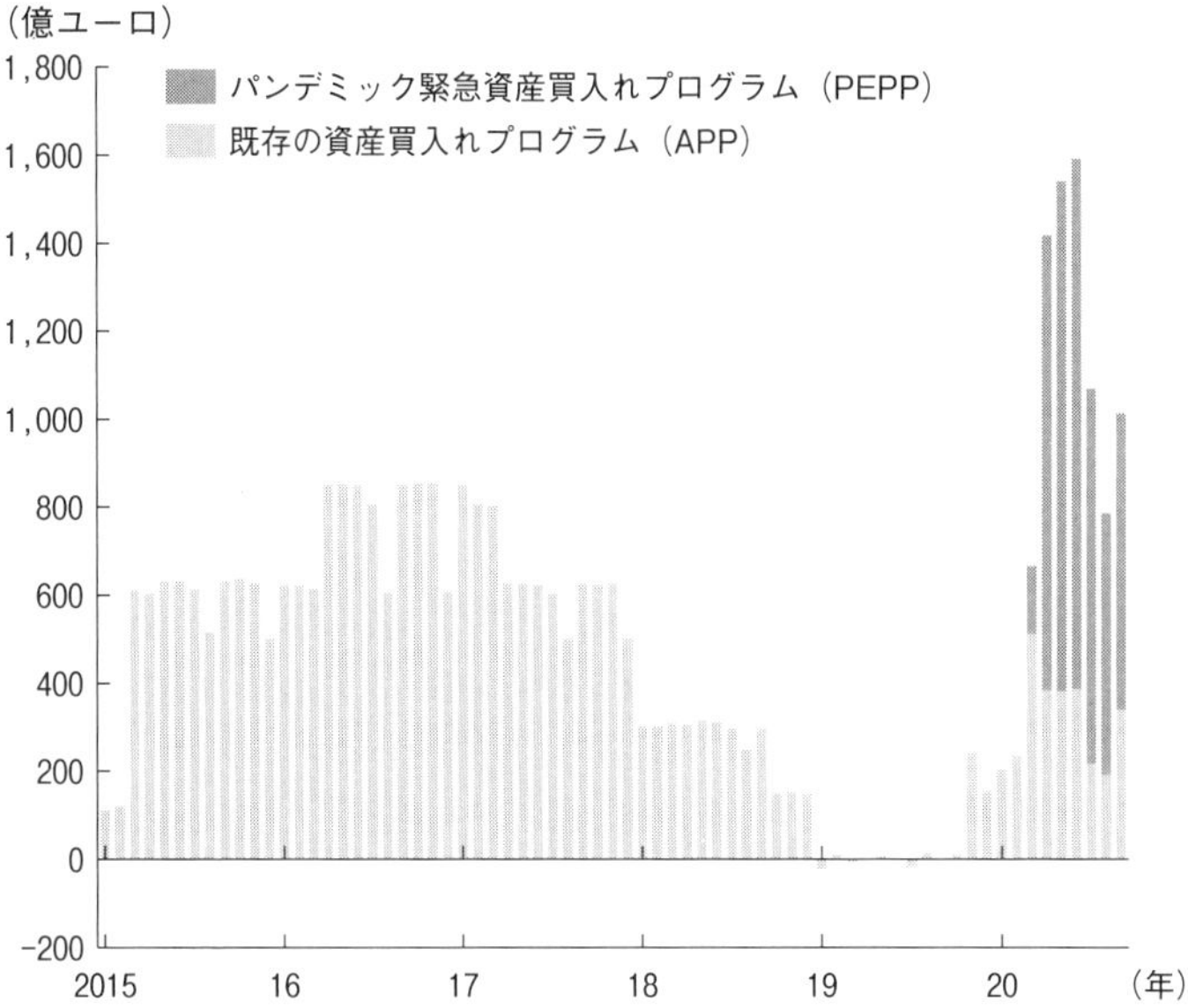

（出所）　ECBより第一生命経済研究所作成

買入れ対象に加えた。６月にはＰＥＰＰの買入れ枠を１兆３５００億ユーロ（約１６８兆円）に増額し、買入れ期間を２０２１年６月末まで延長した。２０２０年３月末に買入れを開始した当初、ＡＰＰと合計した月額の資産買入れ額は１５００億ユーロ（約19兆円）前後にのぼり、これはＡＰＰのピーク時の月額買入れ額の約２倍に相当する（図表３－６参照）。短期金融市場の動揺封じ込めとイタリアの債務不安の封じ込めで大きな役割を果たした。

　こうした措置に加えて、ＥＣＢ

は銀行への流動性供給を強化・拡充することで、間接的に企業の資金繰りを支援している。危機発生を受け、貸出を増やした銀行に優遇金利を適用する「条件付長期資金供給オペの第3弾（ＴＬＴＲＯ３）（注10）」の利用条件を大幅に緩和した。条件緩和後で初となる6月末のオペには、７４２の銀行に対して総額１兆３０８４億ユーロ（約１６３兆円）もの巨額の資金が供給された。9月にはさらに１７４５億ユーロ（約22兆円）の資金が追加供給された。そこでは向こう約1年間の時限措置として、貸出を基準対比で増やした銀行にはマイナス1％の優遇金利で、貸出を増やさなかった銀行にも下限の政策金利と同じマイナス０・５％で満期3年の資金を提供する。こうした資金は銀行部門を介して企業の運転資金や設備投資増強資金に振り向けられ、政府の公的融資保証制度を補完する。そのうえ、銀行は超低利での調達が可能になり、利鞘縮小によるマイナス金利の副作用を軽減する効果も期待できる。秋の感染再拡大を受け、ＥＣＢは12月10日の政策理事会で追加の金融緩和を決定することを強く示唆している。ＰＥＰＰの買入れ枠を増額し、買入れ期間を延長することや、ＴＬＴＲＯ３の追加実施が有力視されている。

（注10）　ＥＣＢは銀行への流動性供給と資金需給の調整手段として、1週間物オペ（ＭＲＯ）と3カ月物の長期オペ（ＬＴＲＯ）を定期的に実施している。欧州債務危機時に長期オペの種類を大幅に拡充し、このうち3年超の資金を供給するもので、貸出を増加した銀行の適用金利を優遇するものをＴＬＴＲＯと呼ぶ。２０１４～２０１６年に計8回の第1弾、２０１６～２０１７年に計4回の第2弾を実施し、２０１９～２０２１年に計7回の第3弾を実施中。

5 ブレグジット協議への余波

英EU間の将来関係協議が一時中断

コロナ危機は英国のＥＵ離脱（ブレグジット）問題にも影を落としている。２０１６年の国民投票でＥＵからの離脱を選択した英国は、3年近くに及んだ離脱協議の末に、２０２０年1月末にＥＵを正式に離脱した。２０２０年末までの移行期間中は英ＥＵ間の経済関係に大きな変化はなく、その間に包括的な自由貿易協定（ＦＴＡ）を交わし、２０２１年から新たな関係を開始することを目指している。２０２０年3月に正式に開始された英ＥＵ間の将来関係協議は、新型コロナウイルスの感染拡大で一時中断され、その後オンラインで再開されたが、目立った進展のないまま、当初予定した協議日程を終えた。英国とＥＵ間の取決めでは、7月1日までに双方が合意すれば、移行期間は1回限り1年ないし2年延長することができた。英国は移行期間の延長オプションを行使せず、２０２０年末までの残された期限内にＥＵとの合意を目指す方針を固めた。

移行期間中に将来関係で合意できない場合、英国とＥＵは世界貿易機関（ＷＴＯ）が定める最低限のルールに基づいて貿易を行うことになる。その場合、英ＥＵは相互にＷＴＯの最恵国関税（注11）を課すことになり、これまでの自由な貿易関係が阻害される。税関や規制検査による時間のロスや事務負担、物流混乱による経済損失も発生が予想される。つまり、「合意なき離脱」のリスクを回避したはずの英国には、将来関係で合意できないまま移行期間が終了する「新たな崖」が待ち構えている。移行期間を延長しないことを決めた英国とＥＵは、合意に向けた交渉加速を約束し、対面での集中協議を開始した。数百ページに及ぶ合意文書を24の公用語に翻訳し、加盟国がその内容を十分に吟味し、欧州議会での承認作業を終えるには、最短でも2カ月余りを要すると目されている。そのため、ＥＵ側は当初10月を事実上の合意期限としてきた。期限切れが迫るなか、双方の交渉担当者は連日のように協議を重ね、一部に歩み寄りの兆しもみられるが、執筆時点（２０２０年11月）ではなお合意に至っていない。

（注11）ＦＴＡを締結していない国に適用する関税。将来関係に合意できずに移行期間を終了した場合、ＥＵはＦＴＡを締結していない第三国として英国を扱い、米国や中国などと同じ関税率を適用する。英国はＥＵ離脱と移行期間終了に伴いＥＵの域外共通関税の枠組みから外れ、新たに最恵国関税を設定する。移行期間終了後の英国の最恵国関税は、ＥＵの最恵国関税と比べて、平均関税率が低く、税率が簡素化され、無税品目の割合が多い。

移行期間終了後の「新たな崖」が迫る

過去にＥＵがまとめた貿易協定は、交渉開始から発効までに最低で4年、平均で6年あまりを要している。今回の英ＥＵ間の将来関係協議では、物品貿易、サービス貿易、知的財産権、公共調達などの経済分野だけでなく、犯罪情報交換、司法協力、テロ対策、機密情報などの安全保障分野を含む幅広い内容をカバーする。しかも、ＥＵの専権事項でない合意事項を含む場合、英国議会や欧州議会だけでなく、ＥＵ加盟各国の議会承認が必要となる可能性もある。交渉や議会承認に費やせる時間は限られ、２０２０年中の合意実現が危ぶまれている。

ジョンソン首相のＥＵ離脱での強硬姿勢の背景には、コロナ危機対応をめぐる政権の迷走と厳しさを増す政治環境が影響している。２０１９年12月の総選挙で歴史的な勝利を収めた与党・保守党は、コロナ危機が始まった時点で野党・労働党を大きく突き放していた。ジョンソン首相自身がウイルスに感染し、集中治療室から生還を果たしたことも追い風となり、２０２０年4月上旬にかけての首相の支持率は就任以来で最も高くなった。ところが、他の欧州主要国と比べて感染収束が遅れるなか、コロナ対応をめぐるちぐはぐな政策方針が失望されたほか、首相の側近が外出制限のルールを破るスキャンダルも発覚し、首相や与党の支持率が急落した（図表３－７参照）。支持基盤である離脱支持者の票を失う訳にはいかないジョンソン首相にとって、離脱後の

図表３－７　ジョンソン首相のコロナ危機対応の評価

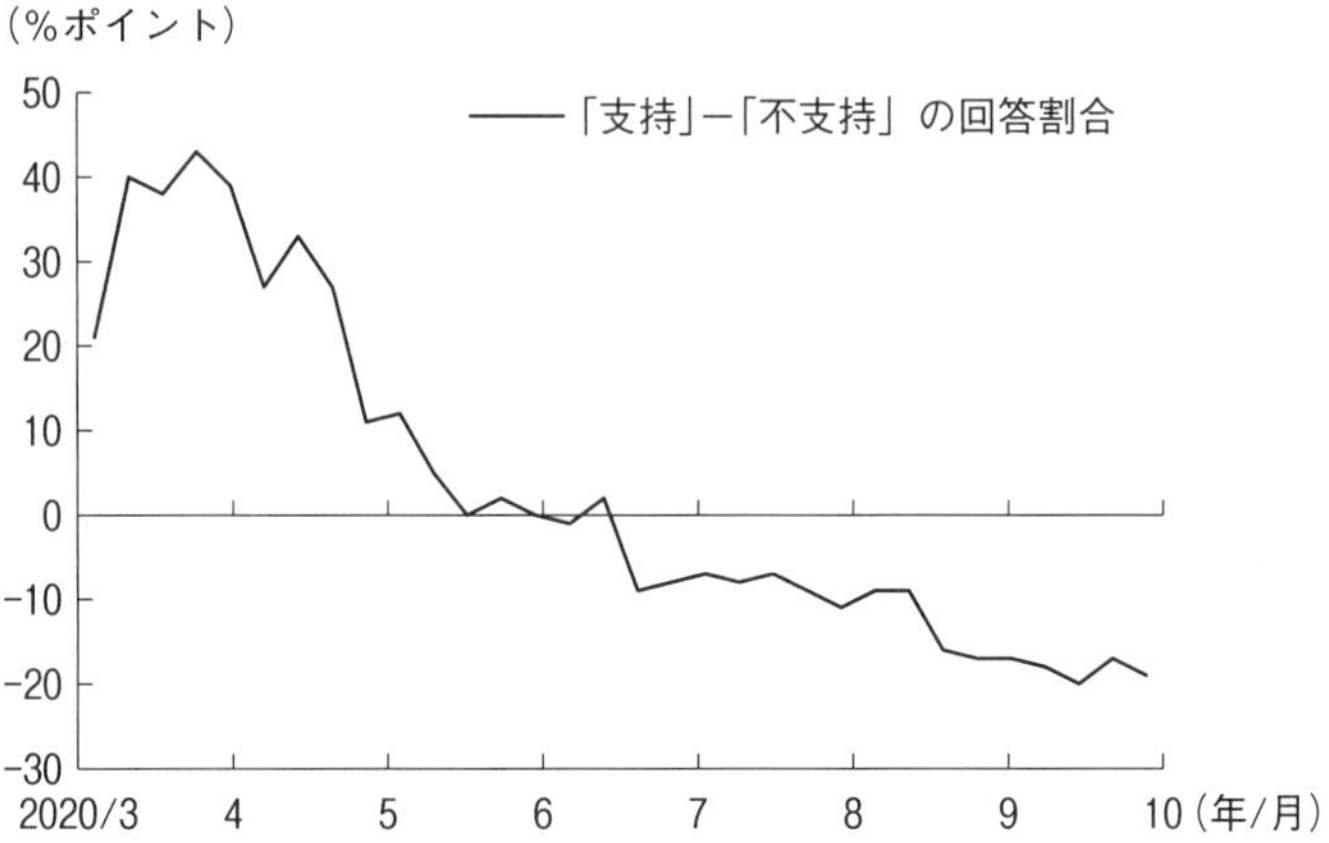

（出所）　Savantaより第一生命経済研究所作成

宙ぶらりんの状態が長期化する移行期間を延長するという選択肢はなくなった。協議が佳境を迎えた９月に英国が唐突に、離脱に際して英国とＥＵが交わした北アイルランドの国境管理をめぐる合意内容の一部を破棄する法案（国内市場法）を議会に提出したのも、ＥＵ側にＦＴＡ合意を促す意味合いとともに、英国内の強硬離脱派への配慮があったとみられる。

英国とＥＵ間の溝は大きい。双方ともに関税や数量割当てなしの自由な貿易関係の継続を求めている点では一致する。だが、英領海でのＥＵ漁船の操業継続、公正な競争条件の確保とＥＵルールの受入れ、紛争処理時の欧州司法裁判所の役割をめぐって、両者の意見は真っ向から対立している。まず、漁業アクセスについては、島国で周囲を海に囲まれた英国は豊かな漁場を有している。英国の排他的経済水域の漁獲量の半分以上がＥＵ漁船によるもので、デンマーク、オランダ、フランスなどが英国水域に大きく依存している。ＥＵでは共通漁業政策のもと、加盟国の漁獲割当てが決定されている。英国同様に豊かな漁場をもつノルウェーやアイスランドがＥＵに参加しない理由はこのためだ。ＥＵ側はこれまで同様の操業継続を求めているのに対し、英国側は科学的根拠に基づいて1年ごとに漁獲量を見直すことを要求している。

次に、ＥＵルールの受入れをめぐって、ＥＵ側は離脱後の英国が規制緩和を進め、ＥＵ企業が競争上不利な立場に置かれることを警戒している。英国は一般に大陸欧州諸国と比べて規制が緩く、法人税率も低い。ＥＵ側は今後も英国がＥＵ市場にアクセスする条件として、環境、労働者保護、産業補助金に関するＥＵ規則を受け入れること、ＥＵ規則が変更された場合、英国が変更後の規則を受け入れることを求めている。対する英国は、ＥＵを離脱した以上、ＥＵ規則の受入れを拒否している。環境や労働者保護の分野ではすでに高い基準の規制を有しており、むしろＥＵのほうが産業補助金を積極的に活用してきたと主張している。最後に、紛争処理時の司法管轄をめぐっては、ＥＵ側がＥＵ法の番人である欧州司法裁判所の関与を求めているのに対し、英国側は欧州司法裁判所の関与に難色を示しており、合同の紛争調停パネルの設置を求めている。

強硬離脱派の一部からは、コロナ危機による経済的な打撃があまりに大きいため、このままＦＴＡ合意なしで移行期間を終了した場合も、その悪影響を覆い隠すことができるとの意見も聞かれた。だが、英国でも夏休み明け後に感染者が再び急増している。感染長期化と経済的な打撃が深刻化することが避けられず、政府は徐々に現実路線に転向しつつある。コロナ危機対応をめぐって失点続きのジョンソン首相は、離脱問題でさらなる失点を重ねることは避けたいのが本音だろう。最終期限が近づくなか、意見対立が続く産業補助金や漁業問題をめぐって、英国側が歩み寄りの姿勢を示唆しているのはそのためだ。最後は英国とＥＵの双方が歩み寄り、「新たな崖」を回避する公算が大きい。

スコットランドの独立問題が再燃

ジョンソン首相は英国分裂の危機にも直面している。政権が支持を失うなか、スコットランドで圧倒的なプレゼンスを誇る民族主義政党・スコットランド人民党（ＳＮＰ）の支持が一段と高まっている。２０２１年に予定されるスコットランド議会選挙の世論調査では、同党が単独過半数の議席を獲得する可能性が示唆される。また、最近の同地域の世論調査では、「スコットランドの英国からの独立を支持する」との回答が再び50％を上回っている。同地域ではＥＵ離脱投票に先駆けた２０１４年に独立の是非を問う住民投票が行われ、その時は政財界の必死の説得が奏功したことと、独立後に経済的に自立できるかが不安視され、賛成44・7％、反対55・3％で辛うじて否決された。その後に英国がＥＵを離脱し、離脱後の英国がＥＵとの関係や規制から距離を置こうとしていることも嫌気され、親ＥＵ派の多いスコットランドで独立機運が再燃している。住民投票の実施には英国政府の同意が必要で、ジョンソン首相は投票実施を認めない方針を示唆している。２０２１年の議会選挙でＳＮＰが過半数の支持を獲得すれば、同地域の民意を盾にスコットランドの独立投票の実施要求を強めることが予想される。

6　危機をバネに統合を強化する欧州

経済復興と社会課題解決を目指す復興基金

２０２０年７月の欧州首脳会議で合意した復興基金は、コロナ危機からの欧州復興の起爆剤となる可能性を秘めている。総額７５００億ユーロ（約94兆円）の基金は、コロナ危機の打撃が大きい国や相対的な経済基盤の弱い国を中心に配分される。基金全体でもＥＵの名目ＧＤＰの５・４％と相当な規模だが、財政基盤が脆弱で観光依存度の高いギリシャ（同23・３％）、ポルトガル（同14・９％）、スペイン（同12・０％）、キプロス（同10・２％）、イタリア（同８・６％）や、ＥＵ内で相対的に貧しく、遅れて感染者が増加しているクロアチア（同27・８％）、ブルガリア（同24・６％）、

図表３－８　欧州復興基金の概要と資金の流れ

規模	・総額 7,500 億ユーロ、南欧と東欧に重点配分 ・3,900 億ユーロが補助金、3,600 億ユーロが融資
財源	・EU 予算を裏付けに債券を発行 ・融資返済、共通税、予算拠出で返済
期間	・基金の利用申請は 2021 ～ 2023 年 ・資金を手にするのは 2021 年後半以降
使途	・復興計画を提出、承認された案件 ・気候変動、デジタル化、構造改革

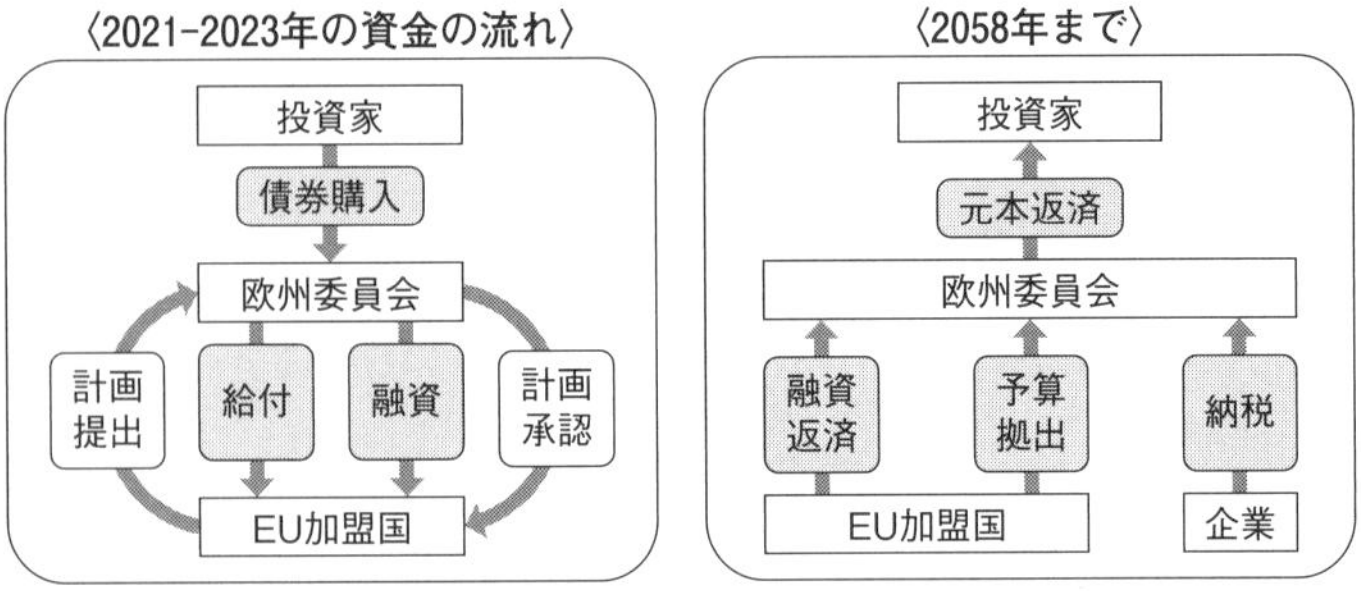

（出所）　欧州委員会より第一生命経済研究所作成

ルーマニア（同14・8％）といった東欧諸国には、より重点的に配分される。基金の多くはEUの優先課題である気候変動対策やデジタル化関連、さらには各国の構造問題の解決に向けた投資案件に振り向けられる。

つまり、復興基金は単にコロナ危機からの景気浮揚を目的としたものではなく、社会的に重要な課題の解決や経済体質の強化も同時達成することを目指している。復興基金はEU予算を裏付けに欧州委員会が債券を発行し、それを原資に加盟国に財政資金を提供する（図表３－８参照）。各国が財政出動の原資に増発する国債とともに、ＥＣＢの買入れ対象資産不足を緩和することにもつながる。金融政策、財政政策、成長戦略の「三本の矢」をつなぐ結節点となる。

７５００億ユーロのうち３９００億ユーロ（約49兆円）は返済を前提としない補助金として、残りの３６００億ユーロ（約45兆円）は返済が必要な融資として提供される。財政基盤が弱い国にとって、補助金部分は返済不要の財政資金を手に入れられ、融資部分も自力で財政資金を調達するよりも利払い負担が軽減できる。財政基盤が盤石な国にとっても、少なくとも返済が不要な補助金部分については利用するメリットがある。加盟国の全体や大多数が利用を申請すれば、基金を利用することでＥＵの財政支援下に入るとの〝負のレッテル〟を貼られる心配もなくなる。

復興基金は財政統合に向けた第一歩か

基金が稼働するのは２０２１年以降であるうえに、復興計画の提出期限が同年4月、計画承認と債券発行に数カ月を要するとみられ、加盟国が実際に復興資金を手にするのは早くても２０２１年後半以降となりそうだ。しかも、現在、欧州議会での承認作業が難航しており、２０２１年初頭を予定していた稼働の後ズレが不安視されている。ロックダウンの再開を受け、各国は追加の財政出動が必要になるとみられる。それまでの景気下支えに必要な財政資金は、国債発行を通じて自力で調達するか、返済を前提としたＥＳＭの融資枠や雇用基金を利用することになる。また、基金を利用する国が復興計画で約束した改革を実行するかも不透明だ。オランダなど倹約国の同意を取り付けるため、復興計画で掲げた改革目標から重大な逸脱があると判断された場合には、次の欧州首脳会議でこの問題を取り上げ、議論を尽くすまで最長３カ月間は、基金の拠出が見送られる仕組みが盛り込まれた。復興計画の承認や進捗の確認は加盟国の全会一致の決定が必要なく、一部の倹約国の反対で復興計画が暗礁に乗り上げることはない。だが、個別計画の承認や進捗確認の過程で、南北欧州間の衝突があらためて表面化するおそれがある。

　部分的にせよ返済不要の財政資金を加盟国に提供する復興基金は、これまでＥＵが踏み出せなかった財政統合への第一歩になるとの声もある。債務共有化の前例をつくったことで、今後も必要に迫られればＥＵは同じような対応をするであろうとの希望的な観測も聞かれる。ただ、基金はあくまでコロナ危機対応の時限措置であり、２０２３年までに承認された投資案件にしか利用できない。また、イタリアの債務不安封じ込めで大きな役割を果たしたＥＣＢの緊急資産買入れも２０２１年半ばには延長後の期限を迎える。感染拡大と行動制限の再強化を余儀なくされ、景気再失速の懸念が増しており、あらためてイタリアの債務返済能力の悪化などが問題視されるおそれがある。その際、復興基金の延長・拡充や恒久化の試みは、規律重視国から今回以上に厳しい反発が予想される。また、非常時対応であるＰＥＰＰの延長を繰り返せば、ＥＣＢはあらためて条約抵触のリスクを抱えることになる。経済停滞や失業、生活苦が長引けば、その批判の矛先は現政権やＥＵに向かい、ポピュリストへの支持が高まる懸念もある。

コロナ危機で前進するＥＵの統合

不完全な共同体であるＥＵはこれまでも度重なる試練に見舞われてきた。加盟国間の意見集約は難航し、決裂寸前の状況となったことも一度や二度ではない。だが、その度に危機克服に必要最小限の政策対応をまとめ、必要に応じて統合を前進させてきた。今回の危機でも合意に至る過程での紆余曲折はあったが、平時では不可能と思われた債務共有化への第一歩を踏み出すことで合意した。最後は不協和音を乗り越えて、危機をバネに統合を強化するＥＵの歴史はここでも繰り返されたわけだ。

加盟国間の妥協や調整が必要な欧州の政策決定がむずかしいのはいまに始まったことではない。約２００年前、ナポレオン失脚後の国際秩序を議論するため、関係国の代表がウィーンに集まった。各国の利害対立から議論が膠着し、それを揶揄する「会議は踊る、されど進まず」との言葉が生まれた。島流し先から脱出したナポレオンの復位を受け、妥協の機運が生まれ、列強の非公式な話合いで合意したとされる。２００年後の欧州でも重要な決定のたびに会議が踊るが、最後は大国（現在の欧州ではドイツとフランス）の音頭で決着する構図は、いまも変わらない。

【参考文献】

Spiteri G, Fielding J, Diercke M, Campese C, Enouf V, Gaymard A, et al. (2020), First cases of coronavirus disease 2019 (COVID-19) in the WHO European Region, 24 January to 21 February 2020, Eurosurveillance, 25 (9): 2000178

第4章

世界大恐慌以来の経済危機に直面する米国

桂畑　誠治

1 米国が世界最多の感染者、死者を出した背景

新型コロナウイルスの感染は急拡大

新型コロナウイルス感染症（ＣＯＶＩＤ－19）の感染は２０２０年12月6日時点で２２０カ国・地域に拡大した。累計の感染者数は約６６８５万人、死者数は約１５３万人と、世界経済に未曾有の影響を及ぼしている。米国での新型コロナウイルスの累計感染者数は11月11日時点で約１０４０万人、死者数は約28万人とともに世界最多となっており、依然速いペースで増加している（図表４－１、４－２参照）。世界最大の経済大国である米国で被害が大きくなった。

新型コロナウイルスは、２０１９年12月に中国湖北省武漢市で人から人への感染が確認された。中国、アジア、欧州で感染が拡大するなかで、２０２０年1月30日に、世界保健機関（ＷＨＯ）は「国際的に懸念される公衆衛生上の緊急事態（ＰＨＥＩＣ）」を宣言した。その後、米国で感染が拡大したことを受け、3月11日に世界的大流行（パンデミック）の状態に陥ったとの認識を表明した。３カ月という短期間でアジア、欧州、米国へと感染が拡大した。世界２２０カ国・地域で感染が確認され、なかでもブラジル、インドなどの新興国で感染爆発（アウトブレイク）が起

きるなど、12月6日時点でもパンデミックに収束の兆しはまったくみられない。

米国では、2020年1月19日に武漢への旅行から戻った人が発症、PCR検査で陽性となり最初の感染者となった。中国が、武漢などの都市封鎖（ロックダウン）を発表したのが1月22日と遅れたことで、すでに武漢市から各国に人が移動していたため、感染が世界に広まった。アジアでの感染は2月にいったん収束したが、欧州でアウトブレイクが起き、イタリア、フランス、英国などで死者数が急増した。そして、欧米での人の移動によって、米国でアウトブレイクが起きた。WHOの新型コロナウイルスの感染力などでの判断の遅れもあり、欧州の対応が遅れたほか、米国は政権の初期段階での新型コロナウイルスに対する認識の甘さによって、アウトブレイクにつながった。

米国での感染は、2月の時点で西海岸の一部の地域にとどまっていた。しかし、3月にニューヨークなど北東部の州で急激に感染が拡大した。3月中旬以降、感染拡大を抑制するために、全米42およびワシントンDCでロックダウンが実施された。外出制限のほか、3密（密閉・密接・密集）を避けるなどソーシャル・ディスタンス（社会的距離）を保つ政策の実施によって、感染者数や死者数の増加ペースが高水準ながら鈍化した。トランプ大統領は、米国での感染拡大はピークを過ぎたとの見方を示し、経済活動の再開に前向きになった。そして、連邦政府は、非常事態宣言を一度延長した後、4月末で終了した。

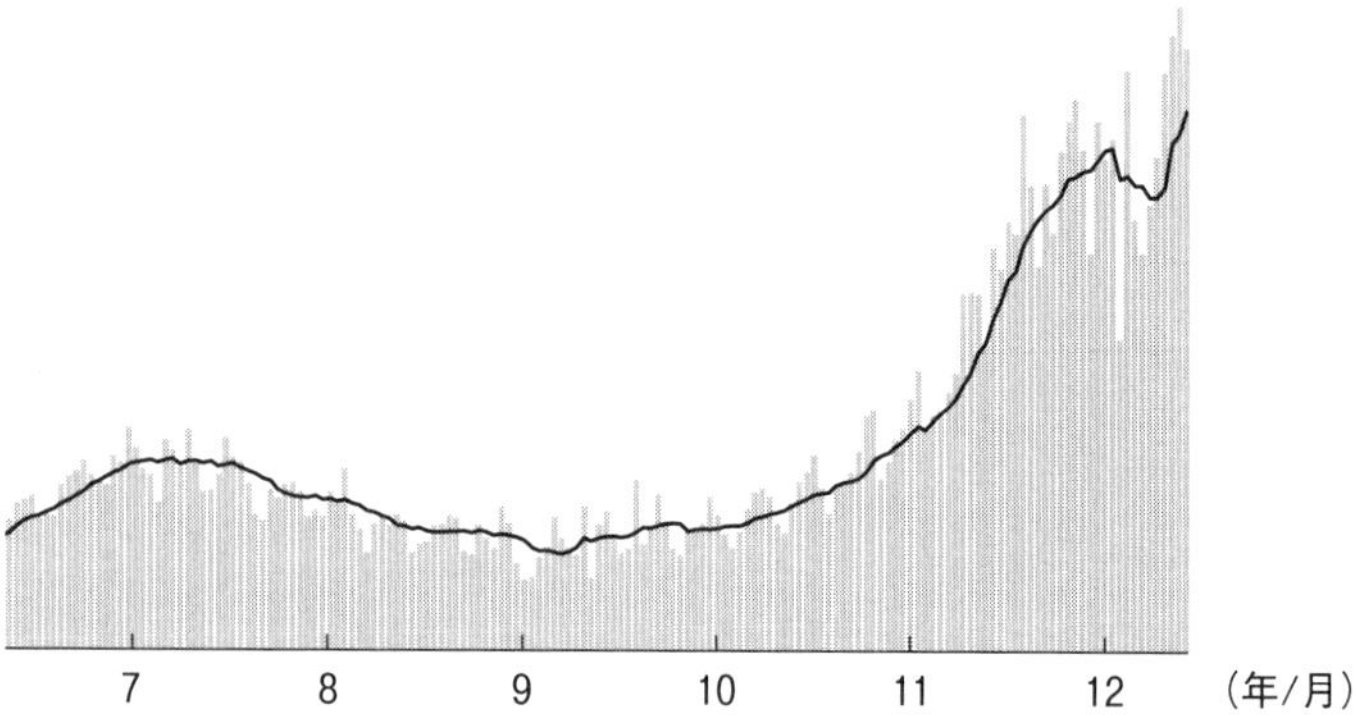
7
8
9
10
11
12
(年/月)

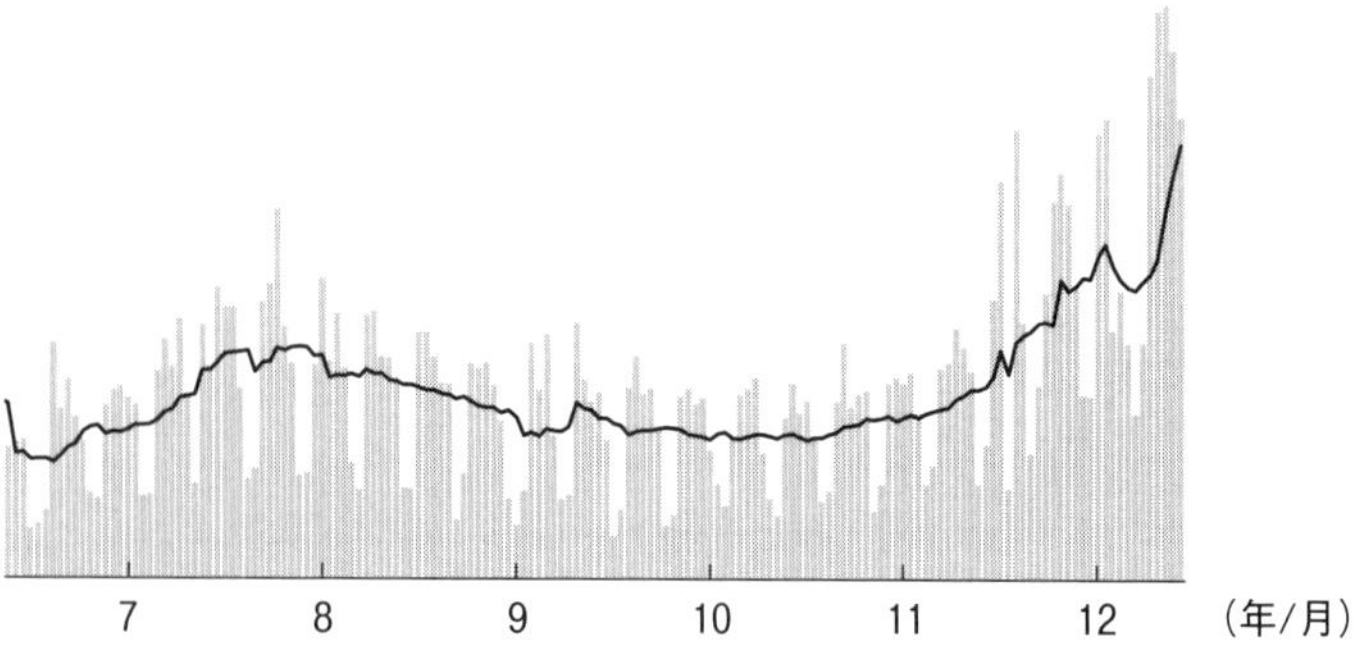
7
8
9
10
11
12
(年/月)

図表４－１　米国での新型コロナウイルス感染者数の推移

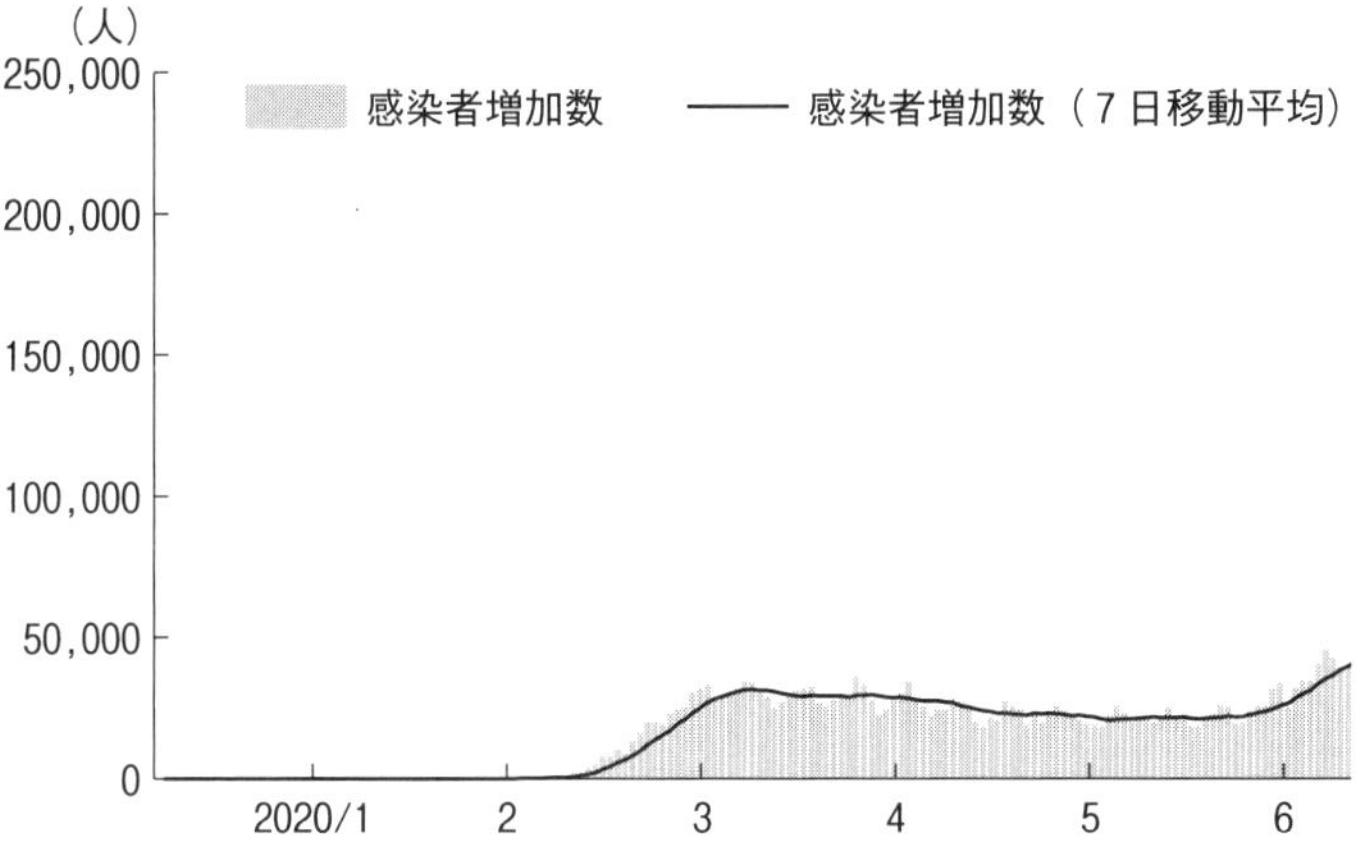

（出所）　CDC 等資料より第一生命経済研究所作成

図表４－２　米国での新型コロナウイルス死者数の推移

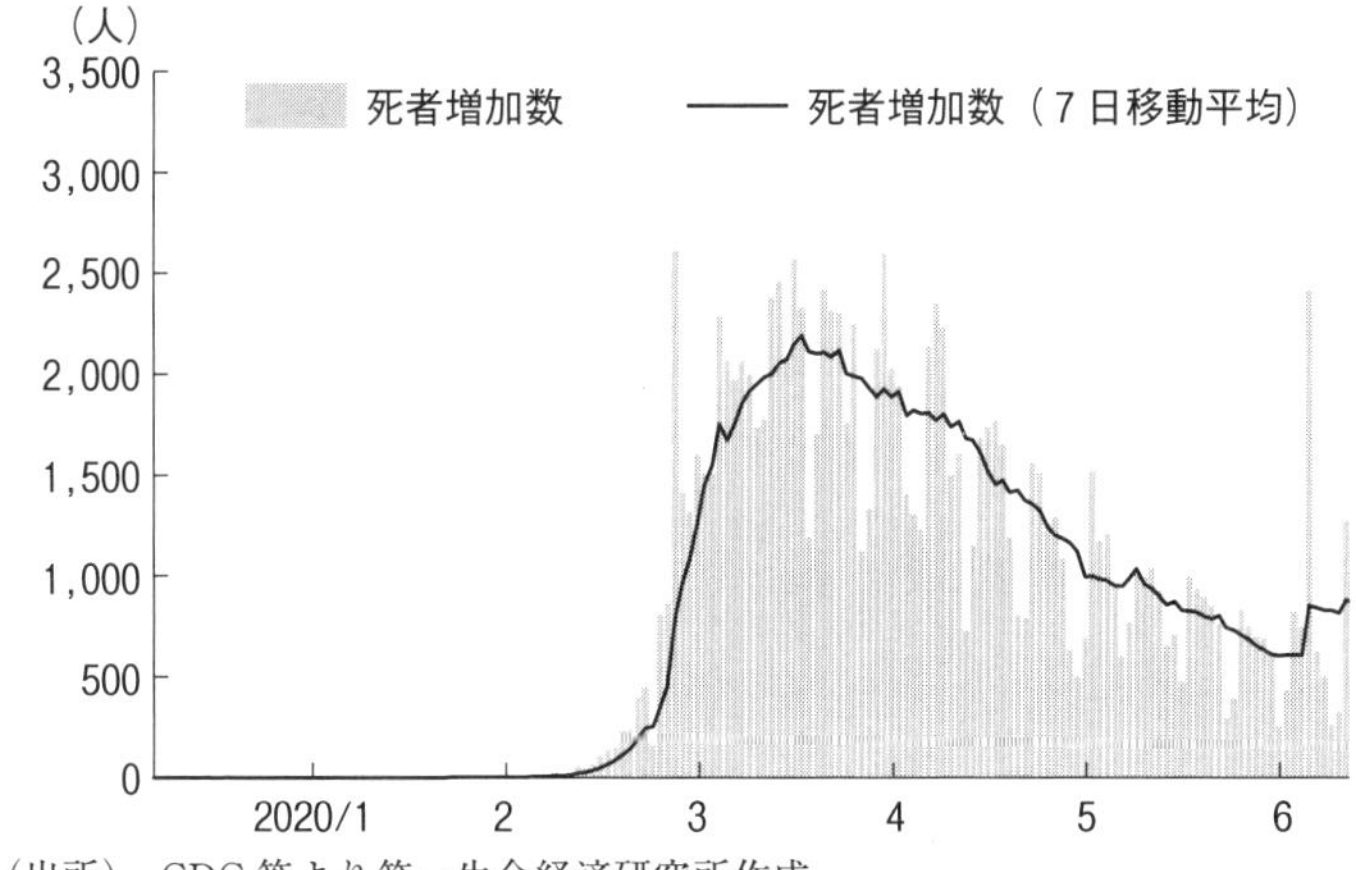

（出所）　CDC 等より第一生命経済研究所作成

出口戦略策定を守らず経済再開を急いだ州から感染が再拡大

早期の経済活動の再開を目指していた米政府は、4月16日に経済活動の再開のためのガイドライン「米国を再び開く」を公表した。ガイドラインでは、制限緩和の条件として、感染リスクの高い医療従事者などへの検査体制が整っていること、病院が通常の状態ですべての患者を治療できることなど、医療体制が整ったうえで、新型コロナウイルスの新規感染者数の増加ペースが14日間にわたって鈍化することがあげられた。この条件を満たした州・地域は、2週間単位で、制限の緩和を判断できる。最初の2週間条件を満たせば第1段階として、ソーシャル・ディスタンスや感染予防措置がとれる場合、出勤を段階的に進めることを認める。また、レストラン、スポーツジムの営業再開を認める。次の2週間も条件を満たせば第2段階として、授業の再開、不要不急の移動を許可できる。第3段階では高齢者施設や病院を訪問できる。3段階の制限緩和期間中もソーシャル・ディスタンスをとるほか、マスク着用、検温、消毒を行うことを求めた。

トランプ大統領は、4月14日に経済再開に関する権限を大統領がもっていると発言したが、連邦政府・米疾病対策センター（CDC）のガイドラインは州知事・郡・市の再開の判断をサポートするものであると訂正した。

外出制限の緩和は、州・郡などの単位で行われるが、連邦政府やCDCのガイドラインに示された条件を満たしていないにもかかわらず、共和党系の知事は経済活動の再開を進めた。４月下旬～５月20日にかけて、ロックダウンなどの規制が緩和され、経済活動が再開された。これにより人の移動が活発化したことで、６月中旬以降、全米の新規感染者数は南部、西部の州を中心に増加した。６月末にはフロリダ州やテキサス州を含む米南部・西部州とカリフォルニア州で再規制措置がとられ、ミシガン州、ノースカロライナ州、ワシントン州など９州が規制緩和を見合わせた。このような規制の再強化や規制の緩和停止を行ったほか、マスクの着用を義務づける地域なども出てきたことで、７月24日以降、増加ペースが鈍化している。死者数は、４～５月初めに１日に２０００人を超えていたが、いったん鈍化した。６月下旬に再び増加ペースが速まり、７月末以降１日１０００人を上回っている。検査数の増加が感染者数を押し上げているが、陽性率も上がっており、感染の広がりを示していた。

　米国での感染が速いペースで増加するなか、米国で最初に新型コロナウイルスが大流行し、多数の感染者や死者を出した北東部のニュージャージー州やニューヨーク州は、８月にパーティー規制を強化した。ニュージャージー州はホームパーティーでのクラスター発生と全米の新型コロナウイルス感染者の増加を受け、屋内で人々が集まることのできる人数の上限を25人に引き下げた。ニューヨーク州はソーシャル・ディスタンスを無視した数百人が集まるようなイベントが開催されたことで感染の再拡大を警戒し、ソーシャル・ディスタンスを置く措置の強化を呼び掛けた。米国の新規感染者数の増加率は鈍化しているものの、北東部の州を中心に警戒感を強め、感染者の増加している約36州からの訪問者に自主隔離を要請している。学校再開のために、慎重な感染予防対策をとっている。

トランプ大統領の言動が感染予防策の効果を減殺

新型コロナウイルスの感染者数や死者数の高い水準を受け、ＣＤＣなど感染症の専門家の助言を聞かず政策決定を行うトランプ大統領のリスク管理能力に疑問が呈されている。また、保守派を中心としたトランプ支持層は、トランプ大統領の発言をそのまま信じる傾向が強く、大統領の言動は大きな影響を与える。それを利用し、公衆衛生の問題を政治問題化したため、マスク着用という感染拡大防止策を妨げた。

トランプ大統領は、ＣＤＣなどの警告にもかかわらず、中国・アジアで感染が拡大している２月に、新型コロナウイルスが米国では広がらないと楽観視していたため、初期対応が遅れた。検査システムの拡充、病床の確保なども遅れた。また、当初新型コロナウイルスは季節性のものであり、消えてなくなるなどと発言していた。その後、米国で感染が拡大すると、中国が感染を拡大させたと批判を強めた。

また、２０２０年11月の大統領選挙を控えたトランプ大統領は、自らの再選にプラスかマイナスかで政策を判断する傾向が強く、州知事などに経済活動の再開を急がせた。さらに本来であれば規制を実施する側の大統領自身が、「自分は規制をしたくない」「早期の経済活動の再開を行いたいが、役人、民主党に邪魔されている」など、政府による規制に否定的なトランプ支持層をあおる発言を繰り返した。

トランプ大統領は、新型コロナウイルスが「そのうちなくなる」など新型コロナウイルスの感染力や致死率を過小評価する発言を繰り返したほか、民主党や主要メディアが、コロナ危機を政治利用しているなどと批判し、感染予防のためのマスク着用を7月まで求めず、感染症という公衆衛生の問題を政治問題にかえ、結果的に感染を拡大させた。

さらにトランプ大統領は、自身の政策の失敗を責任転嫁するために、政府機関に対しても批判を強めた。トランプ大統領の専門家の意見を軽視する姿勢によって、トランプ支持層にはＣＤＣの公衆衛生に関する重要な情報を信じない人が多くいる。トランプ大統領は、8月に米食品医薬品局（ＦＤＡ）を、ワクチン開発に関して大統領選挙に影響を与えるためにわざと遅らせていると批判した。新型コロナウイルスの感染拡大は中国に責任があり、ワクチン、治療薬の開発の遅れは官僚に責任があると主張し続けている。

初期の情報不足や世界機関の判断ミス

ＷＨＯは、１月30日に新型コロナウイルスについて「国際的に懸念される公衆衛生上の緊急事態」を宣言したが、中国との取引や渡航の制限は勧告に盛り込まず、世界的なパンデミックとはいえないとした。２月３日には、テドロスＷＨＯ事務局長は理事会での演説で、「ＷＨＯは、感染拡大を制御する中国の能力を引き続き信頼している」と中国のそれまでの対応を称賛したうえ、米国などの中国への渡航制限や、最近中国へ渡航した履歴がある外国人および中国からの渡航者の入国禁止措置を念頭に「不必要な渡航・貿易制限を行う理由はない」と否定的な発言を行った。ＷＨＯが、中国寄りの姿勢をとったことで、米国との関係が悪化した。米国は、ＷＨＯへの最大の資金拠出国であるが、拠出を停止した。中国による情報開示の制限、ＷＨＯのパンデミック認定の遅れが重なり、欧州の新型コロナウイルス対応が遅れアウトブレイクが起き、欧州からの人の移動の制限が遅れたため米国での感染が拡大した。

急ぎ過ぎたロックダウン解除と規制緩和

新型コロナウイルスは感染力が高いほか、発症前でも他者に感染させるなどの特徴が報告されている。治療薬やワクチンが開発されていない段階での拙速なロックダウンや行動制限の緩和などを行えば、感染拡大ペースが再び加速する可能性が高いにもかかわらず、トランプ大統領は規制緩和を急いだ。

州・地方政府も早期に経済活動を再開した。感染者数が高い伸びを続けているなど連邦政府やＣＤＣが提示した制限規制の緩和条件を達成していないにもかかわらず、州・地方政府は経済活動の停止によって失業者が急増するなど、経済が著しく悪化したため、経済活動を早期に再開させた。各州で規制が緩和され、早過ぎるタイミングで人々が外出し始めた。ジョージア州、ペンシルベニア州などでは、都市封鎖の解除を要求するデモがマスクを着けずに行われたり、車で集まって抗議を行い人命にかかわる救急車の通行を妨げたりする動きが出た。トランプ大統領は、これらの行動を非難するどころか理解を示すコメントを出した。

共和党系の知事だけでなく、早期の制限導入で感染を抑えることに成功していたニューサム・カリフォルニア州知事は、民主党系の知事だが、感染者数が多いにもかかわらず早期に規制緩和を行った。財源不足のためいつまでもロックダウンの状態を続けることは不可能となった。また、人々が何カ月も自宅待機することは不可能であり、生活や生計が破綻することや健康被害も考えなくてはならないとして、感染リスクの高いバー、フィットネスジムなどを含め、規制緩和を進めた。

5月末のメモリアルデーの連休には海辺に大勢の人が集まった。そのうえ、ソーシャル・ディスタンスを気にせず人との距離をとらない人や、マスクを着けない人も多数いた。タイミングや政策を誤った結果、感染が再拡大した。

連邦政府と民主党の州だけでなく州内でも政策が対立

連邦政府は指針を示すが、ロックダウンやマスク着用などの規制を行うのは、州や郡、市町村である。これらの首長の所属する政党の違いが、政策決定に影響を及ぼした。リベラルな州では厳しいロックダウンが行われた一方、共和党系の知事であるフロリダ州やテキサス州などは、規制緩和に積極的なうえ、マスク着用に反対していた。感染予防策として重要視されるマスクの着用を政治問題化した。このため、これらの州ではアウトブレイク、医療崩壊が起きた。トランプ大統領は早期の規制緩和を支持しており、規制を続ける民主党系の知事を強く批判した。

また、共和党系知事の州では、マスク着用を義務づけようとする州内の市の動きを、知事が止めようとしたこともあった。テキサス州では、マスク着用に否定的だった知事のもと、ヒューストンのターナー市長はマスクを着用していない人に対して警告書や出頭命令を出すように、警察当局に指示するなど、州内でも対応が割れた。カリフォルニア州などでは、民主党系の知事の命令を共和党系の市長が無視し、営業再開に踏み切る事態が起きた。

米国民の新型コロナ対策疲れと感染者数が少なかった州で油断

ロックダウンの解除後、外出制限などによる疲れやストレスの蓄積のため、ソーシャル・ディスタンスに注意を払わず、マスク不着用で外出する人も多くみられた。ロックダウン、政府の規制に反対する抗議デモや5月に発生したミネソタ州での警官による黒人殺害への抗議デモなどでもマスクを着用しない人がみられた。

また、ニューヨーク州では感染拡大、医療崩壊となったことで、長期間のロックダウンが行われ、マスクの着用も進んだ。一方、最初のロックダウンなどの制限の強化によって感染が抑えられた州では、新型コロナウイルスへの油断もあり、ソーシャル・ディスタンスなどの感染予防策を怠り、感染予防に効果があるマスクの着用を義務づけることをしなかった。健康な人がマスクを着用する習慣のない米国では、着用しない人が多数いたことも、感染の再拡大につながった。

米国特有の多様性・個人主義と政策の失敗が重なり死者数が増加

米国社会の多様性、政治的な分断、自由主義、個人主義信奉によって、政策の足並みがそろいにくくなっている。しかし、感染症は少数の行動でも影響が大きくなるため、感染予防の実施が米国社会ではむずかしく、感染拡大が止まらない。

以上のような状況が重なり、米国の感染者数は世界最多となり、２０２０年12月現在も高い伸びを続けている。米国の感染者数・死者数の増加ペースを抑えられるかどうかは、安全なワクチンが開発され、需要をまかなう供給体制が確立されるまで、ソーシャル・ディスタンス、手洗い、マスクの着用を行えるかにかかっている。しかし、米国では多様性、個人主義等により感染の収束が期待しにくいことから、規制の緩和と強化を繰り返しながら、新型コロナウイルスの感染に対応していくことになろう。

2 ＦＲＢの大規模金融・信用緩和策

大規模金融緩和策で金融危機を回避

新型コロナによる経済危機を回避し、経済基盤を維持するためには、連邦準備制度理事会（ＦＲＢ）の異例の金融緩和に加えて、大規模かつ即効性のある財政措置が必要であった。新型コロナの感染拡大に対して、ＦＲＢができる対応は、資金繰りや信用の不安を高めないことである。信用不安の高まりを抑制し、金融危機を回避できれば、新型コロナの感染拡大が収束した後に、経済が急激に回復できる基盤の維持に貢献できる。

ＦＲＢは、新型コロナウイルスの感染拡大が米国に及び始めるなか、２０２０年３月３日に緊急でＦＦレート誘導目標を50bp引き下げ、１・00～１・25％とした。緊急利下げは、リーマン・ショック後の２００８年10月以来、11年５カ月ぶりだった。新型コロナウイルスの問題がどのように収束するか、経済にどの程度の悪影響を与えるか予測がつかない段階で大幅な緩和を実施した。疑心暗鬼で株価が暴落していたことから、それを少しでも抑え、金融市場の引き締まりや信用不安の高まりを回避することが、金融緩和の背景にあった。

しかし、株価の下落に歯止めがかからなかったため、３月15日には、①ＦＦレート誘導目標を１００bp引き下げ、０・00～０・25％と事実上のゼロ金利としたほか、②フォワード・ガイダンスを導入した（図表４－３参照）。「経済が最近の出来事を乗り越え、最大の雇用と物価安定の目標を達成する軌道に乗っていると確信するまで、この目標レンジを維持する」と経済がコロナ危機に陥る前の状況に回復することがみえるまで、ゼロ金利政策を継続することにコミットした。さらに、③少なくとも７０００億ドル（５０００億ドルの米国債、２０００億ドルのＭＢＳ）の資産購入の実施、④銀行に公定歩合が適用されるディスカウントウインドウ（連銀貸出制度）の利用を最長90日間許可（利率は１５０bp引下げ）、⑤準備預金率の０％への引下げ、などを含む大規模金融緩和パッケージを決定した。その後も、信用不安の高まりが続いたため、３月17日にはコマーシャ

図表4－3　新型コロナウイルス危機へのFRBの政策対応

金利政策	政策金利	政策金利の下限である事実上のゼロ金利：0.00～0.25%まで緊急利下げ（3月3日マイナス50bp、3月15日マイナス100bp）
	フォワードガイダンス	「経済が最近の出来事を乗り越え、最大の雇用と物価安定の目標を達成する軌道に乗っていると確信するまで、この目標レンジを維持する」方針
資産購入		3月16日に国債5,000億ドル、MBS2,000億ドルの購入を決定。3月23日に無制限とし、CMBSの購入も決定
融資促進		プライマリーファシリティに対する金利を50bp下げ0.25%に引き下げ、貸出期間を90日まで期間拡大
		預金準備率をゼロに引下げ
		大手銀行に対するレバレッジ規制（SLR規制）の緩和
資金供給	市場参加者	プライマリーディーラーへの資金供給ファシリティ
		MMF資金供給ファシリティ
		ABS等担保の資金供給ファシリティ
	企業	CPの直接購入資金供給ファシリティ
		プライマリー市場での企業への直接資金供給ファシリティ
		セカンダリー市場での企業への直接資金供給ファシリティ
		政府の支援策に基づく中小零細企業支援の連邦保証付ローンの拡大利用に対するバックファイナンス
		政府の支援策に基づく資金による中堅中小企業信用供与プログラム
	州・地方政府	州・地方政府に流動性を供給する地方政府流動性ファシリティ

（出所）FRBより第一生命経済研究所作成

ル・ペーパー（ＣＰ）を最大総額1兆ドル買い入れる緊急措置を発動した。

米国内で新型コロナウイルスの感染の急激な拡大が持続し、株価が大幅に下落するなか、3月23日に、ＦＲＢは米国債、住宅ローン担保証券（ＭＢＳ）の無制限購入を決定した。また、商業用モーゲージ担保証券（ＣＭＢＳ）購入のほか、起債・流通市場の双方で投資適格（ＩＧ）の米社債を買い入れる新たな支援策を発表した。

ファシリティによる信用供給

ＦＲＢは企業に貸出を行う3つの主要なファシリティを発表した。発行市場企業信用ファシリティ（ＰＭＣＣＦ）と流通市場企業信用ファシリティ（ＳＭＣＣＦ）は、条件の範囲内で社債をそれぞれ発行市場と流通市場で買い入れる。また、メインストリート貸出ファシリティ（ＭＳＦＬ）は中小企業向け貸出を支援する。ＰＭＣＣＦとＳＭＣＣＦは、発表当初は投資適格（ＩＧ）債とＥＴＦだけが購入対象だったが、4月9日に買入れ対象の拡大が発表され、ＳＭＣＣＦは堕天使（3月22日時点でＩＧだったものの格下げされた銘柄）や、幅広いハイイールド債を含むＥＴＦが追加された。

ＦＲＢは、7月28日に新型コロナウイルス対策として提供している7つの緊急融資プログラムについて、終了時期を当初の9月から12月31日に3カ月延長すると発表した。ＦＲＢはこの経済

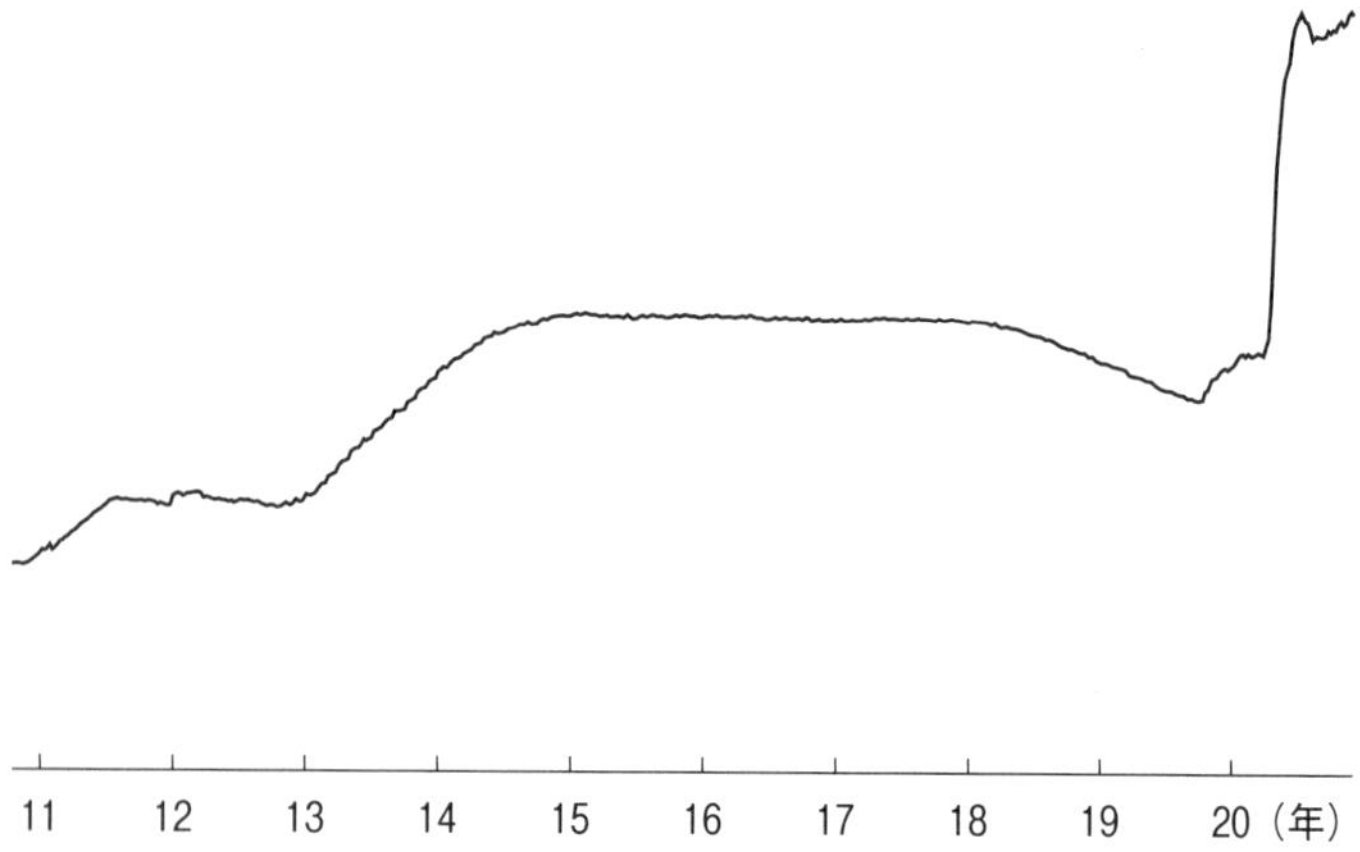

支援策の延長について「プログラムの見込まれる参加者の計画を促し、景気回復を後押しするための融資が引き続き利用できるという確実性を与える」と説明した。

一連の金融・信用緩和や流動性供給によって、ＦＲＢのバランスシートは、８月末で約７兆ドルとコロナ危機前の約３・７兆ドルから急拡大した（図表４－４参照）。

金融環境のタイト化は一時的

ゼロ金利政策や無制限の資産購入などのＦＲＢの政策によって、金融環境が一時的なタイト化にとどま

図表4－4　FRBのバランスシートの規模

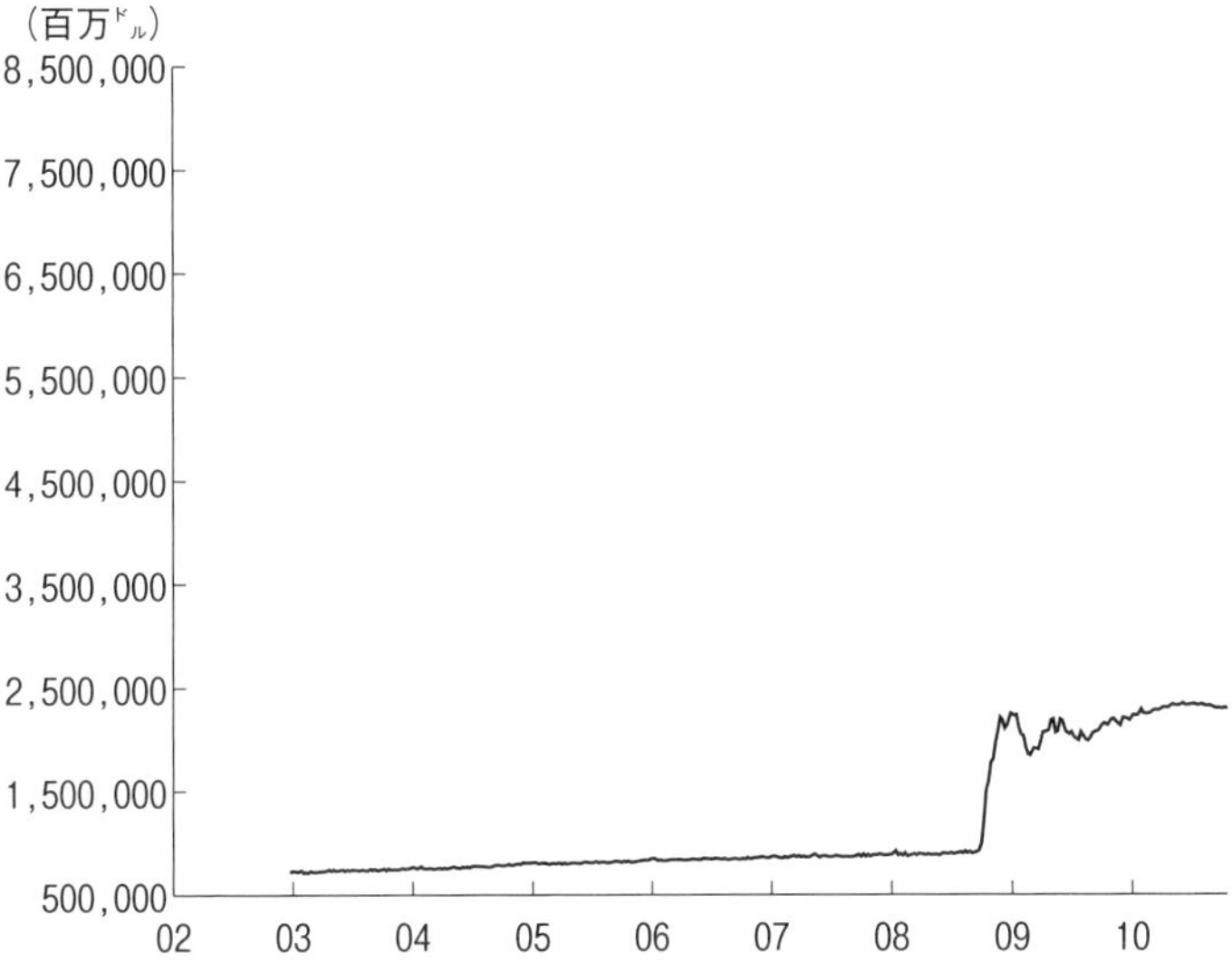

（出所）　FRBより第一生命経済研究所作成

り、経済活動の重しとなるような金融の引き締まりを回避できた。このため、過去の景気後退時にみられる金融環境のタイト化による経済への負のフィードバックが限定的なものにとどまっている。また、家計や企業のマインドの下支えにもある程度寄与しているとみられる。

もっとも、金融緩和は新型コロナの感染率を下げたり、壊れたサプライチェーンを修復することはできない。また、これらの一連の金融緩和・信用緩和策は必要であるが十分とまではいえず、新型コロナの感染拡大が収束しない限り米経済の成長を本格的に回復させることはできないだろう。

3 米政府と議会による大規模な経済支援策

経済基盤を維持するための過去最大の財政措置

今回の景気悪化は通常の経済事象とは異なり、治療薬やワクチンのない新型コロナウイルスの感染拡大によって起きた経済危機であるため、金融・財政政策だけで景気は回復できない。しかし、新型コロナ感染拡大が収束した後に、経済が回復するためには、経済基盤を維持する必要がある。この間に企業破綻、失業者の急増、個人破産などが多数発生すれば、新型コロナの感染拡大が収束しても、景気の急回復ができないだけでなく、深刻な経済危機の長期化を招くおそれがある。このため、新型コロナウイルスの感染拡大が収束するまで、経済基盤を維持できるよう金融・財政政策を行う必要があった。

財政政策では、トランプ政権・米議会は、2020年3月に入ってから相次いで新型コロナウイルス対策の財政措置をとった。3月6日に第1弾として緊急補正予算法（83億ドル）、18日に第

２弾として家族第一コロナウイルス対応法（約２０００億ドル）、27日に第３弾としてコロナウイルス支援・救済・経済安全保障法（２兆２０００億ドル）、４月24日に第４弾として給与保護プログラム・医療強化法（４８４０億ドル）といった経済支援策を成立させた（図表４－５参照）。

第１弾は、ワクチンの研究・開発や公衆衛生機関への財政支援などが主な内容。第２弾では、新型コロナの検査無償化のため、無保険者向けの公的プログラム向け資金拠出のほか、民間医療保険会社に対して被保険者の検査費負担無料を義務づけた。また、新型コロナの影響を受ける従業員や企業への税負担の軽減など、雇用を維持しやすくする対策が含まれた。さらに、低所得者向けの食料補助プログラムや州への失業保険拡充のための財政支援などが含まれた。

第３弾の措置は２兆２０００億ドルと米国ＧＤＰの約10％規模となり、世界金融危機後の２００９年に策定された７８７０億ドルの経済救済措置を大幅に上回る米国史上最大規模の救済策となった。世帯への現金給付や失業保険の拡充、民間企業支援のほか、医療機関や州・自治体への支援、医療資材の確保などが盛り込まれており、ある程度の経済基盤の維持に寄与するとみられる。

第４弾は、第３弾に含まれた給与保護プログラム（ＰＰＰ）に３１００億ドル、経済的損害災害融資（ＥＩＤＬ）に６００億ドル補てんされるほか、病院支援に７５０億ドル、ウイルス検査強化に２５０億ドルが拠出された。

図表４－５　米国政府・議会による財政措置

成立日	名称	金額	内容
3月6日	緊急補正予算法	83億ドル	ワクチンの研究・開発や公衆衛生機関への財政支援などが主要な内容
3月18日	家族第一コロナウイルス対応法	約2,000億ドル	新型コロナの検査無償化のため、無保険者向けの公的プログラム向け資金拠出のほか、民間医療保険会社に対して被保険者の検査費負担無料の義務づけ。新型コロナの影響を受ける従業員や企業への税負担の軽減。低所得者向けの食料補助プログラムや州への失業保険拡充のための財政支援など
3月27日	コロナウイルス支援・救済・経済安全保障法	2兆2,000億ドル	米国GDPの約10%規模となり、世界金融危機後の2009年に策定された7,870億ドルの経済救済措置を大幅に上回る米国史上最大規模の救済策。世帯への現金給付や失業保険の拡充、民間企業支援のほか、医療機関や州・自治体への支援、医療資材の確保など
4月24日	給与保護プログラムおよび医療強化法	4,840億ドル	中小企業の給与支払補てん（3,100億ドル）、中小企業向け緊急補助金（600億ドル）、医療機関の人員や器具増強（750億ドル）、新型コロナの検査体制の整備（250億ドル）など

（出所）　米議会資料より第一生命経済研究所作成

政治対立により追加の経済支援策の合意に遅れ

第3弾に含まれた失業保険の拡充などが7月末で終了したにもかかわらず、第5弾の経済支援策の成立が遅れている。民主党が過半数を握る下院では5月に3兆５０００億ドル規模の法案を可決したが、共和党が過半数を握る上院でまったく審議されなかった。その後、7月に上院共和党は従業員の職場復帰や学校再開、医療制度支援に重点を置いた総額1兆ドル規模の経済支援策を提案した。しかし、民主党と共和党の経済支援案の対立点が多く、第5弾の経済支援策の成立のメドは立っていない。大人1人当り１２００ドルの追加現金給付は両党が賛成している一方、失業給付の上乗せを共和党は２００ドルに減額し短期間の延長を提案しているが、民主党は６００ドルで年内継続を主張している。このほか、早期に学校を再開したい共和党は新型コロナウイルスをめぐり企業や学校などを訴訟から守る免責条項の導入を求めているが、民主党は導入に反対している。２０２０年10月1日に、米下院で民主党が提案した2兆２０００億ドル規模の経済支援策を賛成多数で可決した。納税者1人当り１２００ドルの給付金のほか、２０２1年1月まで週当り６００ドルの失業給付金の上乗せ、州・地方政府向け支援（４３６０億ドル）、教育分野、零細企業、飲食店、劇場、航空業界などの従業員向け支援、中小企業対象のＰＰＰが含まれた。上院共和党の賛成を得るために、5月の対策案よりも規模を大幅に縮小したが、上院共和党は的を絞った対策にするべきとして合意には至らなかった。その後も、ペロシ下院議長（民主党）とトランプ政権の間で協議が続けられたが、11月に大統領選挙を控え進展しなかった。

これまでの経済支援策（約3兆ドル）によって、財政赤字はＧＤＰ比10％にふくらむにもかかわらず、企業倒産や失業が大幅に増加すると予想される。感染の第二波、第三波がくれば、経済成長の落込みが大きくなり、企業倒産や失業者のさらなる大幅な増加によって経済基盤の毀損が拡大し、新型コロナウイルスの感染が収束した後の回復力が鈍くなろう。また、財政赤字は追加の経済支援策によってＧＤＰ比30％程度と第二次世界大戦時なみに増加する可能性がある。経済成長率押し上げのための大規模な財政政策を打ち出すことが困難になるだけでなく、逆に歳出削減や増税などを迫られる可能性もある。

コロナへの対応失敗でトランプ政権は1期で終了

11月3日に行われた米大統領選挙では、民主党のバイデン候補が現職のトランプ大統領に勝利し、トランプ大統領は1期で退任することとなった。大統領選でジョー・バイデン氏には支持票だけでなく、新型コロナウイルスの感染拡大に適切に対応できなかったトランプ大統領に対する批判票が多く入った。

トランプ大統領は、２０１６年大統領選で支持された郊外の学歴の高い女性などからの支持を最後まで取り戻せなかった。これらの人々の支持離れは、女性蔑視、人種差別的な発言によって２０１８年中間選挙で確認されていた。そのうえ、米国での新型コロナウイルスによる死者数が毎日約１０００人増え、合計では20万人を超えているにもかかわらず、マスクの着用やソーシャル・ディスタンスの維持など科学に基づく感染防止策を国民に積極的に促さなかったほか、追加の経済支援策の成立のために積極的に動かなかったことで、支持離れが続いた。

11月12日時点で、バイデン氏が７７４４万４６４票（50・８％）、トランプ大統領が７２２９万２１６２票（47・４％）とバイデン氏が過去最高の得票となった。ただ、トランプ大統領の得票も７０００万票を上回っており、コロナ禍でもトランプ支持層が多く、バイデン政権の政策運営が困難なものになる可能性がある。

バイデン政権誕生でも早期の大規模経済支援策の実施は困難

選挙後の早期合意が期待されていた経済支援策第５弾は、大統領選挙でバイデン氏が勝利したものの、上院共和党が反対の姿勢を変えなかった。大統領選挙と同時実施された議会選挙で世論調査と異なり共和党が善戦し、上院で過半数となる51議席を確保する可能性が高くなったことを受けて、下院の策定した２・２兆ドル規模の支援策の規模が大きいとして引き続き反対した。規模を縮小しない限り成立する見込みはないものの、民主党のペロシ下院議長は規模を縮小した経済支援策に反対している。このため、期待された高い経済成長の持続は困難となった。

4　深刻な落込みからの回復力

２０２０年前半は深刻な景気後退

米国では、新型コロナウイルスの感染が急激に拡大したことを受け、感染拡大を防ぐために２０２０年３月中旬以降、州がロックダウンを行った。外出制限、イベントの中止、店舗の休業、工場の操業停止による経済活動の一部休止を背景に、経済成長は急激に縮小した。約11年続いた景気拡大は２０２０年２月に終了し、３月から景気後退期に入った。１－３月期の実質ＧＤＰ成長率（３次推計）は、３月は２週間程度の停止であったにもかかわらず、前期比年率マイナス５・０％と２００８年10－12月期の同マイナス８・４％以来11年ぶりの低い伸びとなった（図表４－６参照）。

４月中も新型コロナウイルスの感染拡大を防ぐためのロックダウンや、外出制限、イベントの中止、店舗の休業、工場の操業停止による経済活動の休止が継続したため、４月の景気・企業活

図表4－6　米国実質GDP（前期比年率）

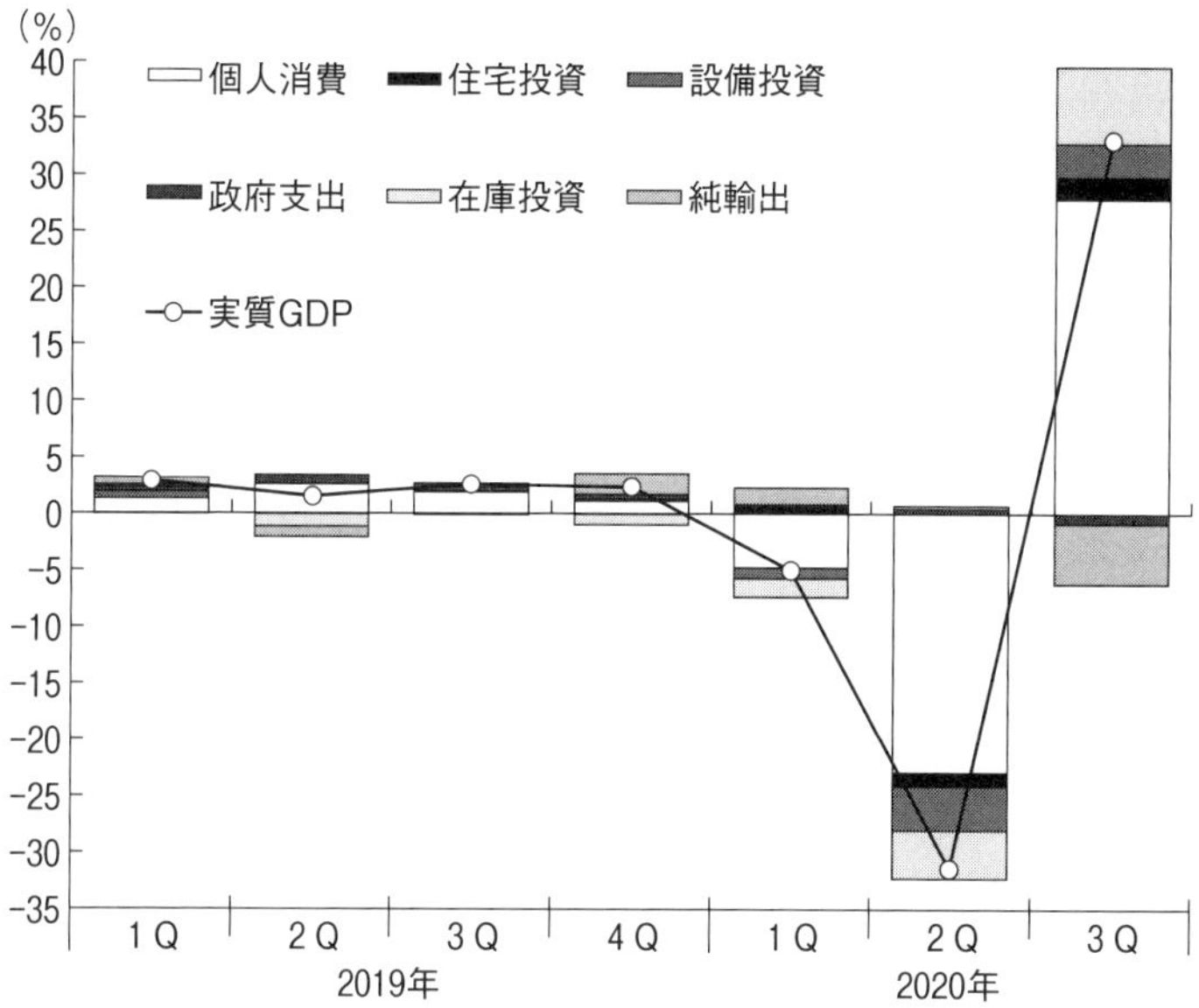

（出所）　米商務省より第一生命経済研究所作成

動・労働市場は過去に例のないペースで悪化した。特に、感染予防のためにソーシャル・ディスタンスをとらざるをえないことからサービス部門が著しく悪化した。また、製造業は新型コロナウイルスのパンデミックを背景とした世界経済の縮小、サプライチェーンの毀損、原油価格の急落による石油探査・掘削の減少に加えて、雇用情勢の悪化や外出規制などによる国内需要の縮小の影響を受け、急激に悪化した。これより、4－6月期の実質GDP成長率（3次推計）は、4月の景気悪化によって、前期比年率マイナス31・４％（１－３月期同マイナス５・０％）と同統計の作成が開始された１９４７年以降で最大の落込みとなった。政府支出が経済支援策によって拡大ペースを速めたものの、個人消費が前期比年率マイナス33・２％（１－３月期同マイナス６・９％）、設備投資が同マイナス27・２％（同マイナス６・７％）と減少幅を拡大したうえ、住宅投資が同マイナス35・６％（同プラス19・０％）と減少に転じた。

5月に景気回復の動き

もっとも、４月末～5月にロックダウンが段階的に解除され経済活動が再開した効果によって景気は5月に拡大に転じた。労働市場では、４月の非農業部門雇用者数（季節調整ずみ）が前月差マイナス２０７８・７万人（３月同マイナス１３７・３万人）と戦後最悪、１９３９年の同統計作成開始以降で最大の減少幅となった（図表４－７参照）。４月の失業率（Ｕ３）が14・７％（前月４・４％）と１９４８年１月の同統計作成開始以降で最悪、作成方法の異なる１９３０年代の世界大恐慌時の約25％以来の高い水準となった。非農業部門雇用者数は3～4月合計で２２１６万人減少した後、8～10月に合計１２０７万人増加したほか、失業率（Ｕ３）は４月の14・７％から10月に６・９％まで低下した。また、小売売上高は5月以降増加を続け、6月にコロナ危機前の水準を上回った（図表４－８参照）。

図表４－７　米国の労働市場情勢

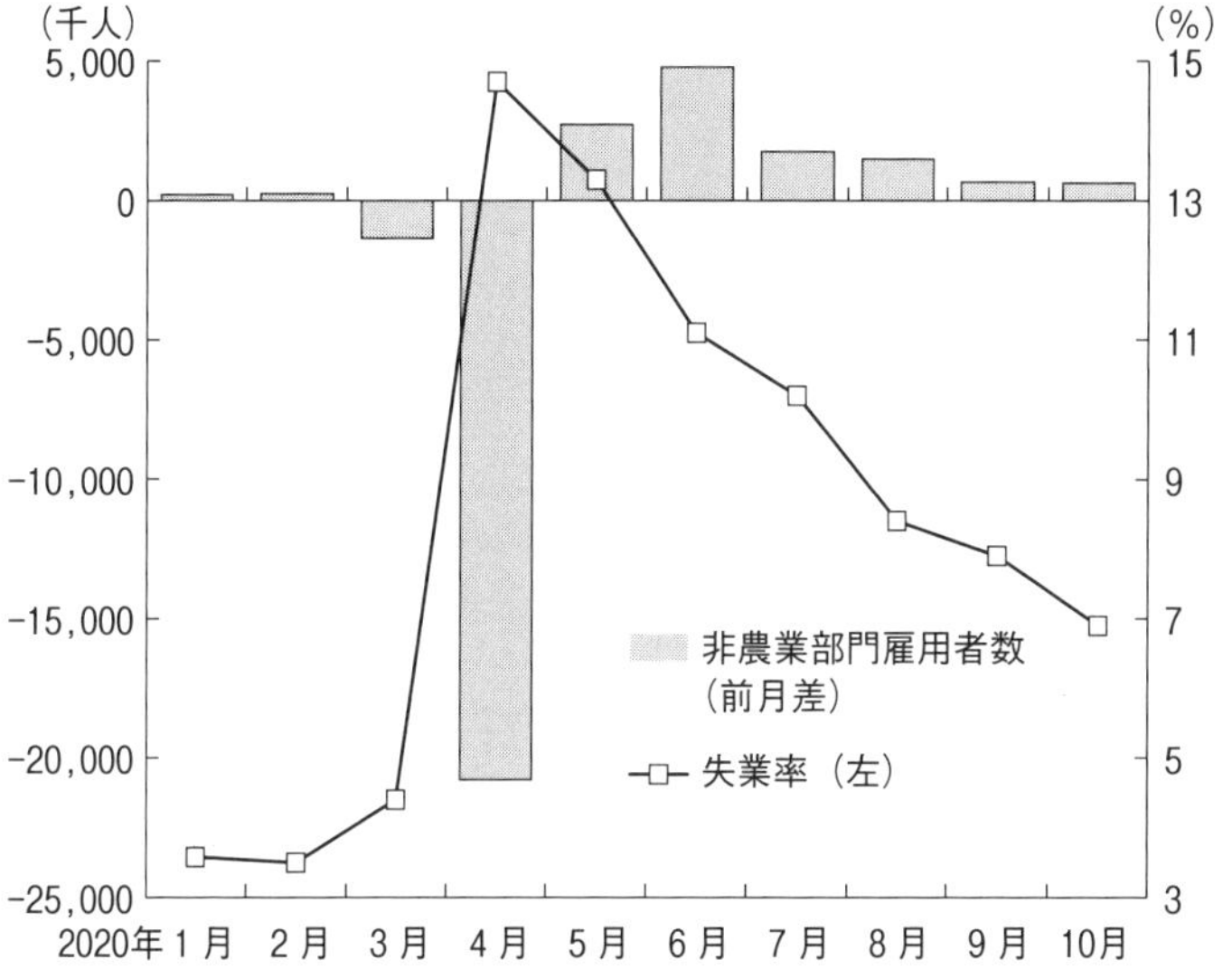

（出所）　米労働省より第一生命経済研究所作成

生産面では、新型コロナウイルスの感染拡大によるサプライチェーンの毀損、工場での感染防止策の実施、需要の減少を受けた操業停止の広がりによって、４月の鉱工業生産は、前月比マイナス12・７％（３月同マイナス４・４％）、製造業が前月比マイナス15・８％（３月同マイナス５・０％）とともに１９１９年の統計作成開始以降の過去１０１年で最大の落込みとなった。鉱工業の設備稼働率は、64・２％と１９６７年の統計作成開始以降の最低水準を更新した。また、製造業は60・１％と１９４８年の統計作成開始以降の最低水準を更新した。しかし、経済活

図表4－8　米国の小売売上高

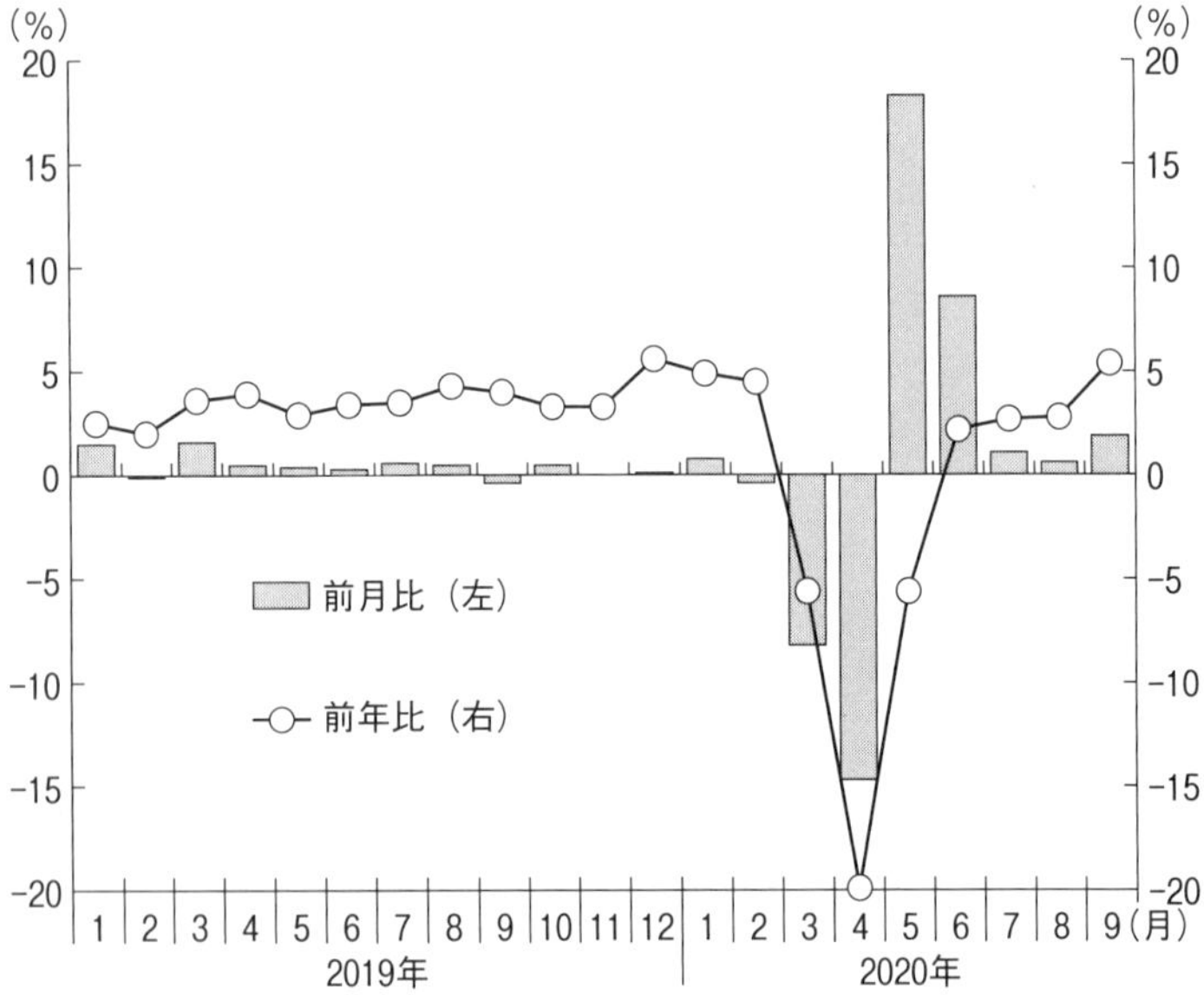

（出所）　米商務省より第一生命経済研究所作成

動再開により生産は5月に拡大に転じ、6～8月まで拡大した。

このようななか、FRBが3月に緊急対応措置をとり、事実上のゼロ金利への大幅利下げのほか、無制限の国債やMBS購入、流動性供給、融資支援策などを相次いで実施し金融危機を回避した。また、米政府・議会は3月以降経済基盤や雇用維持のため3兆ドル規模の支援策を実施した。そして、4月末～5月20日までに全米50州の行動制限が緩和されたこと等によって、5月に景気は回復に転じた。拙速なロックダウンの解除やマスクの不着用などによって、６月下旬以降に新型コロナウイルスの感染拡大が再加速するなかでも、回復の動きを続け、７－９月期の実質ＧＤＰ成長率（1次推計）は、前期比年率プラス33・１％（４－６月期同マイナス31・４％）と同統計の作成が開始された１９４７年以降で最大の増加率となった。個人消費が給付金や雇用回復等による所得の増加、行動制限の緩和等を背景に前期比年率プラス40・７％（４－６月期同マイナス33・２％）と大幅なプラスとなった。また、住宅投資は金利の低下、テレワークの増加などを背景とした需要の拡大により前期比年率プラス59・３％（同マイナス35・６％）と急増した。さらに、設備投資が前期比年率プラス20・３％（同マイナス27・２％）と増加に転じた。ただし、７－９月期の急成長は、経済活動再開による一時的な動きであり持続性はない。

感染収束の遅れが回復ペースを抑制する可能性

今後の回復についてみると、経済支援策、金融・信用緩和策によって10月にかけて経済基盤の毀損が限られており、新型コロナウイルスの感染拡大の収束、あるいは安全なワクチン・治療薬が開発されれば、急激な回復の持続が期待できる。

バイデン氏の大統領選勝利で、米国の新型コロナウイルス対策は科学を重視する方向に変化するだろう。新型コロナウイルス対策では、２０２０年11月９日に政権移行チームに新型コロナウイルス対策のアドバイスをするため、保健専門家や科学者によるコロナ諮問委員会を発足した。ＷＨＯの脱退については、これを撤回し、国際的なワクチン開発や供給支援などを積極化する方針である。

もっともバイデン氏はマスク着用を義務づけると発言してきたが、マスク着用の条件、３密を回避する規制、それらに対する罰則を連邦政府が決めることは困難であるため、国民にマスクの着用、ソーシャル・ディスタンスの維持を求めることにとどまるとみられる。このため、感染拡大を抑えられるか否かは、トランプ支持層を含む多くの米国民の行動にかかっている。

バイデン氏は、大手メディアのインタビューで「科学的な根拠、専門家の意見を重視し、必要であれば再びロックダウンを行う」と発言していた。だが、これはトランプ政権の政策を批判することがねらいで、実際には経済を著しく悪化させる全米規模のロックダウンを再び実施することはないとみられる。全米規模のロックダウンは医療施設に余裕のある州では行われず、医療施設のひっ迫した州・地域ごとで対応するとみられる。また、その対応も業種・業態で異なる制限になるとみられ、景気回復は継続すると予想される。

財政政策では、民主党が２０２０年11月の議会選挙の結果、上下両院で過半数を握ることができれば、大規模な経済支援策を成立させるほか、環境、インフラ関連での大規模な財政措置がとられ、景気回復ペースが加速することが期待された。しかし、上院の勢力図は２０２１年１月５

日のジョージア州での2議席を争う決選投票まで確定しないが、２０２０年11月3日の上院選で共和党候補が優勢だったこともあり、共和党が過半数を維持する可能性が高いとみられている。このため、富裕層への増税を財源とした大規模なインフラ投資の実施は困難になるとみられ、財政面からの経済成長の押し上げは限られる公算が大きい。

一方で新型コロナウイルスは感染力が強く、米国を含む世界の新型コロナウイルスの感染者数、死者数は高水準で推移している。また、米国では12月14日からワクチンの接種が始まった。まず医療関係者や介護施設の居住者が優先的に接種を受け、その後段階的に対象を拡大していくことになるが、一般国民に広く行き渡るにはしばらく時間を要するうえ、抗体の持続性、新型コロナウイルスが変異を続けている影響など、現時点で不透明な部分が多いといわれている。このため、経済活動に配慮し外出制限や営業規制などが段階的に緩和されても、感染拡大に歯止めをかけるために、外出制限のほか、3密を避けるなどソーシャル・ディスタンスを保つような感染拡大防止策を維持する必要がある。今後も規制の強化と緩和を繰り返しながら経済活動を行わざるをえず、景気・労働市場の回復ペースは抑制されると見込まれる。

また、商業銀行は資本増強によって、市場変動への耐性を強めており、経営不安は高まっていない。ただし、銀行は総じて、景気の低迷の長期化による貸倒れリスクの上昇を警戒し始めており、融資姿勢を厳格化している。このため、金利水準は低下しているものの、企業の借入コストを押し上げており、企業活動を抑制している。

５月以降の経済指標は経済活動の再開によって前月比でＶ字回復を示すものが多いが、ウィズコロナのもと回復ペースは徐々に鈍化するとみられる。ウィズコロナの環境のもとで、投資の抑制、失業の長期化による技術力の低下につながれば、景気の回復力を弱めよう。経済水準が新型コロナウイルス危機前のレベルを取り戻すには数年かかると予想される。景気回復に時間がかかれば、企業の倒産が増え、労働市場からの退出者が増加することで、潜在成長率が低下するなど経済の活力を弱めかねない。

新型コロナウイルスの感染拡大が続くなかで経済活動の制限強化の遅れとインフルエンザの流行が重なることで医療崩壊につながりロックダウンが実施されれば、再び景気は悪化するリスクがある。

5 コロナ危機に伸びる米ＩＴ産業

新型コロナウイルスの感染拡大に伴うデジタル化の動きが米ＩＴ産業の成長を加速させている。コロナ禍で外出制限や外出抑制のほか、ソーシャル・ディスタンスをとらざるをえなくなり、自宅で過ごす人が増えた。企業活動の面では、職場での3密回避や公共交通機関を利用した出勤時の感染リスクを回避するために、リモート化、分散化が進められ、テレワークのニーズが高まった。また、家計面では、ネットショッピング、デリバリー、テイクアウトなど自宅や自宅近辺で過ごすための巣ごもり消費が伸びたほか、スマートフォンなどでゲームや動画をみる人が増え、２０２０年4－6月期に各種アプリの月間アクティブユーザー数が増加した。

オンラインで仕事をすることが増え、企業によるクラウドコンピューティング、テレミーティングなどデジタルサービスの需要は急激に強まっており、これらのプラットフォームで米国企業のシェアは高くコロナ禍で高い成長を維持している。

米国での新型コロナウイルスの感染拡大によって経済が急速に悪化したなかで、米大手ＩＴ企業4社中3社が4－6月期に増収増益となった。そのうち1社は売上げ、最終利益が四半期で過去最高を更新した。コロナ禍のなかで巨大な米ＩＴ企業が一段と市場支配を強化した。新型コロナウイルスの感染拡大で米国経済が深刻な景気後退に陥り、他の企業の業績が急激に落ち込むなか、こうした力強い売上げの伸びとなったことで、米国大手ＩＴ企業が独占的な地位を利用して適正な競争を妨げていると批判する声もあがっている。米国が重要産業である米大手ＩＴ企業を分割する可能性は小さいとみられるが、法人税率が平均値より低くなっているため税負担の引上げなどを求められる可能性はある。それでも、ウィズコロナ環境のなかで、高い成長を続けると予想されている。

これらのサービスを利用するためには、通信インフラと情報端末の拡充が必要なため、ＰＣ、スマートフォンなどの新規需要を強めた。また、コロナ禍で世界各地の需要が急増している。発展途上国でもＩＴインフラ需要が強まっている。このようななか、ハードウェア製品への需要も高まっている。

コロナ禍では、デジタル機器、情報端末の利用が必須となっているため、これらの機器への需要が強まったが、製造拠点としてこれまで中国に強く依存していたため、大部分の需要を中国が吸収し、独り勝ちの状況となっていた可能性が高い。しかし、米国はコロナ禍前から、安全保障を重視し、中国企業への依存度を引き下げるため、さまざまな中国ハイテク企業への規制を強化していた。さらに、トランプ政権発足後の米中ハイテク摩擦の激化もあり、製造拠点のシフトなどが行われているが、今後もそうした動きは強まるとみられている。

トランプ政権は、米国への製造業回帰を目指していたほか、民主党のバイデン氏も製造業の国内回帰を選挙公約に掲げ大統領選挙で勝利しており、米国は内向き志向を強めている。安全保障面から、生産拠点の集中を回避する動きを強めており、西側諸国、米国での生産を進める政策が実施されよう。今後、米国はプラットフォーム企業だけでなく、ハイテク機器の生産拠点としても重要性を増していくと予想される。

6 ウィズコロナ、ポストコロナでの米国経済のニューノーマル

新型コロナウイルスのパンデミックによって、生活様式、経済活動は大きく変化している。ビフォーコロナ（コロナ禍以前の状況）から、現在はウィズコロナの状況が続いている。ウィズコロナとは、安全なワクチンや治療薬がない状況のもと、新型コロナウイルスの感染が続いている状況であり、ソーシャル・ディスタンスなど公衆衛生の管理と経済活動を両立させなければならない。

ポストコロナは、安全なワクチンと治療薬が開発された状況のことである。ただし、スワミナサンWHOチーフサイエンティストは、「われわれは新型コロナウイルスが近いうちになくなるとは考えていない。このウイルスは根を下ろしており、拡散可能なところにどこでも広がるだろう。われわれはウイルスと共存しなければならないと理解している」と新型コロナウイルスはなくならないとの考え方を示した。そして他の専門家も「治療薬やワクチンが量産された後も、現実的に期待できるのは、薬とワクチンを組み合わせることによって、新型コロナウイルスの感染拡大が抑制可能な安定した状態に到達しうることだと思う」とポストコロナになっても、新型コロナウイルスと人類は共存することになるとの見方を示している。新型コロナウイルスと共存す

ることになるのであれば、ウィズコロナ、ポストコロナで米国経済のニューノーマル（新たな状態や常識）に大きな差は出ないだろう。コロナ禍での変化は不可逆的であり、加速するとみられる。ウィズコロナ、ポストコロナのニューノーマルでは、生活様式、経済活動などの変容が求められよう。

生活様式では、アルコールでの手の除菌やマスクの着用、大勢の人が集まるときのソーシャル・ディスタンスの対策、人との接触の減少などが継続しよう。これらは、コストの増加要因となる。一方、テレワーク、ＤＸ（デジタル・トランスフォーメーション）の推進によって、生産性が高まり、コスト増を吸収することになろう。また、オンラインを利用した新ビジネスの誕生も期待できる。

新型コロナウイルスのパンデミック収束後のニューノーマルについては、米経済はコロナ危機前よりも家計、企業ともに慎重になり、消費者や企業が次なる危機への不安から貯蓄を増やし、消費を抑制することで、成長ペースが鈍化しよう。

産業構造の変化は避けられない。飲食業や観光業は新たな付加価値を高め3密を回避しながら価格を引き上げることができなければ産業規模の縮小に追い込まれかねない。一方、人との接触が少なくなっても、経済・社会活動を維持するために、デジタル化の進展が急激に進むため、関連需要が成長を押し上げよう。

米国の格差は一段と拡大する可能性が高い。ＦＲＢによる多額の流動性供給によって投資家などが株価上昇の恩恵を受ける一方、株を保有する人が片寄っているため、富の格差が広がっている。また、所得面ではソーシャル・ディスタンスの維持のために、低所得者の仕事が恒久的に失われる可能性があり、米国社会の格差が一段と拡大しかねない。また、ＩＴインフラが整っていなければ、経済・社会格差、教育格差が拡大しよう。

今回の新型コロナ危機への対応によって財政赤字が急拡大したが、経済成長の維持や格差拡大抑制のために、今後も縮小しない可能性が高い。一方、デジタル化によって工場だけでなくサービス分野でも自動化が進展するだろう。また、在宅勤務、テレワークが可能となったことで、いろいろな場所、時間でさまざまな人の技術など仕事に参加することができるようになる。例えば、家事や他の仕事の合間も働くことが可能となり、効率性を高めよう。このため、３密回避や米国の内向き志向による国内生産の増加などによるコスト上昇圧力があるものの、インフレ率は上昇しにくくなるとみられ、低金利社会が長期化する可能性がある。

第5章

グローバル化の波に飲み込まれた新興国

西濵　徹

1

中国依存があらためて浮き彫りになった アジア新興国への「第一波」

アジア通貨危機の背景に中国の改革開放政策

世界経済におけるアジア新興国経済の注目度が高まったのは、もともとは１９８０年代に香港、シンガポール、韓国、台湾といういわゆる新興工業経済地域（ＮＩＥｓ）と呼ばれる国々の高い経済成長の実現がきっかけであった。これに東南アジア諸国連合（ＡＳＥＡＮ）諸国が追随するかたちで急成長を遂げ、アジアの新興国が世界経済の成長のけん引役として存在感を高めた。

しかし、こうした流れは１９９７〜１９９８年にかけて発生したアジア通貨危機において、タイ、インドネシア、韓国というアジア新興国が相次いで危機的状況に追い込まれたことを受けて、いったんは「手じまい」になった。当時、これらのアジア新興諸国が通貨危機に見舞われた背景には、中国が天安門事件の後、一時ブレーキがかかっていた改革開放路線が一転して大きく前進させられたこととも無関係ではないと考えられる。

当時、多くのＮＩＥｓやＡＳＥＡＮ諸国は自国の為替レートを米ドルと固定させるドルペッグ制を採用しており、米ドル安圧力がかかる環境においては海外からの資金流入により資本が蓄積する一方で、輸出拡大を通じた経済成長を同時実現する状況が続いた。

しかし、１９９２年に中国の最高指導者であった鄧小平氏は、武漢、深圳、珠海、上海などを視察して「南巡講話」を発表、中国は市場経済に再び舵を切った。これにより中国はＮＩＥｓやＡＳＥＡＮに次ぐ生産拠点として注目を集め、海外からの投資資金が流入した。広大な土地と低廉で豊富な労働力を擁する中国が改革開放路線への転換を通じて生産拠点として魅力を高めるようになると、ＮＩＥｓやＡＳＥＡＮ諸国などは通貨の安定をグローバル企業による投資の魅力として打ち出すようになった。しかし、多くのＮＩＥｓおよびＡＳＥＡＮ諸国は経常赤字（貯蓄過少）状態にあり、１９９０年代半ば以降に米国が「強いドル」政策をとるようになると、通貨安定を図るために為替介入を行わざるをえない事態に直面した。その結果、各国通貨は実勢に比べて割高となったことから、欧米のヘッジファンドが中心になり経済構造と為替レートのズレを利用して巨額の空売りを仕掛ける動きが強まった。最終的にドルペッグ制の放棄（変動相場制への移行）を余儀なくされる動きがタイ・バーツを皮切りにドミノ的にアジア新興国に連鎖することで通貨危機が引き起こされた。

NIEs、ASEANを追い抜きサプライチェーンの中核に

その後中国は、２００２年に世界貿易機関（ＷＴＯ）に正式に加盟したことをきっかけに市場経済化と対外開放が進み、ＮＩＥｓやＡＳＥＡＮのほか、日本をはじめとするアジアの国々との経済的・市場的連携を強めていった。２０００年代以降の中国は広大な土地と低廉で豊富な労働力を背景に高い経済成長を実現、文字どおり「世界の工場」としての地位を確立することに成功した。

この状況は、２００８年のリーマン・ショックをきっかけにした世界金融危機を経て変化するかにみられたが、中国政府は直後に「4兆元」規模の景気刺激策を実施して「V字回復」を果たした。２０１０年には中国経済の規模は日本を追い越して世界2位となり、日本を含むアジアにおいて図抜けた存在になるとともに、アジア域内における生産拠点をめぐるサプライチェーンは中国を中心に再構築され、結果的にＮＩＥｓやＡＳＥＡＮ諸国は対中輸出入額の急増に象徴されるように、中国経済に対する依存度を高めた。

２０１１年には、タイのチャオプラヤ川の流域で大洪水が発生し、日系企業を含む多くの工場が浸水被害を受けて生産活動が停滞した。それまでタイは「アジアのデトロイト」との異名をもつほど東南アジアの自動車産業の集積地となり、自動車産業の裾野の広さを背景にグローバルサ

プライチェーンの核として存在感を示してきた。それが洪水によって一転してそのリスクが意識されるようになった。その結果、アジア全体でサプライチェーンが再構築される一方で、中国は生産拠点としてのみならず、経済成長に伴ういわゆる中間層の拡充を背景に消費市場としても存在感を示すようになり、アジア域内におけるサプライチェーンの大きな核となった。

そして、２０２０年1月、中国において新型コロナウイルスの感染拡大抑制のために都市封鎖措置がとられると、ＮＩＥｓやＡＳＥＡＮなどアジア新興国のみならず、日本を含めてアジア全体の生産活動が全体的にストップする事態につながったのである。特に当初の感染拡大の中心地となった湖北省武漢市は、前述のように鄧小平氏による南巡講話を発表した中国工業化の中心地の一つであった。第2章でみたとおり、武漢市で都市封鎖措置が実施されたことで、素材や部材をはじめさまざまな製品の生産と物流が滞り、たちまちアジア全体の生産活動に大きな悪影響を与えることになったのである。

中国人観光客が姿を消したアジアの観光地

さらに、近年の高い経済成長を背景に中国は消費市場として存在感を高めているが、そうした消費意欲の高まりは観光需要にも及んでおり、国内旅行のみならず海外旅行にも広がることで近年はさまざまな日本を含めたアジア全体に多数の観光客を送り込んできた。ＡＳＥＡＮをはじめ

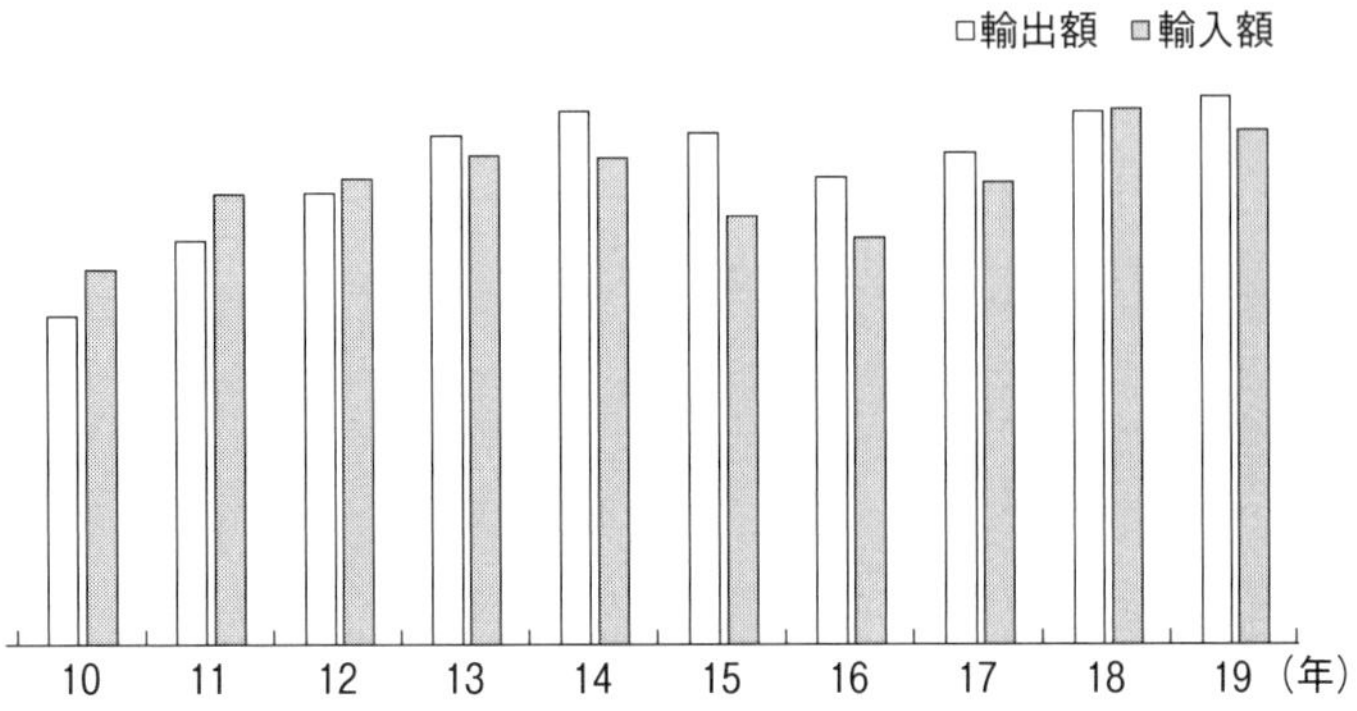

とするアジア新興国は、ＧＤＰに占める観光関連産業の割合が1割を上回るなど相対的に高い傾向があるが、かつては外国人観光客の大宗を欧米主要国などからの来訪者が占めていた。それが、中国人の海外旅行熱が高まるなかで、地理的に近いアジア新興国は人気の旅行先となり、アジア諸国を訪れる外国人観光客に占める中国人観光客比率も急速に高まってきた。アジア新興国の観光地が絶対数としても多い中国人観光客の買い物の嗜好にあわせた免税店を設置するなど、積極的に中国人観光客の受入拡大を図ってきた。

そこに中国起源とされる世界的大流行（パンデミック）が発生した。悪いことに、新型コロナウイルス感染拡大が1年のうち中国から海外旅行に出かける人が多い春節の時期に重なった。中国人観光客の受入れに向けた準備を進めてきたアジア

図表５－１　中国のアジア向け輸出入額の推移

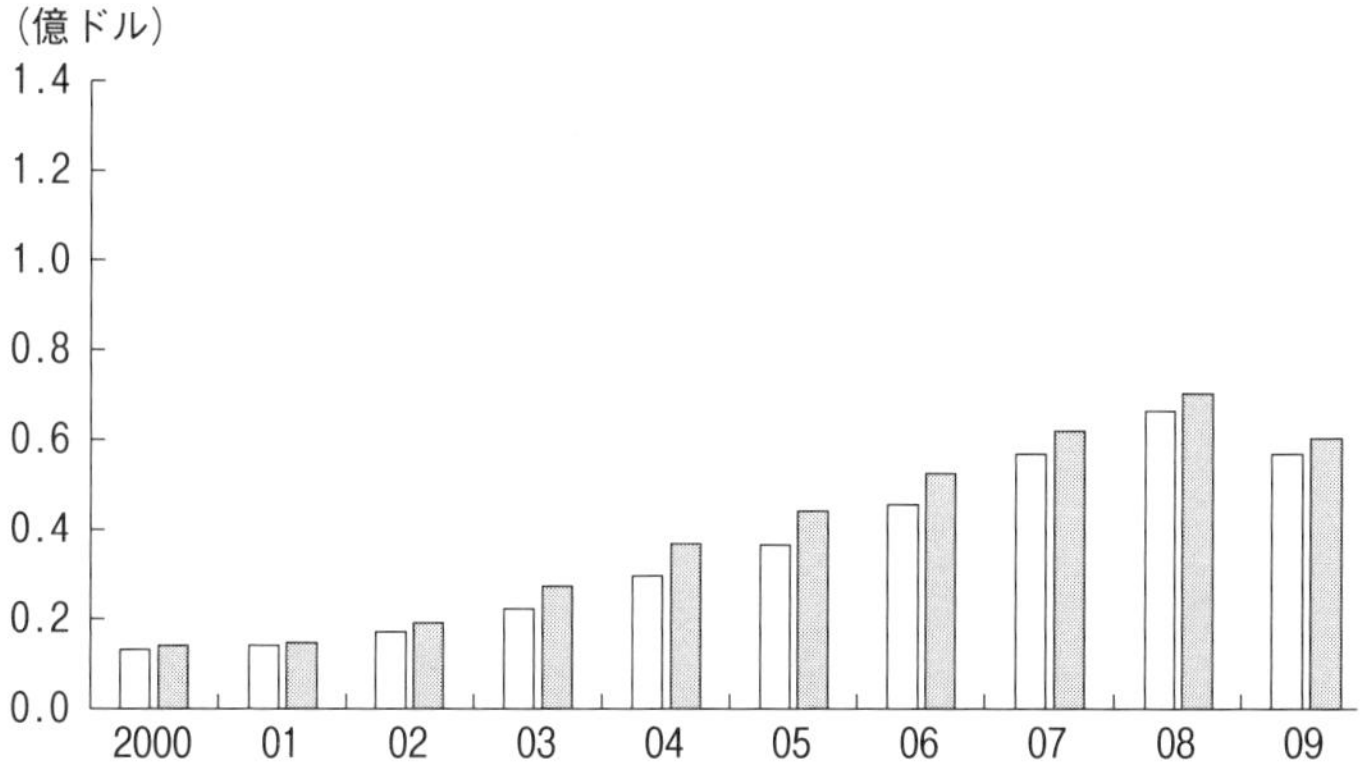

（出所）　CEIC より第一生命経済研究所作成

新興国の観光地にとって猛烈な「逆風」となったことは想像にかたくない。特に、中国政府が団体による海外旅行を禁止したことは、中国人観光客を対象とするパックツアーに依存してきたアジア新興国を直撃した。

もっとも、中国政府は春節期間中に団体による海外旅行を事実上禁止したものの、個人の観光客やビジネス客についてはしばらくの間、活発な往来が続いていたとみられる。このことが、中国とビジネス面でも関係が深いアジア新興国に感染が拡大した一因と考えられる。

実のところ、アジア新興国においては比較的早い段階で海外からの来訪者の流入を止める動きが広がったため、直接的な感染拡大の「第一波」の行方については不透明なところが少なくない。中国からの直接的なヒトの流入だけでなく、この間のアジア全体の経済成長も相まって各国間で複雑に観光、ビジネス両面で相互にヒトが行き来する機会が急拡大していたため、新型コロナウイルスの伝播経路がみえにくくなっている。とはいえ、中国を中心とするサプライチェーンが構築される過程で、中国企業によるアジア新興国への進出も活発化していることだけとっても、いまやアジア新興国が中国経済との間で一体不可分の関係にあることを意味している。

それは、近年のアジア新興国の景気動向が中国景気の動向から強い影響を受けてきたことにも通じる。中国の景気次第でアジア新興国からの中国向けの輸出が左右される（図表５－１参照）。対中国輸出の活況を受けてアジア新興国景気が堅調に推移すれば、それに伴って今度は中国からアジア新興国向けの輸出が押し上げられるという「共依存」の関係になっている。換言すれば、２０００年代以降の中国経済の高成長の実現に伴い、アジア新興国はいかなるかたちであっても中国経済への依存度を高めざるをえない状況にある。つまり、コロナショックによって現在のアジア新興国は、ＳＡＲＳのころ以上に中国国内で発生した問題による影響を受けやすい体質になっているといえる。

2 原油相場の暴落で産油国・資源国の脆弱性が露見

リーマン危機からの早期回復で構造改革機運が後退

新型コロナウイルスのパンデミックによる世界的なヒトの移動に対する制限は、そうした動きに伴い物の移動にもさまざまなかたちで影響を与えることとなり、結果的に世界貿易の萎縮が世界経済の減速を引き起こすという悪循環につながった。こうした動きは、特に経済構造上、輸出依存度が相対的に高い新興国により大きな影響を及ぼすとともに、世界経済の動向と連動しやすい国際商品市況の動向は、これらの輸出に対する依存度が高い産油国や資源国の動向を大きく左右する。

2000年代末のリーマン・ショックを発端とする世界金融危機に際しては、世界経済の活況と軌を一にして原油をはじめとする国際商品市況が上昇傾向を強める展開を続けてきたそれまでの流れが一変するとともに、産油国や資源国経済に甚大な悪影響が及んだ。この時は、4兆元規模の景気対策を追い風にV字回復を果たした中国の景気回復をけん引役に、世界経済も回復傾向を強め、さらに中国向けの資源輸出の拡大を通じて産油国や資源国経済にとって強い追い風となった。

しかしながら、この時、予想以上に速いペースで中国経済が回復したことに加え、その動きに呼応するかたちで原油をはじめとする国際商品市況が底入れの動きを強めたことは、産油国や資源国などの経済構造の転換に向けた改革の機会を失わせる一因になった可能性がある。世界金融危機前における多くの産油国・資源国では、鉱物資源に関連する分野に投資が集中することで産業構造が鉱物資源関連の「一本足打法」となる傾向が強まっていた。しかも、国際商品市況の堅調さを背景に海外からの資金流入の動きが活発化したことで産油国・資源国の通貨高が進み、結果的に製造業をはじめとする鉱物資源関連以外の分野への資金流入が起こりにくい状況となっていた。

もちろん、原油をはじめとする鉱物資源は中長期的には枯渇が懸念される。多くの産油国・資源国では、鉱物資源関連以外の成長セクターを模索してはいたものの、通貨高の一方で国際商品市況の上昇と歩調をあわせたかのように物価が上昇する、いわゆる「オランダ病」を患う事態となり、そのことが産業の多角化を阻害する要因になったと考えられる。

米シェール革命で国際原油市場の地図が一変

しかし、数年前から国際原油市場にはいくつかの大きな変化が生じていた。

まず、米国におけるいわゆる「シェール革命」をきっかけにシェールオイルの生産が拡大、いまや米国は世界最大の原油産出国となるなど存在感を高めてきた。その一方で２０１５年から翌２０１６年にかけては中国における株式市場のバブル的な暴騰とその後の暴落を受けて中国景気の減速が意識されたほか、国際金融市場が動揺に見舞われた結果、世界経済の減速懸念を受けて国際原油価格は再び調整圧力に直面し、それに伴い産油国や資源国は再び厳しい状況に追い込まれている。

ところで、米国のシェールオイルが存在感を高める半面、中東の産油国を中心とする石油輸出国機構（ＯＰＥＣ）は存在感の低下を余儀なくされたものの、２０１６年秋に開催した臨時総会において翌２０１７年からＯＰＥＣ加盟国とロシアなど一部の非加盟国（ＯＰＥＣプラス）が協調して約８年ぶりの減産に動く方針を決定した。ＯＰＥＣプラス諸国にとって協調減産は、それによって国際商品市況の上昇が進めば関連収入の増大を通じて財政収支ならびに経常収支の改善が促されることが期待される一方、各国には自動的に産出量にキャップがはめられることにより事実上の機会損失が発生することを意味する。さらに、世界最大の産油国となった米国は協調減産の枠組みには加わらないだけでなく、技術革新によって国際原油価格の動向に応じて生産量を機動的に調整することが可能になっているとされる。しかも、多くの産油国では原油関連産業を国営企業が運営していることで機会損失が許容されるのに対して、米国のシェール関連企業は民間企業であり機会損失は許容されない。結果的にシェールオイルが調整弁となるかたちで国際原油価格の上値が抑えられる状況となっている。

こうした状況にもかかわらず、ＯＰＥＣプラスが協調減産に動いたのは、それだけ国際原油価格の低迷長期化により、財政収支と経常収支の悪化が深刻化しているためだ。特に通貨を米ドルとペッグ（固定）する制度をとる中東の産油国においては、経済のファンダメンタルズ（基礎的条件）の悪化に歯止めをかけなければ通貨制度の維持が困難になるとの見方を払しょくするねらいもあったと考えられる。

米中対立の激化が新たな不確実性要因に

さらに２０１６年秋の米国大統領選においてドナルド・トランプ氏が勝利し、翌２０１７年に大統領に就任して正式にトランプ政権が発足したことが、国際原油価格をめぐる新たな不確実性要因となった。トランプ政権は貿易赤字の縮小を図るべく、さまざまな国に対して「貿易戦争」を仕掛けたが、その最大の標的となったのは貿易赤字の大宗を占める中国である。米中間の摩擦は、世界1位と2位の経済大国同士の貿易の萎縮を招くとともに、世界経済の重い足かせとなってきた。

トランプ政権の4年間に米中対立は、貿易摩擦から情報技術などを対象とする知的財産権をめぐる問題、安全保障問題に発展した。２０２０年初めには「第１段階の合意」に至るなど表面的には改善が期待される動きもみられたものの、その前後においても米中両国による動向が国際金融市場を揺さぶり、原油をはじめとする国際商品市況を左右する展開となっている。

　この間、ＯＰＥＣプラスなどは、協調減産の枠組みを維持し、世界経済の動向や国際原油価格の状況を勘案しながら減産量を調整する姿勢は維持しながらも、協調減産が長期化したことを受けて参加国同士の思惑をめぐる違いが表面化することもあった。具体的には、協調減産によって参加する産油国にとっては機会損失が発生する事態が続く一方、米国のシェール関連企業が機動的に生産量を調整する展開になったことで、ＯＰＥＣ加盟国の盟主として価格維持を重視するサウジアラビアと、ＯＰＥＣ非加盟国の盟主で自身が機会損失を減らしたいロシアとの溝が深まった。ちなみに、サウジアラビアにおける原油の採掘コストはきわめて低いものの、近年の中東情勢の悪化を受けた軍事費増大などの影響で財政支出は拡大傾向を強めている。その結果、財政上均衡水準とされる原油価格は１バレル＝70ドルを上回る比較的高水準と試算されている。他方、ロシアについては２０１４年に通貨ルーブルが変動相場制に移行したことに加え、原油関連収入への依存度を低下させる取組みも影響して財政上の均衡水準は大きく低下しており、両国の原油相場に対する見方に違いが生じていた。

ロシアの反対でＯＰＥＣプラスの協調減産が頓挫

こうしたなか、新型コロナウイルスの世界的大流行とともに始まった２０２０年には世界経済の減速懸念が高まった。国際原油価格に下押し圧力がかかったことを受けて、ＯＰＥＣプラスの枠組みにおいて追加的な協調減産に動くか否かに関する協議が行われた。しかし、前述のようにＯＰＥＣプラスの国々の間で財政均衡水準に対する認識の差があるうえに、協調減産の深掘りに伴う機会損失を嫌ったロシアが強硬に反対した結果、２０２０年3月のＯＰＥＣ総会に際して行われた会合でも協議は平行線をたどり、最終的に決裂した。それどころか、増産を主張するロシアだけではなく、従来は「バッファー役」として減産枠以上の減産を実施することが多かったサウジアラビアも増産する姿勢に転じてしまった。これにより、世界経済の減速に伴い国際金融市場でリスク・オフの流れが鮮明になるなかでの原油の供給増により、需給が大きくダブつくとの懸念が高まった。そして、国際的な原油指標であるウェスト・テキサス・インターミディエイト（ＷＴＩ）の先物価格は一時1バレル＝マイナス40ドルという異常な値をつけるに至った（図表5－2参照）。これは金融市場においてダブついた原油を解消させるために、お金を払ってでも供給を行うことを意味する。コロナ禍による国際金融市場の動揺を受けて米連邦準備制度理事会（ＦＲＢ）をはじめ全世界的に金融緩和が実施されるなど「カネ余り」が強く意識された環境の

図表5－2　国際原油価格（WTI）の推移

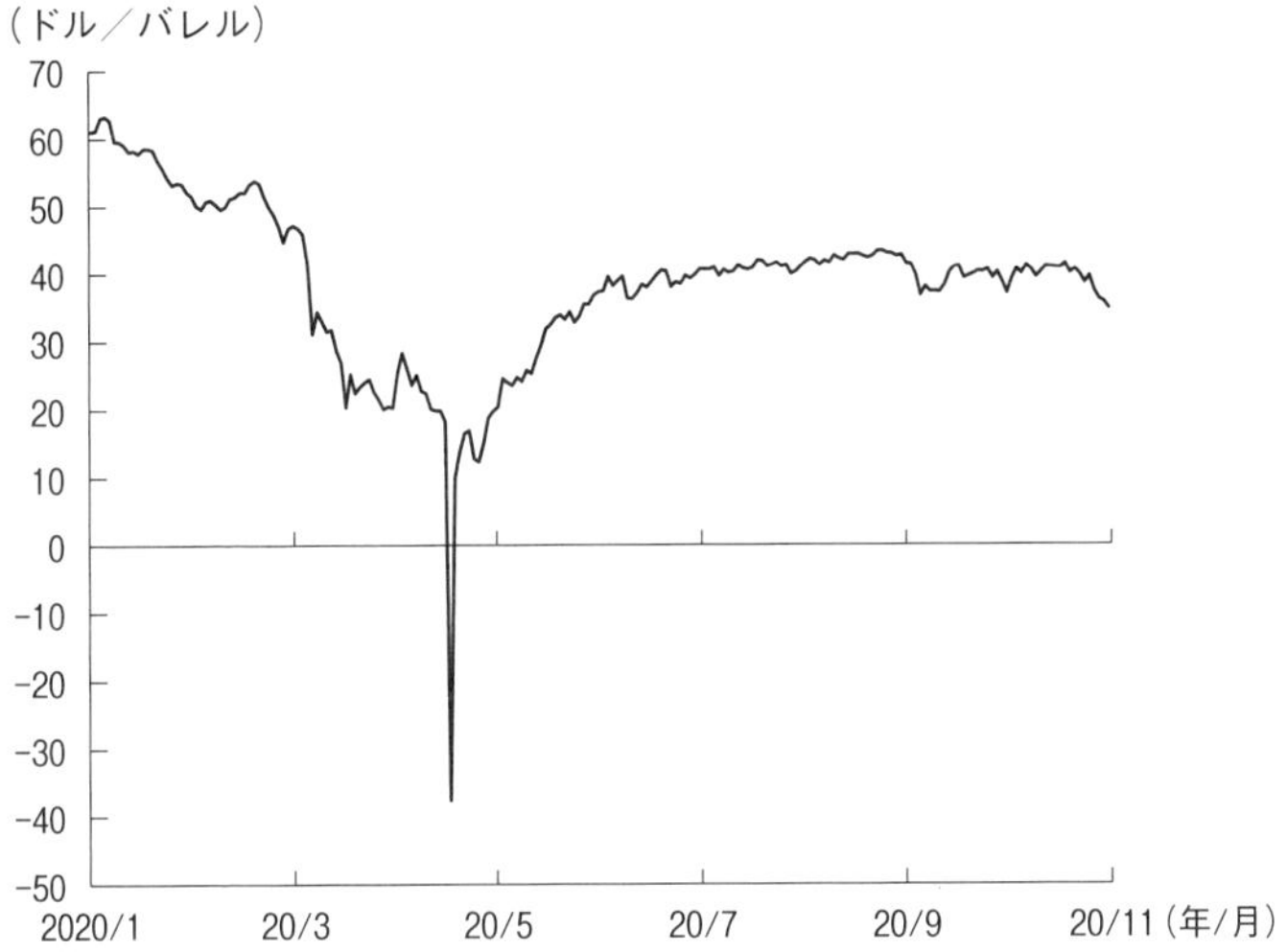

（出所）　Refinitiv より第一生命経済研究所作成

なかでの行き過ぎたマネーゲームの帰結ともとらえられよう。

ただし、その後のＯＰＥＣプラスによる協議を経て、２０２０年５月から過去最大規模の協調減産の再開で合意したほか、その後も実効性を担保する取組みが強化されるなど、国際原油価格の安定化に向けた協調路線に戻る動きもみられる。さらに、当初の感染拡大の中心地となった中国のほか、欧米など主要国でも感染拡大が一服して経済活動の正常化が進んだことで世界経済の回復期待が高まり、結果的に国際原油価格および国際商品市況も底入れした。とはいえ、産油国や資源国にとって、中国景気の動向やそれに伴う国際価格の動向が経済を左右する状況は変わっていない。加えて、新型コロナウイルス対策のための全世界的な金融緩和を受けた「カネ余り」によって価格の振れ幅が大きくなることも予想される。その意味では、新型コロナウイルスの世界的大流行をきっかけに国際原油価格が一時的とはいえマイナスの異常値を示したことは、これらに依存する国々の経済が、今後も大きく揺さぶられる可能性をあらためて露見させたといえる。

３ 「強権」だけでは抑えることができないウイルスの怖さ

２０２０年９月末時点で新型コロナウイルスの感染者数や死亡者数が世界で最も多いのは米国だが、それに次いで感染者や死亡者が多いのは順に、インド、ブラジル、ロシアと、奇しくも「新興国の雄」と称されてきた「ＢＲＩＣＳ」のうち、中国を除いた国々であった（図表５－３参照）。これらのＢＲＩＣＳの国々に共通する特徴は、広大な土地に加え、豊富な労働力を背景に２０００年代以降における世界経済の成長のけん引役となってきたことである。

一方、中国は中国共産党による事実上の「一党独裁」状態にあるうえに、２０１９年の憲法改正により習近平国家主席の任期制限が撤廃されるなど、習近平氏への権限集中により内政、外交の両面で強権的な政権運営が目立つ。ロシアでも憲法改正を通じてプーチン大統領の事実上の「永世大統領」化が可能になっており、プーチン大統領のもとで権力集中が進むとともに、ここ数年は欧米諸国との関係悪化が進むなかで内政面では締めつけを強めることで難局を乗り切る構えをみせてきた。そして、インドについては２０２０年初に米調査会社のユーラシアグループが発表した２０２０年版の「世界10大リスク」において「モディ化されたインド（India Modified）」をあげたように、モディ首相のもとでいささか強権的な政策運営がなされるなどさまざまな軋轢が顕著になっている。さらに、「ブラジルのトランプ」の異名をもつボルソナロ大統領は、軍出身者でかつての軍政を礼賛する姿勢を示してきたほか、マイノリティに対する配慮を欠く言動を繰り返すなど、問題が少なくないリーダーである。

このようにみると、新興国のなかでは比較的「強権」も辞さない姿勢で内政運営を図ってきた国々が、新型コロナウイルス対策においては決して十分な効果をあげることができていないことがわかる。これらの国々においては近年、言論の自由をはじめとする基本的人権が軽視される傾向がみられるが、それは、政府や体制に対する反発を強引に抑え込んでいることを意味する。各国の新型コロナウイルスに対するスタンスをもう少し詳しくみてみよう。

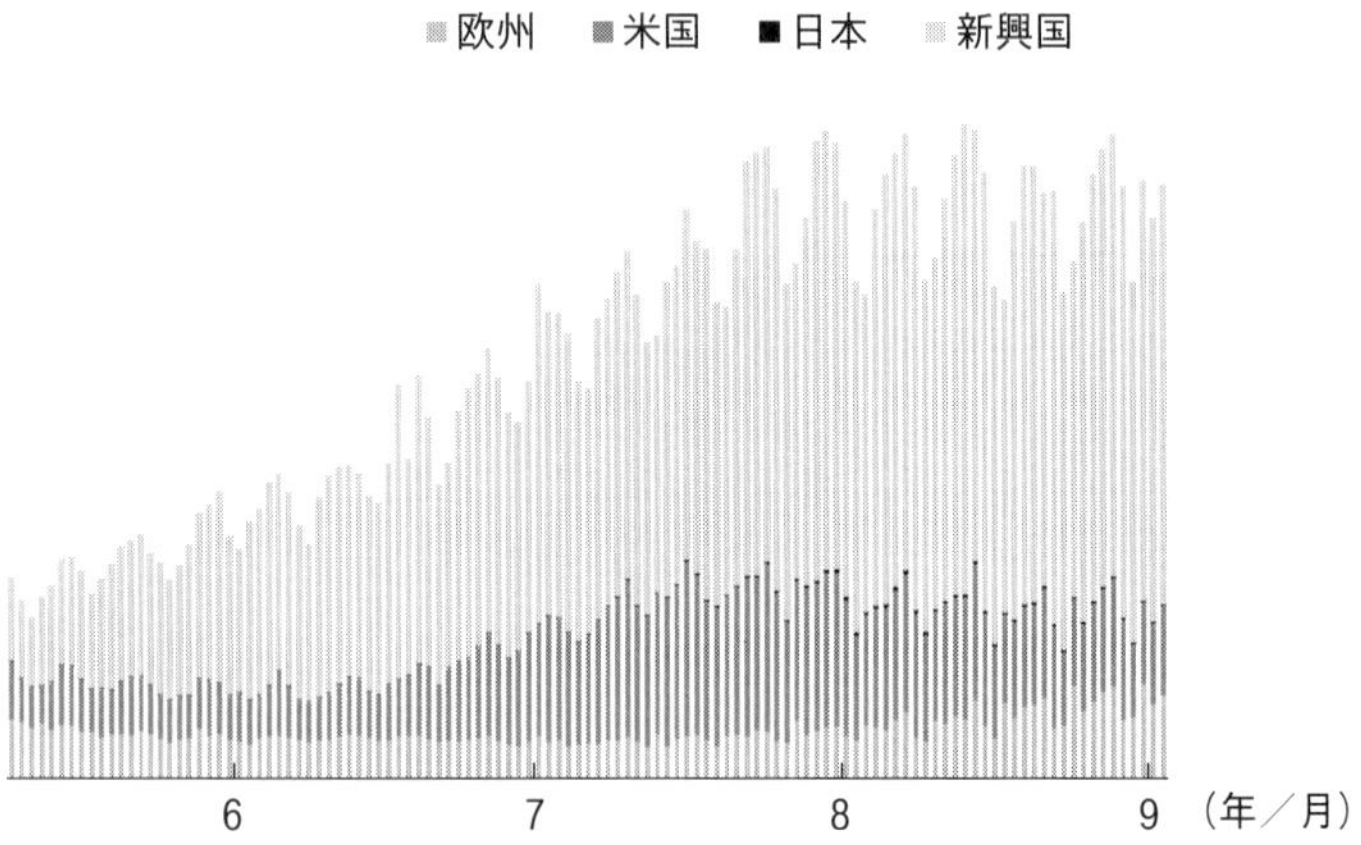

ブラジル

ブラジルでは、ボルソナロ大統領が感染拡大の初期段階から、新型コロナウイルスは「風邪の一種」との認識を強調して経済活動を重視する姿勢を示すとともに、州レベルで社会的距離規制や外出制限措置など独自の感染対策がとられたことに反発してそれらの州の首長をソーシャル・ネットワーキング・サービス（ＳＮＳ）などで口撃するなど、トランプ米大統領と同じような対応をみせてきた。ボルソナロ大統領が経済活動を重視した背景には、同氏は２０１８年の大統領選を経て翌２０１９年初に政権が発足したものの、政権発足1年目の経済成長率は１・１％増とテメル前政権の最終年（２０１８年）の

図表５－３　新型コロナウイルスの地域別新規感染者数の推移

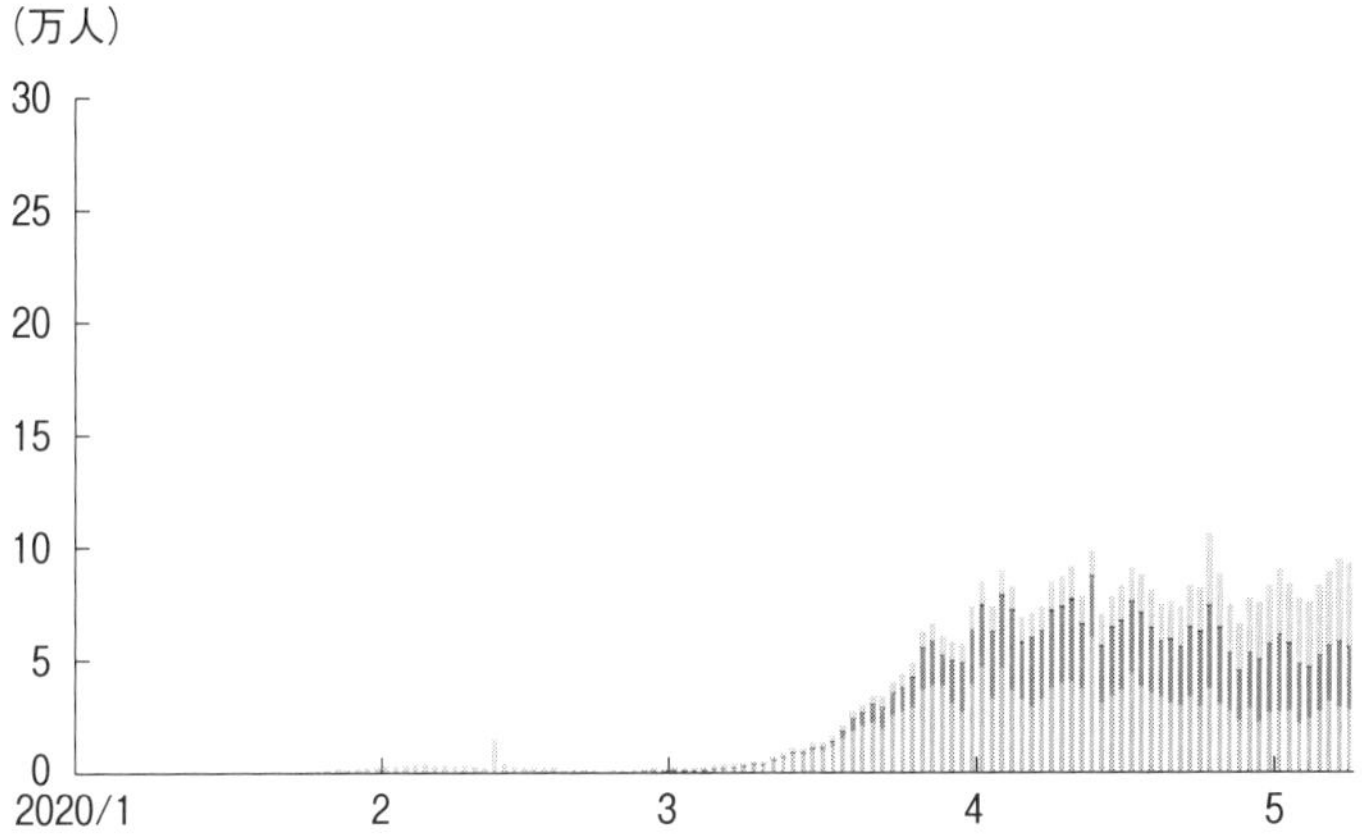

（出所）　Refinitiv より第一生命経済研究所作成

１・３％増を下回る伸びにとどまるどころか、３年連続で１％台の低成長となるなど２０００年代を通じてＢＲＩＣＳの一角として注目を集めた面影がなくなったことへの焦りもあるのではないだろうか。

　さらに、中国や欧米主要国などでは防疫政策として都市封鎖（ロックダウン）が採用されたものの、そうした措置と引き換えに景気は大幅な下振れを余儀なくされた。ブラジルはＢＲＩＣＳ５カ国のなかで最もジニ係数が大きいなど、国内における貧富の格差が大きい。リオデジャネイロなどの大都市には「ファベーラ」と呼ばれる貧困街が多数存在しており、ロックダウンによって実体経済に大きく下押し圧力がかかれば、貧困層や低所得者層に甚大な悪影響が及ぶことは避けられない。大統領選でのジャイル・ボルソナロ氏の勝因として、経済政策面で構造改革路線を掲げることで経済界などによる後押しを受けたほか、長期にわたる左派政権下での政治汚職が問題になっていたことや、景気低迷の長期化を受けて既存の政治家が信認を失うなか、それらと一線を画す動きをみせたことが影響したとされる。こうしたボルソナロ大統領の背景が、同大統領に「スタンドプレー」ともとれる言動を繰り返させ、また、防疫政策の「定石」を無視した対応は事態を想定以上に悪化させた可能性は否めない。

インド

インドでは、新型コロナウイルスの国内感染者数が急拡大したことを受けて、2020年3月末に全土を対象とする外出禁止令を発動するなど、強硬策による感染封じ込めに大きく舵を切った。しかし、事前準備が不足していたことに加え、急な発令を受けて直後に都市部から地方へのヒトの移動が活発化する事態を招くなど、新たな混乱を招いてしまった。モディ政権が打ち出した事前準備不足の施策はコロナ以前にもあった。2016年末に実施した高額紙幣廃止措置である。当時は多くの国民が紙幣交換のために銀行の窓口や現金自動預払機（ATM）に殺到する事態となったほか、紙幣不足を理由に家計消費が手控えられるなど実体経済にも深刻な悪影響を与えた。

今回、新型コロナウイルス対策として実施した外出禁止令についても、折からの景気減速を受けて都市部を中心に失業者を増加させてしまった。外出禁止令の発動に伴う経済活動の停滞は、こうした労働者や貧困層、低所得者層に最も圧力がかかりやすく、結果的に多くの人々の都市部からの流出を許してしまった。最初は都市部で感染が始まった新型コロナウイルスは、人の移動に伴い、医療インフラが脆弱な地方部での感染拡大という最悪の事態を招いたのである。

一方、実体経済が急速に悪化したことから、モディ政権はその後、感染拡大が続く地域を除いて外出禁止令の解除を決定するなど、経済活動の再開に舵を切った。だが、この施策は裏目に出て、インド全土に新型コロナウイルスの感染拡大の動きが広がり、事態をいっそう悪化させてしまった。

ところで、モディ政権のインドでは、与党インド人民党（ＢＪＰ）の党是である「ヒンドゥー至上主義」的な動き、例えばイスラム教徒など異教徒に圧力をかける風潮が広がり、さまざまな施策にも影響を与えてきた。２０１４年総選挙での政権交代を経てモディ政権が誕生した当初は構造改革への期待が高まり、前述した高額紙幣廃止措置のほか、財・サービス税（ＧＳＴ）の導入による税制簡素化など大胆な措置がとられた。しかし、２０１９年の総選挙に向けては一転して内向き姿勢を強め、ナショナリズム色の強い政策を打ち出すことで勝利を収めた。かつての

「改革派」の面影はみられない。こうした状況もまた、モディ政権が新型コロナウイルス対策として朝令暮改を繰り返す一因になっている可能性があり、自ら事態収束をより困難なものにさせているようだ。

ロシア

前述したように、新型コロナウイルスの世界的大流行による世界経済の減速懸念に加え、ＯＰＥＣプラスによる原油の協調減産の枠組みが破綻したことをきっかけに、国際原油価格は大きな調整局面に入った。これにより、経済構造が原油をはじめとする鉱物資源関連に依存するロシア経済は、厳しい状況に立たされている。さらに、新型コロナウイルスの対策本部を率いたミシュスチン首相が感染して一時隔離治療を余儀なくされたことも、対策が後手に回った一因となった。

ロシアにおいても感染拡大の中心地となった首都モスクワをはじめとする主要都市で外出禁止措置が発動されたほか、罰則強化などを通じて実効性を高める取組みがなされた。だが、こうした対応にもかかわらず、感染者数は増え続け、感染爆発が懸念される事態となった。幸いなことに、感染者数に対して死亡者数が比較的低く抑えられるなど、医療崩壊に陥る最悪の状況は回避された。しかし、その後は世界的に経済活動の再開に向けた動きが強まったことに加え、ＯＰＥＣプラスによる協調減産の再開などを受けて国際原油価格が底入れしたことで実体経済への悪影響が緩和される一方、外出禁止措置の長期化が景気の足かせとなる状況が顕在化した。このため、プーチン政権は感染収束に程遠い状況にもかかわらず、感染抑制から経済再開に大きく政策を転換させた。

　ちなみにロシアでは国難に直面する局面でしばしば「国威発揚」を目的とするイベントが開催されることで国民の「ガス抜き」が図られることが少なくない。だが、２０２０年は新型コロナウイルス対策を理由に5月の第二次世界大戦における対独戦勝記念日の軍事パレードが開催延期に追い込まれてしまった。さらに、5月にはプーチン氏が大統領に再任されて丸8年が経過するなかで、政権支持率が6割弱と依然高水準ながら過去最低に落ち込んだ。実はこれに先立つ1月、プーチン大統領は突如憲法改正を提起していた。改憲のねらいは、２０２４年に迫る大統領任期を終えた後も大統領選への再出馬を可能にし、プーチン氏を事実上、「永世大統領」とするものである。また、表向きの改憲の目的は、議会の権限強化とされていたものの、その後は保守的価値観が反映されるなど、愛国心に訴えかける内容となった。同年7月の国民投票を経て改正憲法が成立、コロナ禍の国難にあって、国威発揚を図る格好の「舞台装置」となった。ただし、ロシアの新型コロナウイルスをめぐる政策の変転には、新興国ほどではないにせよ、プーチン政権下での強権姿勢をもってしても、感染症には通用しなかったことがうかがえる。

4 新興国に襲いかかる情け容赦ない国際金融市場の圧力

「予見不能」への恐怖が「リスク・オフ」を増幅

新型コロナウイルスの世界的大流行を受けて、米FRBを中心に全世界的に金融緩和が実施されるなど、その後の国際金融市場では「カネ余り」が意識されやすい環境となっている。世界の当局によって過去に例をみないスケールでの対応がとられた背景には、当初はこれまで世界経済のけん引役となってきた中国景気の減速が、そしてアジア新興国、欧州諸国や米国などの主要国に感染が拡大するにつれて世界経済の減速が強く意識されるようになったことがある。

国際金融市場の動揺をきっかけにした新興国からの資金流出では、新型コロナウイルスの感染拡大に先立つ2018年、トルコ・リラの急落後、同国からの資金が流出した、いわゆる「トルコ・ショック」が記憶に新しい。トルコ・ショックは、同国の外貨準備高がきわめて少なく、対外収支構造が脆弱であるところに、エルドアン政権と米トランプ政権との関係悪化という不確実要因が表面化したことをきっかけに起こった。その後はトルコ中央銀行が大幅な利上げに踏み切ったことに加え、米国との関係悪化の直接的な原因であった、トルコ国内で逮捕された米国人牧師が事実上解放されるなど事態収拾が図られたことで資金流出圧力は一服し、落ち着きを取り戻した。だが、コロナ禍が世界中に広がるなか、経常赤字と財政赤字のいわゆる「双子の赤字」を抱え、経済のファンダメンタルズが脆弱な国からの資金流出が相次いだ。多くの新興国が資金流出に対し、利上げなどにより対抗することを余儀なくされた。もっともこうした事態は、２０１５～２０１６年にかけての中国金融市場での人民元の切下げや株価暴落をきっかけに発生した「チャイナ・ショック」や、２０１３年のバーナンキ元米ＦＲＢ議長による量的金融緩和政策をめぐる発言をきっかけにした金融市場の動揺（いわゆる「テーパー・タントラム」）の際にもみられた。その意味では、新興国にとってみればある程度「予見可能」のリスクの範疇であった。

これに対して新型コロナウイルスの世界的大流行は、その根源が未知の感染症であり、有効なワクチンの開発すらできていないなか、収束の時期、それまでの影響について見通しが立ちにくい。「予見不能」ということが、国際金融市場の安定化を阻む最大の悪材料となった。特に感染症の拡大という今回のイベントでは、全世界的に人の移動が規制され、あわせて物の動きが滞留するという、従来の危機では経験しなかった事態に発展、世界中の実体経済へ悪影響が及ぶことになった。

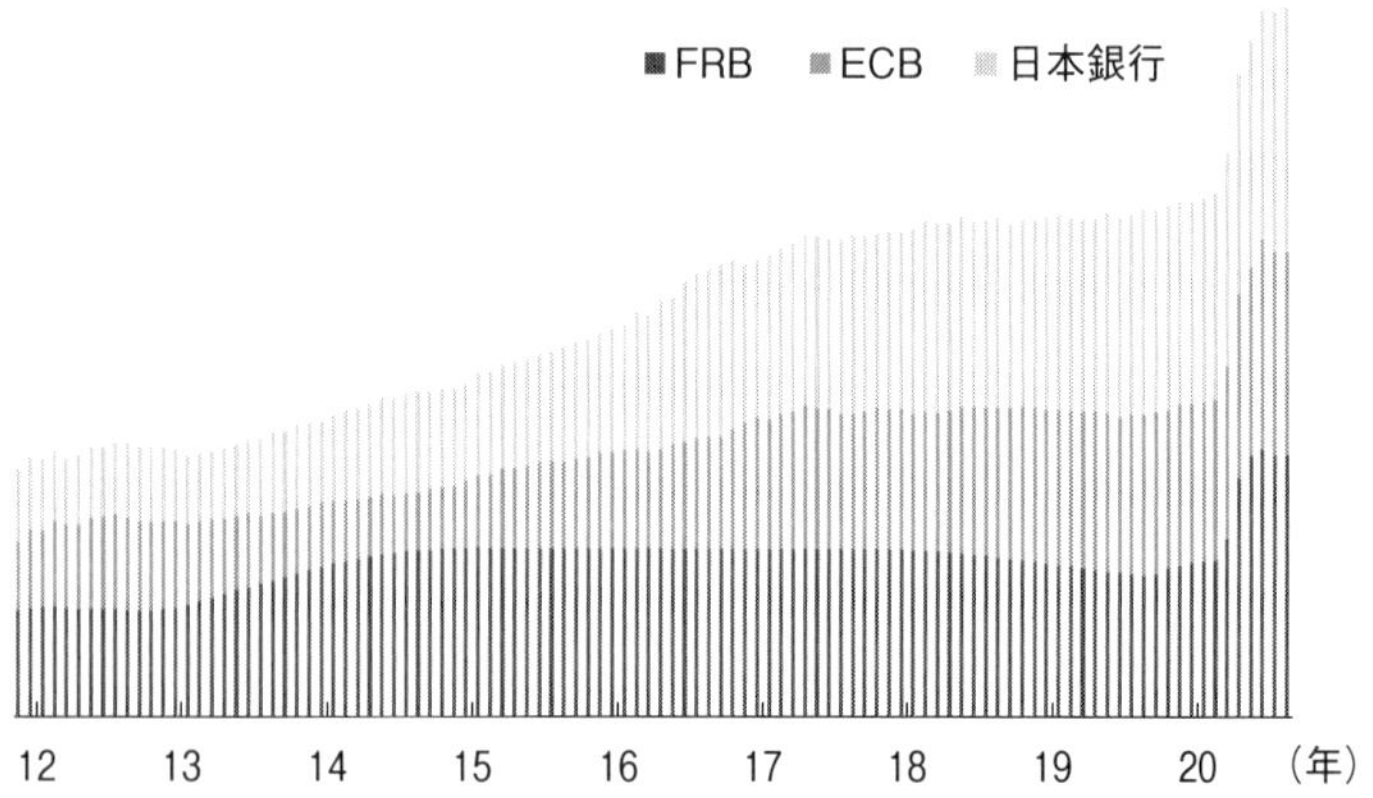

こうした事態を受けて、国際金融市場においてはすべてのリスク資産を手放す、いわゆる「リスク・オフ」の動きが広がった。特にリスクが相対的に高いとみなされる新興国に関連する金融商品に売り圧力がかかり、多くの新興国では株式、債券、通貨の「トリプル安」に直面した。同時に、有事の際に選好される米ドルや金などの「安全資産」に対する需要が強まったことも、新興国からの資金流出に拍車をかけた。

先行き不安、新興国の株価よりも通貨に下落圧力

米ＦＲＢや欧州中央銀行（ＥＣＢ）、日本銀行が協調して米ドル資金の供給に動い

図表5－4　日米欧3中銀のバランスシート規模の推移

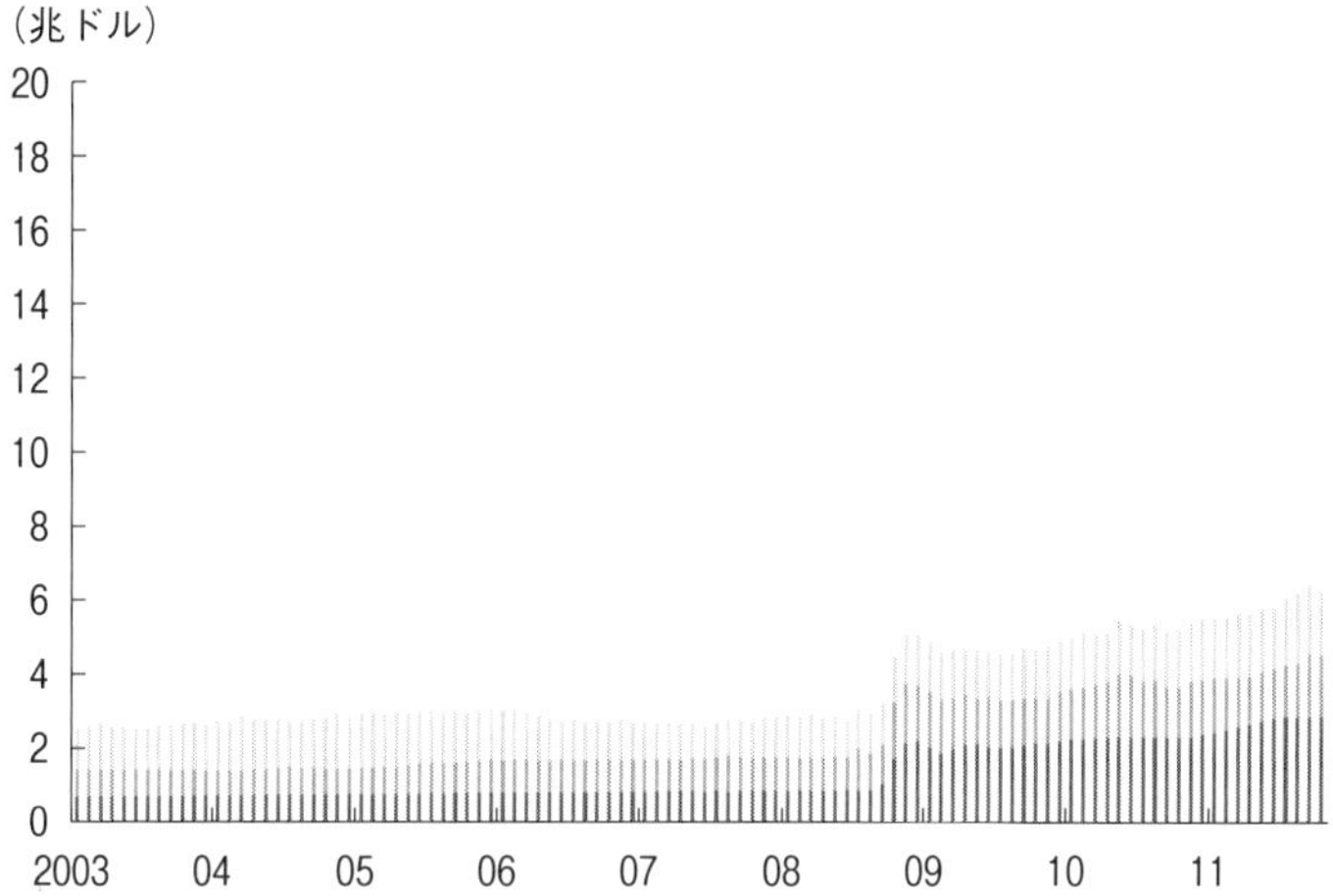

（出所）　Refinitivより第一生命経済研究所作成

たほか、全世界的に金融緩和によって、かつてない規模での流動性供給が実施された。この間の日米欧中銀のバランスシート規模の推移は図表5－4に示したとおりである。その結果、国際金融市場において「カネ余り」が意識されやすい環境が醸成された。さらに、中国で感染が収束し、いち早く経済活動の正常化が進んだ後、欧州や米国など主要国でも経済活動を再開する動きが広がった。こうして、世界経済の減速懸念が緩和したことで、国際金融市場に広がった「過度な悲観」の修正、特に資金流出圧力に直面していた新興国が置かれている状況の改善が期待された。事実、国際金融市場が落ち着きを取り戻した後は、それまでの資金流出の反動もあって、部分的に新興国に資金が回帰する動きがみられた。

ただし、国際金融市場は落ち着きを取り戻す動きがみられたにもかかわらず、新型コロナウイルスの感染拡大の中心地が中南米のほか、南アジアや東南アジアにシフトしたことで、今度はこれらの対象国や地域への資金回帰の動きが鈍る。

こうした状況は、多くの中南米諸国が特定の一次産品に対する依存度が高いというモノカルチャー的な経済構造上の特色を有することと無関係ではない。こうした国々の株式市場もまた、特定の一次産品に関連する企業のウェイトが高い。このため、中国に加え、欧米など主要国での経済活動の正常化の動きが広がったことを背景に国際商品市況が底入れの兆しが出てきたことを反映して、中南米新興国の株価も上昇に転じた。

一方、国際金融市場においては、米トランプ政権による景気下支えに向けた財政出動期待が高まるとともに、欧州などでの経済活動の再開を受けた景気回復期待を受けて、対ユーロや対円の米ドル安が加速したが、これが必ずしも新興国通貨には連動しない展開がみられた。新型コロナウイルスの感染拡大の中心地が新興国にシフトしたことや、今後の収束の見通しが立たないという不安要素が、新興国の株式相場よりも為替相場に強く影響しているためと考えられる。

こうした状況は、新興国において株式をはじめとする資産を有する富裕層にとっては資産効果が生まれやすい。その一方、経常赤字を抱え経済のファンダメンタルズが脆弱な国にとって通貨安は、輸入物価の上昇を通じてインフレ圧力がかかりやすくなり、貧困層や低所得者層を中心に実質購買力の低下要因となりうる。結果的に家計消費をはじめとした内需の回復が妨げられることも考えられる。

新興国の本格的回復は世界経済次第

本稿執筆時点（２０２０年11月）では、先進国の金融政策による「カネ余り」の状況と世界経済の回復期待が先行するかたちで、国際金融市場は活況を呈し、実体経済との乖離が広がっている。今後もし、新型コロナウイルスの感染拡大「第二波」が発生すれば、実体経済へのさらなる悪影響は必至である。さらに、そうしたことに伴い世界経済の先行きに対する見通しが立ちにくくなれば、国際金融市場では再びリスク・オフの様相が強まり、新興国からの資金流出圧力が強まることは想像にかたくない。すでに全世界的に金融緩和の実施に加えて、景気下支えを目的とした財政出動も実施されている。仮に先行きにおいて景気下振れが意識される事態となり、金融ならびに財政政策の追加的な対応を迫られれば、新興国のなかには財政状況の急速な悪化が進むなど経済のファンダメンタルズの脆弱さが高まることも予想される。

新興国経済が本当の意味で立ち直っていくためには、世界経済の本格回復が不可欠である。足元では中国経済がいち早く回復の兆しをみせているものの、それ以上に欧米など主要国経済が本格的に持ち直すとともに、世界的な人と物の移動が活発化する「以前の姿」に戻る必要がある。その一方で、世界的なマネー規模がかつてない規模に膨張するなかで、マネーの動きが実体経済の動向、とりわけ新興国の経済情勢を左右する状況が続くことを示唆しているといえる。

5 「ポストコロナ」も中国依存を強めざるをえない新興国

いち早く回復を果たした中国の「独り勝ち」

先進国と同様に、新興諸国もまた、財政・金融政策を総動員して新型コロナウイルスの流行によって疲弊した自国経済の立て直しに奔走している。しかし、こうした「カンフル剤」による景気押し上げはその効果が切れれば剥落してしまう。持続的な景気回復につながるかは未知数である。その意味では、多くの新興国にとって持続可能な景気回復を実現するためには、世界経済の持ち直しによる国際貿易の回復とそれに伴う輸出の拡大が不可欠であるほか、世界的にヒトの移動が活発化することにより観光関連を中心とするサービス輸出が活発化することも必要となる。もっとも、世界経済の本格的な回復を果たすためには、ワクチン開発などを通じて新型コロナウイルスに対する不透明感の払しょくが避けられないなか、そうした環境が醸成されるには相当の時間を要することが見込まれるため、各国が世界経済の回復が進むまでの持久戦にいかに耐えることができるかが、勝負のカギを握ることになる。

欧米をはじめとする主要国では、新型コロナウイルスの影響が直撃する直前の経済規模水準に回復するまでには、短くても２０２１年半ば、長ければ２０２３年以降になるなど長期にわたる時間を要するとの見方が強い。仮に新型コロナウイルスの感染拡大の「第二波」が及ぶ事態となれば大きく後ろ倒しされることは避けられない。

一方、当初の感染拡大の中心地となった中国については、その影響が直撃した２０２０年の１－３月期こそ四半期ベースで初めてのマイナス成長となるなど景気に大きく下押し圧力がかかったものの、同年４－６月期には早くもプラス成長に転じるなど、いち早く景気の底入れを果たしている。また、実質ＧＤＰの水準についても、２０２０年４－６月期には新型コロナウイルスの影響が及ぶ直前の２０１９年10－12月期を上回る水準に回復しており、もはや新型コロナウイルスの感染拡大による悪影響を克服したといえる。また、デジタル技術を活用した防疫政策による新型コロナウイルスの感染の再拡大を抑止する施策を含むインフラ関連を中心とした公共投資の拡充、さらには金融緩和を背景とする不動産投資などの進捗も追い風に、中国景気は堅調な動きをみせている。

このように、中国経済は回復に向けた歩みを着実に進む一方、中国以外の国々の回復はまだ一進一退の状況にあり、事実上、中国の「独り勝ち」とも呼べる展開が続いている。世界的な人の移動にはワクチン開発などを通じた根本的な対策の発見が不可欠となるものの、モノの移動については経済活動の動向が左右するなかで中国景気の動向により大きく依存する傾向が強まることは避けられない。つまり経済構造上、貿易依存度が相対的に高い新興国経済については、これまで以上に中国経済の動向が景気のカギを握る状況となることを意味する。

支援する余裕を失った欧米先進国

また、新型コロナウイルスの感染拡大に伴う景気への悪影響を克服するために、多くの新興国も財政・金融政策を通じて景気下支えを図る動きを強めているが、その結果として急速な財政状況の悪化など「副作用」が避けられなくなっている。こうした事態を受けて、多くの国が国際通貨基金（ＩＭＦ）をはじめとする国際機関に対して財政支援などを求めているが、その数は１００カ国以上に及ぶなど、すべての支援要請国に対して「満額回答」が提示できる状況ではなくなっている。さらに、国際機関側も審査期間の短縮などを通じて早期の支援実施に取り組んでいるものの、これらの支援を受ける際には緊縮的な財政および金融政策の実現のほか、さまざまな構造改革の実現などが条件としてつけられるなど、被支援国にとっては必ずしも「使い勝手の良い」資金とはなっていない側面がある。

　こうしたなか、中国はここ数年にわたって習近平政権が掲げる外交政策の柱である「一帯一路構想」のもと、「支援」を名目にさまざまな国への関与を強めてきた。例えば、２０１５年には中国政府が主導する国際機関であるアジアインフラ投資銀行（ＡＩＩＢ）が発足し、中国の政府系金融機関による融資を含むさまざまなツールを通じて多くのアジア新興国のインフラ整備への支援が展開されている。

　ちなみにＡＩＩＢについては、発足前の段階においては出資比率に応じて事実上中国が拒否権を行使可能であることのほか、常設の理事会などが置かれないなど機構的な問題を理由に中国政府による意向が強く反映された組織になるとの見方があったが、現時点においては西側諸国が主導して設立された他の国際機関などと比較してもガバナンス面では遜色ないかたちで運営がなされているもようである。ただし、前述のとおり、一帯一路に関連する融資は、ＡＩＩＢによるもののみならず、中国の政府系金融機関などを通じても実施されている。支援実施においてより高い機動性を求めれば必然的に、後者による融資に対する需要が高まる可能性がある。さらに、これまで新興国に対して支援を実施してきた欧米をはじめとする西側先進国が新型コロナウイルスの影響の直撃によって「内向き」姿勢を強め、新興国に対する支援を行う余裕が当面なくなることも予想される。もし、中国がこうした間隙を突くかたちで支援を拡大していけば、多くの新興国にとって抗いがたい救いの手となることは想像にかたくない。

米トランプ政権下の4年間に激化した米中摩擦をきっかけに、世界経済のデカップリングがいわれてきたが、新型コロナウイルスのパンデミックによって世界経済の連動性があらためて見直されている。前述のとおり、苦境にあえぐ新興国にとってみれば、「ポストコロナ」の世界においても、実体経済の面でも資金的な支援余力の面でも中国の存在を抜きに考えることは事実上不可能になる可能性が高まっている。

第6章

新型コロナウイルス禍の金融市場

桂畑　誠治

1 史上初のマイナス価格となった原油先物価格

2020年4月にWTI原油先物がマイナス価格

２０２０年3月に、石油輸出国機構（ＯＰＥＣ）に非加盟のロシアなどの主要産油国を加えた「ＯＰＥＣプラス」による協調減産の削減量の拡大交渉が決裂した。その結果、協調減産が３月末で終了、4月にサウジアラビアが増産に転じたことで供給過剰懸念が高まった。この供給増加に加えて、新型コロナウイルスの感染拡大を抑制するための都市封鎖（ロックダウン）を受けた経済活動の停止によって世界経済が深刻な危機に陥り、需要が急激に落ち込んだ。需給の大幅な悪化によって、原油価格は急落した（図表６－１参照）。

そのようななか、２０２０年4月20日にウェスト・テキサス・インターミディエイト（ＷＴＩ）原油先物5月限は一時1バレル＝マイナス40・32ドルまで下落し、1バレル＝マイナス37・63ドルで取引を終えた。史上初めてマイナスの価格となった。

新型コロナウイルスの感染拡大による需要の弱まりで、購入した原油を5月に売却できない可能性があったことに加えて、需給の悪化で原油貯蔵施設が満杯になると予想されていた。このた

図表6－1　WTI期近物とドル実効レート

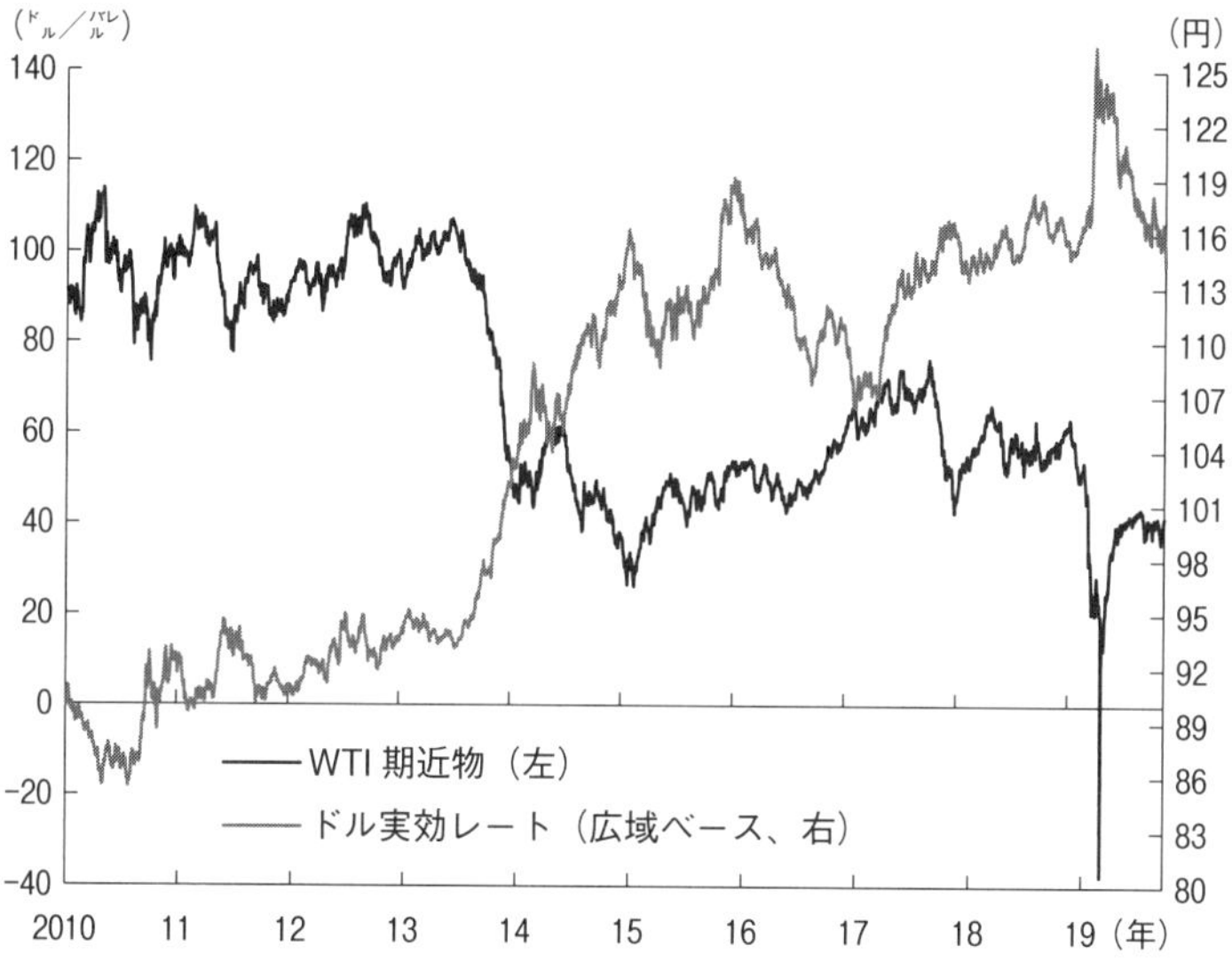

（出所）　FRB、CME資料より第一生命経済研究所作成

め、5月限の最終売買日となる21日を翌日に控え、原油を受け取っても保管先を探すための費用などコストが高くなるリスクがあったことから、お金を支払ってでも原油を手放したくなり、マイナスの価格が実現した。マイナス価格は1日限定、半日程度の短い時間にとどまったが、新型コロナウイルスが商品市況にいかに大きな影響を与えたかを示す象徴的な出来事となった。

その後、原油価格急落に危機感を強めた産油国が協調減産でまとまったことや、価格急落で採算を確保できなくなったことで米シェールオイルの生産が縮小したことによって供給量が減少した。また、ロックダウンの解除により、まず中国経済が拡大に転じたほか、先進各国も5月以降回復に転じたため、需要の減少にも歯止めがかかった。こうした需給バランスの改善に加え、米連邦準備制度理事会（FRB）、欧州中央銀行（ECB）、日本銀行などによる大規模な金融緩和によって、投資マネーが原油市場にも向かったこともあり、原油価格も徐々に落ち着きを取り戻した。WTI原油先物は、5月以降、世界経済の回復の動きにあわせるかたちで緩やかに上昇し、6～11月にかけて1バレル＝30ドル台後半～40ドル台前半のレンジでおおむね推移している。

OPECプラスによる協調減産継続

このようななかで、OPECプラス共同閣僚監視委員会（JMMC）は、8月19日にビデオ会議を開催し4月に合意した減産目標を順守していないナイジェリアとイラクに、減産目標を守るように引き続き圧力をかけた。原油市場の回復が依然として弱いと判断し、すべてのメンバー国が減産合意を順守する必要性があると強調した。

アブドルアジズ・サウジアラビアエネルギー相とノバク・ロシアエネルギー相は、原油相場と需要の持ち直しを歓迎したうえで、減産目標を順守するようにメンバー各国に繰り返し求めた。アブドルアジズ・ビン・サルマン氏は「やるべきことはまだ残っており、全員が過去3カ月の努力を緩めないよう求める」「われわれは合意の完全な順守の達成に尽力すべき」と続けた。

ＯＰＥＣは、世界の原油需要は２０２０年10～12月にコロナ危機以前の水準の97％まで戻る可能性があると予想したが、会議の最終声明では、需要回復ペースが当初予想より弱いうえ、新型コロナウイルスの感染が長引くリスクが高まっていると警戒を強めた。

ＯＰＥＣプラスが４月に合意した計画は、２０２２年４月までの減産である。２０２０年５～７月に日量９７０万バレル削減する。その後も、需要の改善を前提に、２０２０年８～12月に日量計７７０万バレルの減産、２０２１年１月～２０２２年４月に日量５８０万バレルの減産と、２０２２年４月にかけて削減量を段階的に縮小する計画である。

一方、原油の需要を予測している国際エネルギー機関（ＩＥＡ）の８月の石油月報によると、２０２０年の世界石油需要は日量９１９０万バレルと前年比８％減少すると予想しているものの、新型コロナウイルスの感染次第で下振れリスクがあるとしている。この場合、現在の計画では価格を維持することができなくなるため、追加の減産が必要となる可能性があるだろう。

今後も、ＦＲＢ、ＥＣＢ、日銀など主要な中央銀行は、潤沢な流動性を供給し続けるとみられ、原油価格を支えよう。景気回復の動きが継続すれば原油価格は切り上がるであろう。ただし、世界的な感染拡大、再ロックダウンによる需要の落込みとなれば、原油価格の急落は避けられない。

2 短期間に急騰した株式市場と低水準にとどまる10年国債利回り

世界の株価は急落後に急ピッチで反転上昇

主要国の株式市場は、2020年2月にかけて株価が最高値をつけるなど好調だった。しかし、新型コロナウイルスの感染が中国、アジア、欧州各国、中東、米国、中南米と世界中に広がる世界的大流行（パンデミック）となったことで、各国政府、自治体などは感染拡大を防ぐためロックダウンなど行動制限を行った。これによって、経済活動が停止し、戦後最悪の景気後退が避けられなくなったうえ、ロックダウンの期間が不明というなかで、世界の株式市場は3月に暴落した（図表6－2、6－3参照）。10年国債利回りは大幅に低下し、過去最低水準となった。

この危機的な状況のなかで、各国中央銀行は大規模な金融・信用緩和策を実施した。また、各国政府は過去最大となる大規模な経済支援策を決定・実施した。これらの政策対応が功を奏し、世界的に株価は下げ止まり上昇に転じた。各国での大規模な金融・信用緩和の実施や積極的な財政支出による経済基盤維持のほか、新型コロナウイルスの感染拡大を防ぐために実施したロックダウンの段階的な解除による景気回復期待を主因に上昇を続けた。10年国債利回りは、一時的に

図表6－2　先進国の主要株価指数

（出所）　Bloombergより第一生命経済研究所作成

図表6－3　先進国と新興国の主要株価指数

（出所）　Bloombergより第一生命経済研究所作成

図表6－4　主要国の10年国債利回り

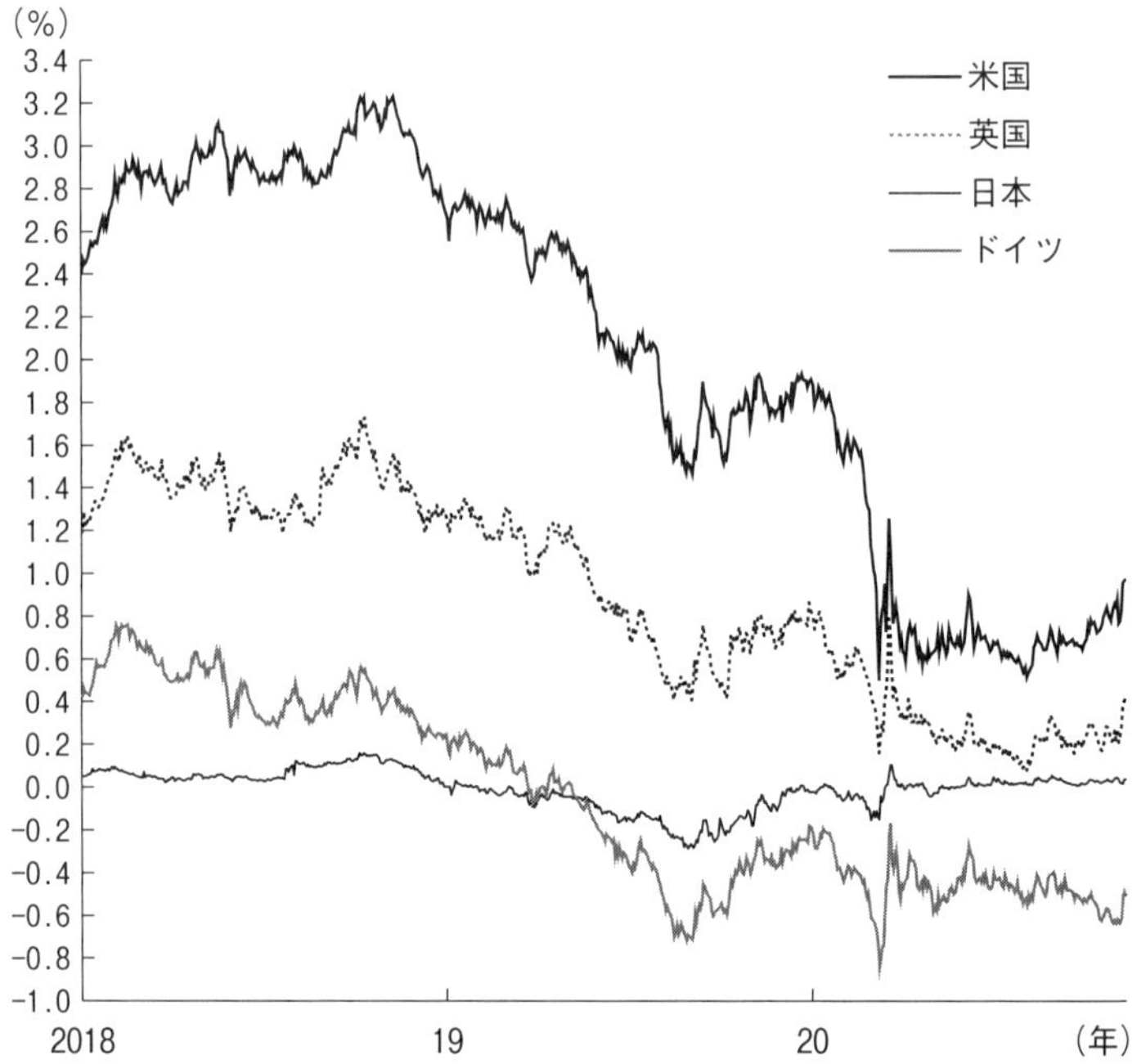

（出所）　Bloombergより第一生命経済研究所作成

上昇したが、すぐに低下し、安定して推移している（図表6－4参照）。

戦後最悪の景気後退に陥っているにもかかわらず、株式市場は活況を呈している状況をみて、多くの人が株高の継続に懐疑的な見方を示していた。しかし、株価の上昇が続いたため、上昇相場への乗り遅れのリスクをおそれ、それまで懐疑的な見方をしていた投資家も株式を購入した。

米株はすでに最高値更新

米国では、Ｓ＆Ｐ５００の株価収益率（ＰＥＲ）は8月25日で26・84倍にまで上昇し、過去10年の平均値18倍を大幅に上回り、ＩＴバブル期に近づいている。このため、他の市場よりもファンダメンタルズと市場との間の大きな隔たりが指摘されている。

米企業業績は２０２０年に20％減益が見込まれているにもかかわらず投資家が株式購入に積極的なのは、ＦＲＢへの信頼が背景にあるとみられる。仮に経済に甚大な打撃が生じたとしても、ＦＲＢによる資金供給によって企業が存続できるのであれば、新型コロナウイルスの影響が収まることが期待される翌年、翌々年には増益が期待できる。足元の大幅減益はあくまで感染拡大による一時的なものとみなし、将来の回復を見据えて投資しているとみられる。

実体経済の落込みが大きいにもかかわらず、大規模な政策の効果への期待、ワクチン開発期待のほか、４－６月期の米企業決算で利益予想を上回った企業数が平均よりも多かったことも、株価の押し上げ材料となり、ナスダック総合指数、Ｓ＆Ｐ５００などは最高値を更新した。史上最短で弱気相場が幕を下ろした。

ＦＲＢによる大規模金融・信用緩和策の実施、過去最大の経済支援策の策定などが実施されたことで、先行きに対する期待が強まった。また、ＦＲＢが超低金利と大規模緩和を長期間継続するとの観測から、国債利回りが過去最低圏に低下し、配当利回りを大幅に下回っていることも、株式への資金シフトにつながった。コロナ禍で米のＩＴ大手は売上げ、収益を伸ばしているうえ、コロナ禍、ポストコロナにおいても成長が期待されており、今後もハイテク企業主導で株価が上昇する可能性がある。

コロナ危機を受け、世界中が歴史的な金融緩和を実施

新型コロナウイルス感染拡大をきっかけとした株価の暴落を受け、主要な中央銀行は金融・信用緩和、流動性供給、社債市場への市場介入など過去に例をみない金融緩和を実施した。結果、バランスシートの規模は過去最大となり、拡大を続けている（図表６－５参照）。

ＦＲＢは、社債の購入など中小企業を含む一般企業に対する総額２・３兆ドルの支援策を実施している。具体的には、民間銀行を通して従業員数が１万人以下の企業に対して期間４年の融資を行う。また、感染拡大防止の対応を行っている州政府や人口の多い都市、郡の財源不足をまかなうために発行する債券の直接買取りによって資金繰り支援を行う。

これらのＦＲＢの対応は初めて行われるが、ＦＲＢが経済基盤の維持のためになんでもする姿勢であることを市場に印象づけた。企業が存続できるのであれば、株式の購入に安心感が生まれる。また、ＦＲＢや政府の対応によって5月以降回復の動きが続いたことで、投資家は買い遅れ

図表6－5　主要先進国のバランスシートの規模（ドル建て）

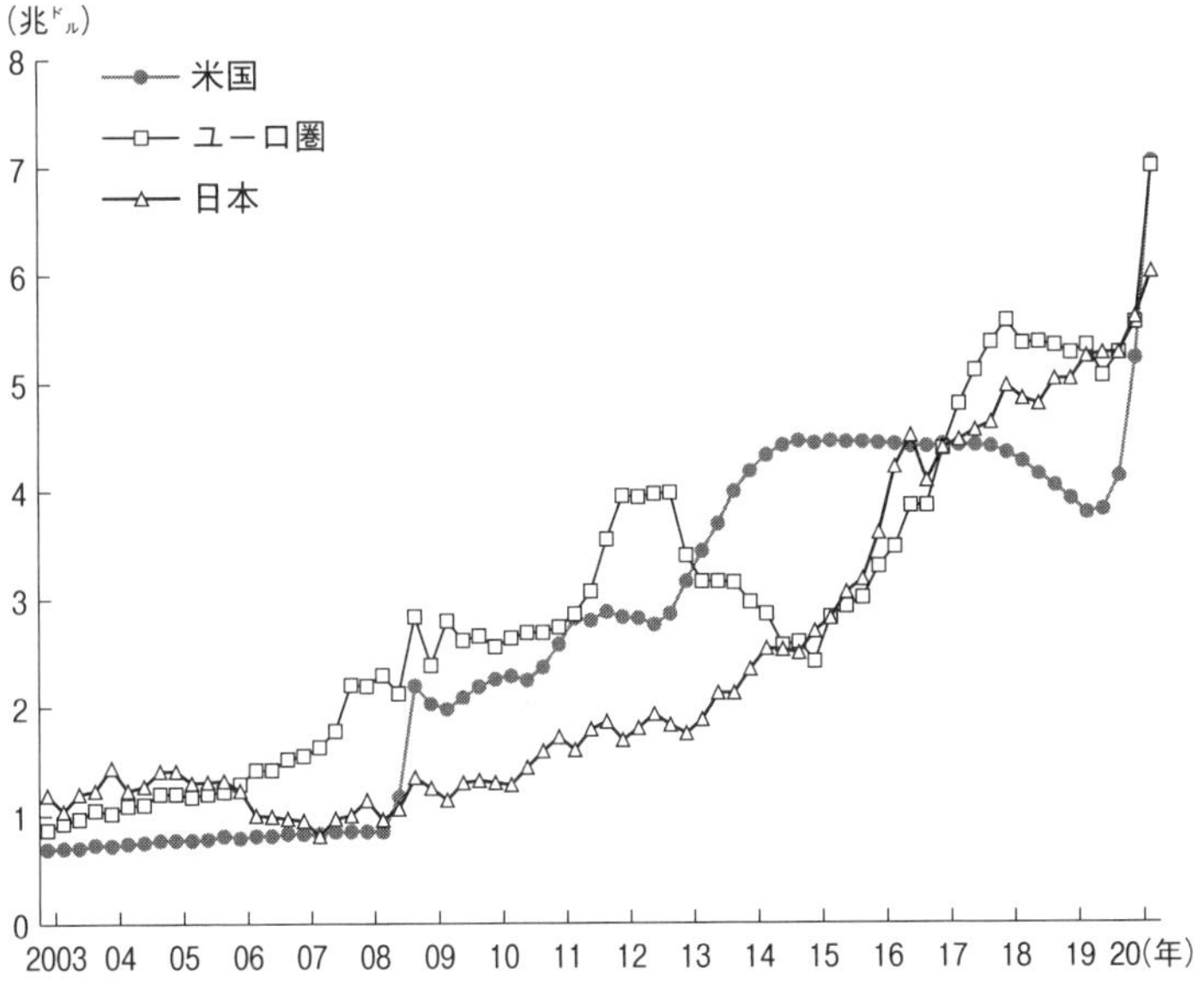

（出所）　FRB、日銀、ECBより第一生命経済研究所作成

の意識を強めた。

日本では１０８兆円の緊急経済対策と日銀の大規模な政策パッケージが実施された。欧州では、ＥＣＢによる大規模金融緩和や欧州連合（ＥＵ）が債務を共有する初の仕組みとなる７５００億ユーロの復興基金設立など大規模経済支援策を決定した。総額７５００億ユーロの内訳をみると、３９００億ユーロは、返済義務のない補助金、３６００億ユーロは、返済義務がある融資となった。復興基金は、ＥＵの欧州委員会が債券を発行し、金融市場で全額を調達する。ＥＵ予算に

組み込み、ウイルス被害国に対して医療や景気対策のための支給を行う。

■日本銀行の金融政策

コマーシャル・ペーパー（ＣＰ）・社債等買入れの増額、新型コロナ対応金融支援特別オペの拡充、国債のさらなる積極的な買入れにより金融緩和を一段と強化する。

■ＥＣＢの金融政策

３月の金融政策パッケージでは、①追加の長期リファイナンスオペによって銀行に直ちに流動性を供給する。②条件付長期資金供給オペ第３弾（ＴＬＴＲＯ３）はより借り手に有利な条件とする。③民間部門を中心に追加で１２００億ユーロの資産を購入する。④ＥＣＢの銀行監督部門は銀行の資本要件を一時的に緩和する。

６月の追加金融緩和策では、３月18日に導入したパンデミック緊急購入プログラム（ＰＥＰＰ）の目標残高を７５００億ユーロから１兆３５００億ユーロに、６０００億ユーロ増額するほか、同プログラムの実施期間を少なくとも２０２１年の６月末まで６カ月延長することを決定した。また、新たにＰＥＰＰの再投資に関して「少なくとも２０２２年末まで継続する」内容のフォワード・ガイダンスを導入した。

ＥＣＢの資産買入れプログラム（ＡＰＰ）では、各国の経済規模に応じて定められたＥＣＢへの出資比率（キャピタルキー）に基づき債券購入の割当てが決まる。しかし、ＰＥＰＰだけは、キャピタルキーを制約とせず、今後もプログラムの柔軟性を最大限発揮させることも決めた。

成長ペース鈍化も緩和期待で相殺

各国が過去最大の経済支援策を実施していること、中央銀行が流動性供給を行い、ＦＲＢは主要各国へのドル供給も行うなど、危機に万全の対策を行っている。そのなかで、ロックダウンの解除を受けた景気回復の継続、追加の金融・財政政策による景気回復ペースの加速期待が高まった。

世界景気は、経済活動の再開によるペントアップ・ディマンド（繰り越されていた需要が一気に顕現化すること）による急激な回復が１、２四半期続いた後、ウィズコロナ環境での緩やかな回復となれば、コロナ危機前の経済水準を取り戻すには時間がかかる。このため、中央銀行の金融・信用緩和策は今回も長期化することが予想され、それは株式市場への資金流入を促そう。また、主要各国の国債利回りが１％を下回っていることから、株式などのリスク資産に資金が流れやすい状況が継続しよう。

世界には依然として問題が山積しており、多くのリスクがあるが、それらが顕在化するまで、市場での材料にはなりにくい環境である。

ポストコロナ期には過剰債務が大きなリスクに

もっとも、こうした株高の持続性については懐疑的な見方もある。現在のように同じ方向をみている投資家の片寄りは、市場にとって最大のリスクの一つとなる。だれもが買いを余儀なくされ、同じようなポジションが集中した場合、なんらかのショックをきっかけとして逆回転の動きが生じた際、影響が大きくなりやすい。

最大のリスクは、新型コロナウイルスの動向であろう。世界的に感染者数が増加するなかで、各国が景気を優先して経済活動を再開したことや、移動の制限の緩和、学校の再開などによって人の移動が増えるにつれて、感染の再拡大懸念が高まりやすくなる。新型コロナウイルスはパンデミックによって変異を続けており再度の流行拡大への懸念は拭えず、世界中で感染拡大の継続のほか、強毒化するリスクも否定できない。

また、経済活動に制約が残るなか、実際の景気回復ペースが緩やかなものにとどまれば、現在の楽観的な回復期待は裏切られることになり、株価は下振れしやすい。企業倒産や失業、債務の増加など経済活動停止の後遺症も懸念される。

経済に深刻な悪影響を及ぼすロックダウンを再び行う国は少ないとみられるものの、3密（密閉・密集・密接）回避をより重視せざるをえないため、経済活動は制約を受けよう。感染防止策によるコストの増加、需要の伸び悩みなどが企業収益の抑制、資本利益率の低下につながるとみられ、株価の下振れ要因となろう。

特にリスクが大きいのは、新興国を中心とした経済基盤の脆弱な国々である。主要国では、新型コロナウイルス感染拡大により深刻な経済的打撃は生じたものの、財政政策を拡大することで対応できるとみられ、長い目でみればショックは吸収可能だろう。一方、経済的に脆弱で、財政などの余力が乏しい国では、より深刻な経済状況に陥るとみられ、財政破綻や通貨危機に見舞われかねない。そうなれば、金融市場にも大きな影響が及ぶだろう。

２０２０年9月にかけてのＳ＆Ｐ５００の上昇は主に、巨大ＩＴ企業がけん引してきた。ＩＴ大手5社だけで、Ｓ＆Ｐ５００の時価総額の22％強を占めるなど巨大ＩＴ銘柄に投資が集中し、上昇を主導した。ハイテクと通信のセクターを合計すれば、Ｓ＆Ｐ５００の時価総額の約4割に達する。２０２１年にはバイデン政権が発足するが、法律を作成する議会が上下両院でそれぞれ多数党が異なる〝ねじれ議会〟になるとみられ、増税の可能性は低下した。しかし、ＩＴ株には中国との貿易摩擦や反トラスト法（独占禁止法）をめぐる調査のほか、米政府・議会による中国企業への規制強化に対して、米ＩＴ企業が中国から報復を受けるおそれがあり、これらの要因がＩＴ銘柄の急落につながるリスクがある。これまでＩＴ企業が株価上昇を主導してきただけに、仮にＩＴ企業の先行き不透明感が強まる事態が生じれば、株式市場に与える影響はきわめて大きなものとなるだろう。

中期的なリスクとしては、過剰債務の問題があげられる。米国では給与保護プログラム(Paycheck Protection Program：PPP) ローン、社債購入プログラム等、政府やＦＲＢによる積極的な対応によって、企業の資金ショートという信用不安を抑え込むことに成功した。これにより企業の倒産件数は抑えられているものの、一方で企業の債務が大幅に拡大していることに注意すべきだ。いずれ経済の正常化が進めば、過度にふくらんだバランスシートを正常化するために、デレバレッジを進める必要が出てくる。その場合、投資などが抑制されることで景気に悪影響を与えるほか、潜在成長率の低下にもつながる可能性がある。

また、政府でも債務残高が急増していることにも注意が必要だ。現在は危機対応が最優先とされているため財政赤字の急上昇が容認されているが、いずれは財政赤字縮小に向けての対応も必要になる。増税の実施等により、経済活動が抑制されるリスクがあるだろう。

3　有事のドル需要の強まり

短期間に終わった有事のドル買い

新型コロナウイルスの感染が拡大し、パンデミックとなるなか、先行き不透明感の高まりから有事のドル買いが起き、２０２０年3月下旬～4月上旬にかけてドル実効レートは急上昇した（図表6－1参照）。その後、感染ペース鈍化の兆し、金融当局や政府による大規模な経済支援策の決定・実施などを受け、ドルは下落に転じた。ただし、有事のドル需要で上昇した部分が剥落しただけであり、水準としてみれば依然ドル高である。

過去においては、米国景気が悪化し、ＦＲＢが大規模な金融緩和を実施するとドル安が進むことが多かった。しかし、今回はＦＦレートの水準がもともと低く、利下げ余地が限られていたことに加え、米国以外でも積極的な金融緩和が実施されたことで、米国と他の国との金利差が大きく変化しなかったことから、金利面からのドル安圧力はそれほど高まらなかった。

主要中央銀行は、長期にわたり量的緩和を継続せざるをえないため、当面ドル実効レートに方向性は表れにくいと考えられる。ドル高水準が継続するとの見方が強まれば、原油や金価格の上昇を抑制する要因となるのではないか。

ドル高の終わりとの見方

金融市場では、長期にわたるドル高傾向の終わりが近づいているとの見方が出ている。過去9年間、傾向としてドル高が続いてきたが、FRBによる2020年3月の緊急利下げによって事実上のゼロ金利政策に戻ったことで、円やユーロに対する金利面での優位性が薄れたほか、FRBのバランスシートの拡大やゼロ金利制約、政府債務の増大などを考慮すると、現在のドルの水準は高過ぎるとの意見は多い。いずれ、1985年のドル切下げのような政策転換が必要になるとの見方も根強い。世界の外貨準備の約60%を占め、国際的取引で使用される割合が高いなど、ドルの地位は依然強く、長期的なドル凋落を予想する必要はないとみられるが、現在のドルの水準は歴史的にみても高く、ある程度の水準調整が必要になる可能性は否定できない。

4　コロナ禍で金価格が最高値更新中

強い金に対する需要

新型コロナウイルスの感染が拡大した2020年3月に金価格は急落した。通常、「有事の金買い」といわれるように、不安心理が台頭すると金が買われる傾向があるが、今回のコロナショック発生初期には、そうした動きは限定的なものにとどまった。コロナ危機による資金不足を回避するために現金化したい人が増え、手元資金確保のために金を売却する動きが集中したことで、一時的に下落したものとみられる（図表6－6参照）。

こうした一時的な下落の後、金は再び上昇に転じている。新型コロナウイルスの感染拡大による大規模な経済支援策の実施やロックダウンによる景気悪化を背景とした財政赤字の拡大、インフレの高進、金融当局による過剰流動性供給などによってドルなど通貨の価値が下落するとの見方を背景に、金需要が強まったことが背景にある。金の国際指標であるロンドンの金現物価格は、8月に1トロイオンス＝2000ドルを突破した。

図表6－6　金価格

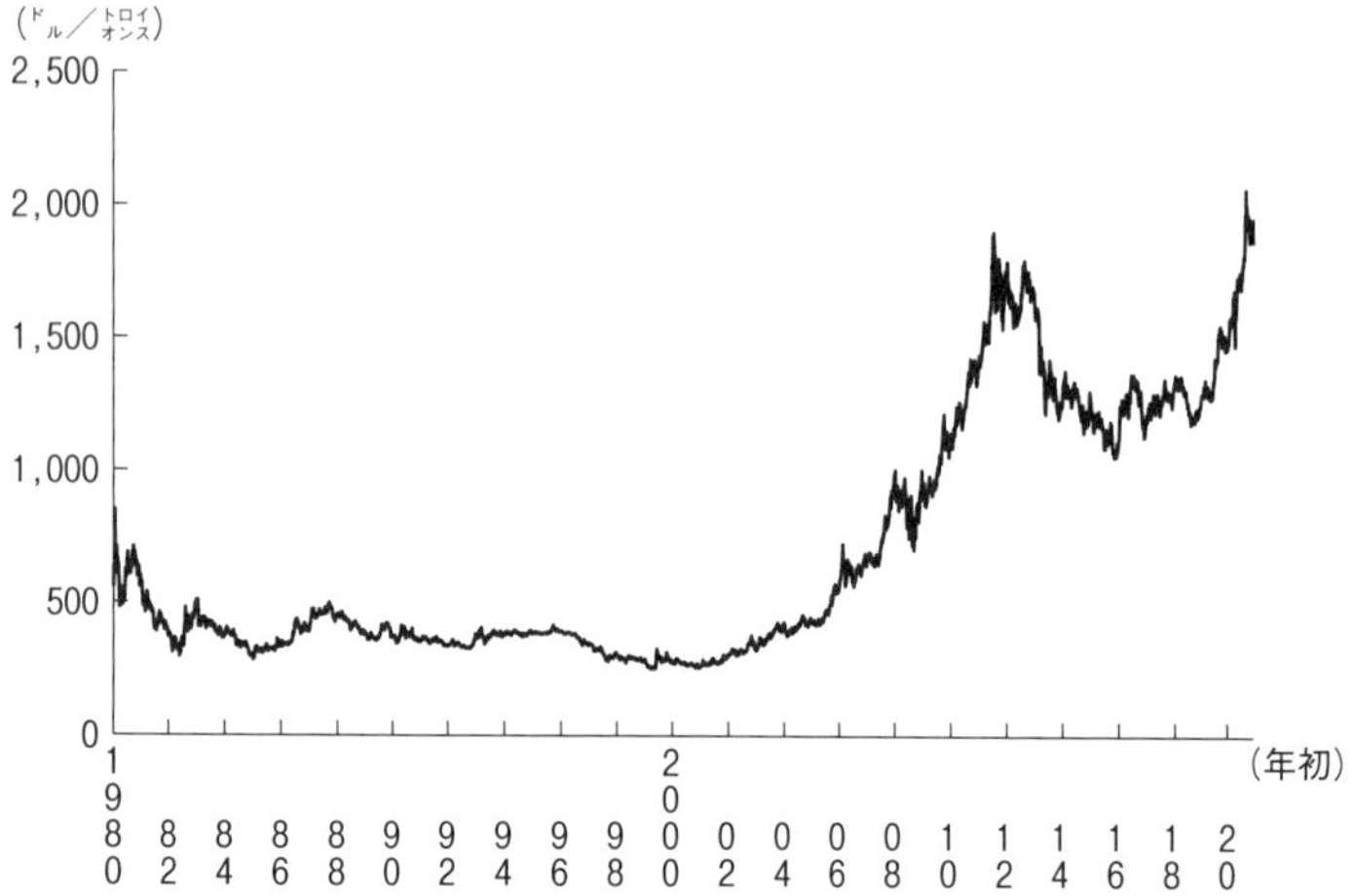

（出所）LBMA より第一生命経済研究所作成

金価格は当面上昇しやすい環境に

仮に今後、新型コロナウイルスの感染拡大が落ち着けば、安全資産としての金に対する需要が弱まり、金価格の調整が始まるであろう。しかし、新型コロナウイルスは感染力が強く、安全なワクチン・治療薬の開発・生産にも時間がかかるとみられている。感染拡大が早期に収束するとの見方は楽観的にすぎる。新型コロナウイルスの感染拡大が続けばＦＲＢがさらに金融緩和を強化する可能性がある。追加金融緩和によってドルが下落すれば金価格はさらに上昇する可能性がある。すでに金価格は高水準にあるが、新型コロナウイルスへの不安が払しょくできないなか、金価格は高止まりを続ける可能性が大きいとみる。

5 リーマン・ショック時と比べ市場の動揺は短期間で収まった

コロナ危機で混乱した金融市場は、２００８年9月15日の米大手金融機関リーマン・ブラザーズの破綻をきっかけとした世界金融危機のときよりも短期間で落ち着きを取り戻した。２００８年の世界金融危機では、大き過ぎてつぶせないと考えられていたリーマン・ブラザーズの破綻によってカウンター・パーティ・リスク（取引先の破綻などによって契約不履行となり損失を被るリスク）が警戒され、信用不安が急激に強まり、流動性不足に陥った。また、米サブプライムローンを含んだ金融商品での損失は、それに投資していた欧州の銀行の経営不安につながった。さらに、新興国から資金流出が起きたことで、一部の国で為替が大幅に下落した結果、対外ファイナンスが困難となり、経済が悪化した。カウンター・パーティ・リスクによるドル不足や、株・住宅ローン証券・不動産など資産価格の世界的な下落、信用スプレッドの拡大などを背景に、グローバルな金融危機となり、実体経済に深刻な悪影響を与えた。

これに対して今回は、新型コロナウイルスの感染が拡大するなかで、ドル資産を現金化する動きが強まり、短期の金融市場で金利が上昇、株価の急落など金融市場が混乱した。また、新型コロナウイルスの感染拡大を抑えるために各国でロックダウンなどが行われたことによって、経済が著しく悪化した。しかし、各国の金融当局による流動性供給、金融・信用緩和策、政府による大規模な経済支援策などが市場に安心感を与え、短期のドル市場を含む金融市場は、早期に落ち着きを取り戻した。このため、２００８年の世界金融危機の際に急拡大したカウンター・パーティ・リスクや流動性リスクを表すＴｅｄスプレッド（ユーロドル金利と短期国債金利の差）の拡大は、今回限定的なものにとどまった（図表6－7参照）。また、銀行セクターの主要リスク指標であるＬＩＢＯＲと翌日物金利スワップ（ＯＩＳ）レートのスプレッドも早期に収束したように、金融機関の信用不安が高まらず、グローバルな金融危機には陥らなかった。

格付の異なる企業間での資金調達環境を示す社債利回り、ハイイールド債の利回りは急激に上昇したが、短期間で低下した。また、投資適格級社債とハイイールド債の信用スプレッドは、新型コロナウイルスの欧州、米国への感染拡大や、ＯＰＥＣとロシアの原油増産への方針転換による原油価格の下落を受け、２０２０年2月下旬から急激に拡大した。しかし、ＦＲＢが3月12日に国債、ＭＢＳの購入額の増額を決定、その後無制限購入に拡大したほか、社債市場を対象とした資産購入を強化したこと、政府による大規模な経済支援策への期待が高まったことを背景に、信用スプレッドは縮小に転じた。

図表6－7　Tedスプレッド（ユーロドル―短期国債の3カ月物金利差）

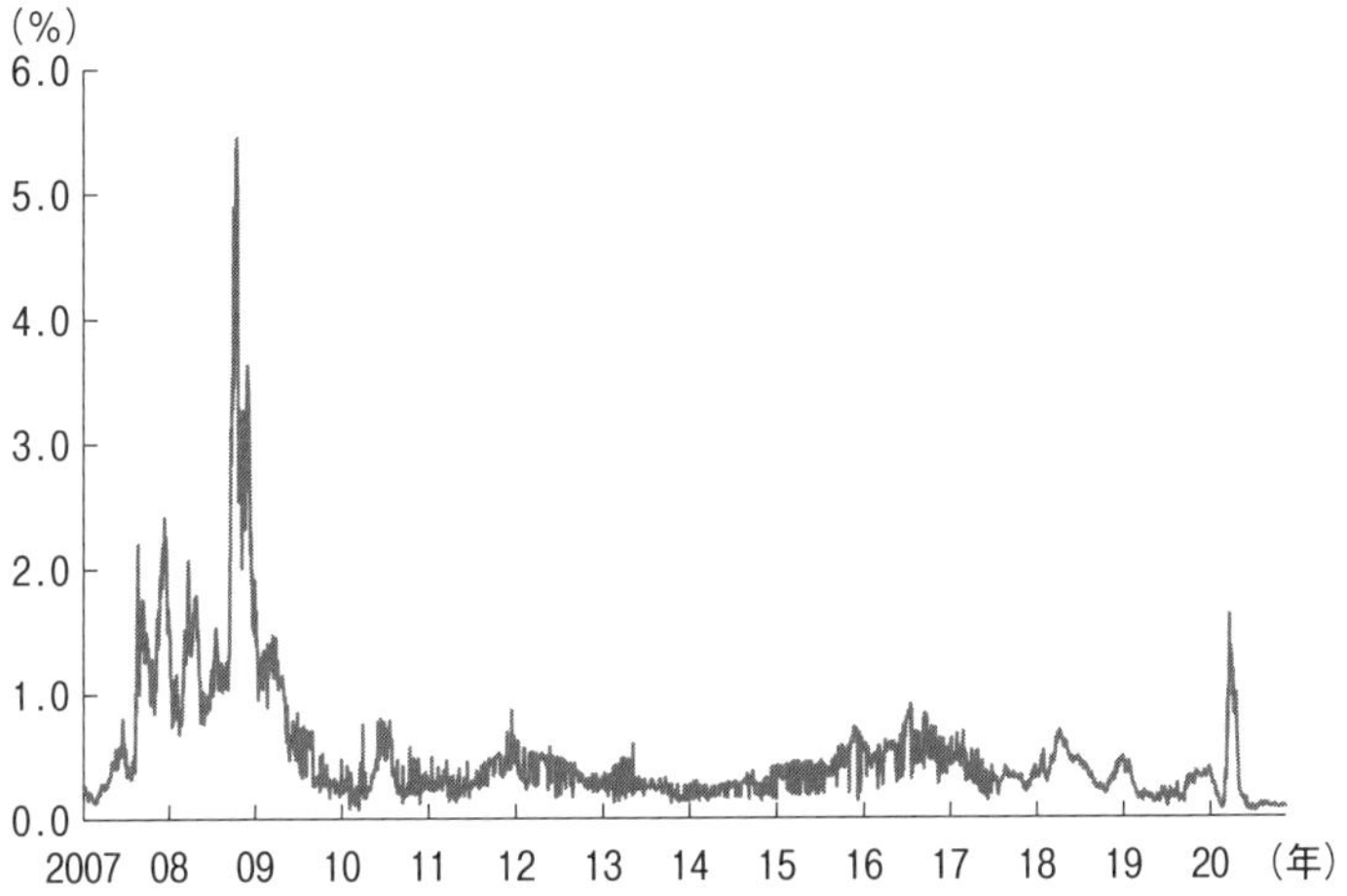

（出所）　FRBより第一生命経済研究所作成

企業に対する信用不安を示す投資適格級社債と10年国債利回りのスプレッドは、リーマン・ショック後に6％を上回り、4％程度開いた状態が1年弱続いた。今回は最大で4％強まで金利差が広がったが、すぐに2％半ばまで低下し安定した（図表6－8参照）。

為替市場では、株価が急落した局面では、ドルに資金が集まるなどリスク・オフの動きが急激に強まり、各国通貨は対ドルで下落した。ドル建ての債務を抱えている企業がドルの確保を急いだことも、ドル需要を強めた。その後、FRBの金融・信用緩和策による株価の持ち直しを受け、ドルが下落に転じ、各国通貨は上昇した。

図表6－8　米国の投資適格級社債と10年国債利回りのスプレッド

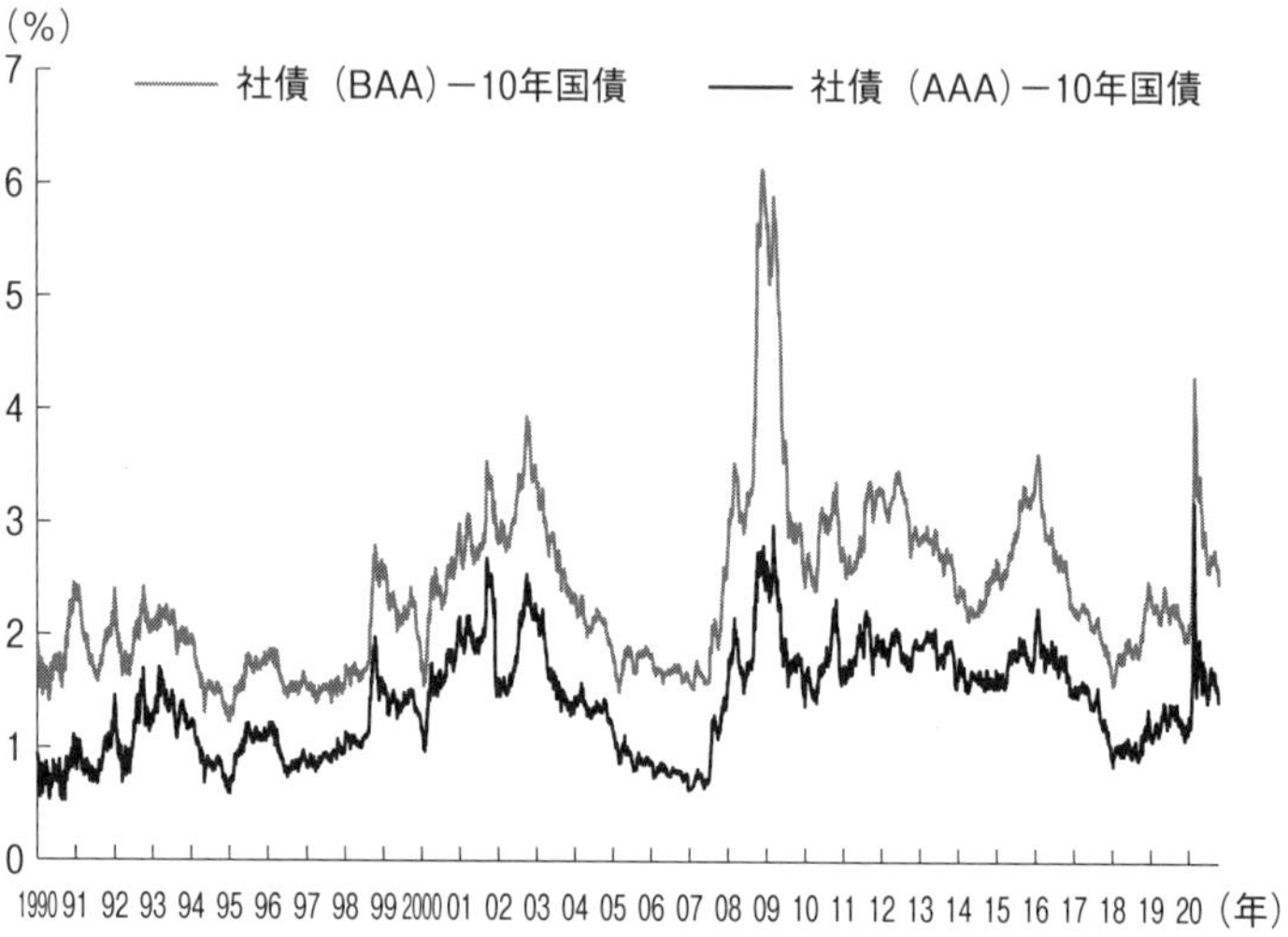

（出所）　Bloombergより第一生命経済研究所作成

世界の株価は、新型コロナウイルスの感染拡大により3月中旬にかけて急落した後、各国の積極的な金融・財政政策の実施により上昇に転じ、8月にかけて上昇を続けた。

6　ドルの流動性供給のためのグローバルな枠組みが奏功

世界金融危機以降、ＦＲＢ、ＥＣＢ、日本銀行、イングランド銀行、カナダ銀行、スイス国立銀行は、米ドル・スワップライン（ドルを中央銀行間で供給する取決め）を常設しており、基軸通貨であるドルの流動性供給のための枠組みが構築されていた。新型コロナウイルスの感染が拡大するなかで、ドル資金需給の引き締まりは、米国の短期金融市場だけでなく、グローバルに生じた。３月中旬～下旬にかけて、グローバルなドル資金需給の引き締まりへの対策として、米ドル資金供給オペを拡充した。期間の長い３カ月物のオペ導入のほか、１週間物のオペを毎日実施した。また、貸付金利のＯＩＳ金利への上乗せ幅をプラス50bpからプラス25bpに引き下げた。さらに、ＦＲＢは２０２０年３月19日に、ドルを融通するスワップラインの取決めに、スウェーデン、ノルウェー、デンマーク、オーストラリア、ニュージーランド、シンガポール、韓国、メキシコ、ブラジルの９カ国の中央銀行を一時的に加えた。規模は、最大３００億ドルと最大６００億ドルにそれぞれ設定された。これらのオペによって、ドルが市場に供給されたこともあり、グローバルなドル調達プレミアムの拡大は歯止めがかかり、落ち着きを取り戻した。

リーマン・ショックの際は、カウンターパーティ・リスクが警戒されたため、中央銀行が流動性を供給しても市場参加者の警戒が解けず、金融機関の資本増強などが行われるまで、短期金融市場の回復が進まなかった。今回は、ＦＲＢ、ＥＣＢ、日銀が矢継ぎ早に金融緩和・信用緩和、流動性供給を行うなど金融当局の対応が速かったほか、各国政府が大規模な財政支出を行ったことで、先行きへの不安が大幅に緩和され金融市場の早期安定に貢献した。また、世界金融危機後、資本増強を行ったこともあり金融機関への信用不安が高まらなかったため、中央銀行によるドル供給の効果が出やすかった。今回、中央銀行のオペやファシリティの利用額は２００８年の世界金融危機より少なかった。金融市場の安定もあり、世界経済は早期に拡大に転じることができた。

7 実体経済と株式市場のデカップリングは世界的な事象

実体経済と株式市場のデカップリングは、米国だけにとどまらず、世界的に起きている事象である。

実体経済をみると、世界景気は２０２０年１－３月期から悪化し、４－６月期に戦後最悪の落込みとなった。新型コロナウイルスが最初に発生した中国では、ロックダウンのタイミングが１

月と早かったこともあり、1－3月期が過去最悪のマイナス幅となったが、4－6月期はプラス成長に転じた。中国以外の国では、2、3月に新型コロナウイルスの感染が拡大し、3～5月にロックダウンなど感染症対策が行われたため、1－3月期からマイナス成長となり、4－6月期に戦後最悪の落込みとなった。

国・地域でまちまちだが、4月下旬以降にロックダウンが解除され、段階的な経済活動の再開によって、5、6月には景気回復が始まった。四半期でも、大部分の国で7－9月期に大幅なプラス成長になることが期待されている。ただし、先行きはウィズコロナによる経済活動の抑制などもあり、徐々に成長ペースは鈍化するとみられ、コロナ危機前の水準を回復するには数年かかると予想されている。

世界の株式市場に関しては、新型コロナウイルスの感染拡大を受け3月中旬にかけて急落した後、中央銀行の大規模な金融・信用緩和や経済支援策の策定を受け上昇に転じた。その後、各国で上昇ペースに差が出ているものの、新興国も含めて8月にかけて上昇傾向をたどった。

米国以外の株式市場では、新型コロナウイルスの感染拡大防止に成功し、ハイテク産業の強い台湾の加権指数が最高値を更新した。中国は官製相場という側面もあるが、コロナ危機前の水準を上回って上昇した。日経平均は、9月にコロナ危機前の水準を回復した。マレーシアでは、ＧＤＰが予想よりも強かったこと、給与補助金など短期経済回復計画の実施、3月24日から空売り制限を導入したこと等によって、マレーシア・ＫＬＣＩが7月にコロナ危機前の水準を取り戻した。

一方、ロックダウンの期間が長かったこともあり、経済の落込みが大きいため、欧州STOXX600などは底値からの半値戻し付近で安定している。新興国も含めて、コロナ危機前の半値戻し付近まで上昇した国が多い。新興国の株高は、先進国の積極的な金融・信用緩和策による金融市場の安定によって、新興国からの資金流出が抑えられたことで、実現している。新型コロナウイルスの感染拡大が続くなか、インド・センセックス指数、ブラジル・ボベスパ指数、ロシア・ＲＴＳ指数は堅調。一方、積極的な財政政策を行っていないメキシコでは、メキシコ・ＩＰＣ指数の戻りが鈍い。また、アジアでは新型コロナウイルスの感染拡大が続くフィリピン、インドネシアや、感染拡大を防ぐ名目で非常事態宣言の延長を繰り返しているタイの戻りは鈍い。

こうした株価の上昇には、各国の積極的な金融緩和策、大規模な経済支援策の実施による景気の急回復期待が影響している面が大きい。仮に今後、こうした市場の高い期待に実体経済の回復がついてこられなければ、株価は大幅に調整するおそれがあることに注意が必要だ。

8 コロナ禍でも新興国への資金フロー回復

コロナ危機の発生当初は、ドル需要が強まり、ドル高・新興国通貨安が進んだ。先進国の金融当局による量的緩和の拡充など積極的な金融緩和や財政政策の策定によって、過度なドル需要の修正、景気に対する楽観的な見方の強まり等を背景に、ドル安・新興国通貨高に転じた。先進国で利下げ余地がない一方、新興国は利下げを行ったことで、先進国と新興国との金利差が一段と縮小した。さらに、ドル安傾向となったことで、インド、韓国、ポーランド、チリ、コロンビア、ハンガリー、インドネシア、メキシコ、南アフリカ、トルコなどの新興国の中央銀行も混乱なく債券購入を実施しており、金利差はより縮小している。

それでも、世界経済の回復期待が維持されている間は、ドルやユーロ、円など低金利の先進国通貨を買って高金利の新興国通貨に投資するキャリートレードの需要は増加しやすいだろう。

年初からの対ドルでの新興国の為替は、大部分の国で落ち着きを取り戻している。人民元、フィリピン・ペソは上昇した。ベトナム・ドンがほぼ変わらず。インド・ルピー、マレーシア・リンギッド、タイ・バーツは小幅の下落にとどまり、再び上昇している。インドネシア・ルピアは、２０２０年３、４月に下落幅を拡大したが、その後持ち直し小幅下落まで回復した。一方、ブラジル・レアルは5月の下落から水準を上げたものの、主要な新興国通貨で最も下げている。次いで下落幅の大きいトルコ・リラは、インフレの上昇を放置していることなどによって最安値を更新中である。新型コロナウイルス感染の大幅な拡大が続く南アフリカ・ランド、メキシコ・ペソ、ロシア・ルーブルは底値から持ち直したものの、依然として年初から大幅に下落した水準にとどまっている。

新興国で新型コロナウイルスの感染拡大が長期化すると、経済活動の回復が遅れ、財政赤字や経常赤字の拡大、外貨準備不足等が進行する可能性がある。改善措置がとられなければ、資金流出が起き、これらの国の通貨は急落しかねない。そうなれば、深刻な景気後退、通貨下落の悪いスパイラルに陥るおそれがある。

9　ＦＲＢの新方針の各国への伝播

ＦＲＢは、２０２０年8月27日に長期目標と金融政策戦略の見直しを行った。これまでＦＲＢは、インフレ率の長期目標を「前年比プラス２％」としていたが、「平均で」前年比プラス２％と目標を引き上げたほか、労働市場の判断をこれまでの最大雇用に対する「乖離」から、「不足分」で判断する方法に変更した。これにより、ＦＲＢが雇用の最大化を追求する姿勢がより明確となった。

このような金融政策の枠組みの見直しが行われた背景として、雇用の最大化と物価の安定に一致するＦＦ金利の水準が過去の平均と比較して低下しているため、ＦＦ金利がこれまでよりも頻繁に実効下限（政策金利の下限のことで、米国ではゼロ％）の制約を受ける可能性があるほか、すでにＦＦ金利の下げ余地がなくなっているため、雇用とインフレに対する下方リスクが増大していることがあげられた。

雇用の最大水準に関して、ＦＲＢは自然失業率が直接測定できないほか、時間とともに変化することから、失業率などの数値目標を示すことは不適切として公表せず、これらの評価を行う際に幅広い指標を検討すると説明した。

物価目標について、ＦＲＢは「長期の期待インフレ率が、プラス２％にしっかりと固定されると、価格と長期金利の安定を促進し、重大な経済的混乱に直面した場合の最大雇用を促進するためのＦＲＢの能力を強化する」と説明した。そして、「長期的な期待インフレ率をこのレベルで安定させるために、ＦＯＭＣは長期的に平均プラス２％のインフレ率を達成することを目指す」方針を発表した。したがって、「インフレ率が持続的にプラス２％を下回って推移した期間の後は、しばらくの間、プラス２％をやや上回る程度のインフレ率の達成を目指すことが適切な金融政策と判断する」とインフレ率の一定の上振れを容認することを明確化した。

ＦＲＢがインフレ目標を平均プラス２％に変更した背景として、ここ数年失業率が完全雇用と考えられていた水準を下回ってもインフレ率が加速せず、高い経済成長を維持したことがあげられる。かつては、失業率が低下するとインフレ率がいずれ加速することが多く、それを防ぐために金融引き締めが実施されていた。しかし、経済構造の変化に伴い、失業率の低下がインフレ率の加速を引き起こすリスクは減少したとされている。

パウエル議長は、今回の新しい目標は「柔軟な平均インフレ目標（flexible average inflation targeting）」と説明した。議長は「この平均を定義する具体的な数式に縛られない」とし、厳密に数値に縛られることなく、政策の自由度が維持されると強調した。

今回の変更によって、失業率が過去最低水準に低下しても、基本的には、インフレが目標を大幅に上振れるか、バブルによる金融システム不安で先行き懸念が高まるまで、ＦＲＢは利上げを決断しないだろう。過去ＦＲＢは、利上げが遅れるとインフレ率を加速させるとして、失業率が自然失業率と推測される水準付近に低下すると、金融引き締めを行ってきた。しかし、新しい政策指針では、最大雇用の不足分を判断基準としたうえで、インフレ率が平均でプラス２％を維持できるまで、金融緩和を継続するとしている。このため、インフレを阻止するため政策金利を事前に引き上げるという、過去30年あまり続けてきた手法を事実上、取りやめることを明確にした。

ＦＲＢの長期目標の金融政策戦略の見直しは、為替市場に将来影響を与える可能性がある。主要国の中央銀行は、金融緩和期間の見方の違いによって通貨高に見舞われるおそれがあるため、ＦＲＢと同様のインフレ目標の見直しを行うか、あるいは追加の金融緩和を実施する可能性がある。ただし、日本は、プラス２％のインフレ目標を継続的に下回っているため、影響は限定的とみられる。

10　大規模金融緩和の出口戦略はかなりの時間が必要

ＦＲＢなど主要国の中央銀行が金融緩和政策の出口に至るまでにかなりの時間を要するとみられる。特に、日銀、ＥＣＢは２００８年の世界金融危機以降、利上げをできないままでコロナ危機を迎え、マイナス金利の深掘りはせずに量的緩和の拡大を実施した。量的緩和は、これまで非伝統的な金融政策と呼ばれてきたが、いまや通常の金融政策になっている。２００８年の世界金融危機以降、主要国では唯一ＦＲＢが出口戦略を実行でき、利上げを行った。ただし、ＦＦ金利は２・25～２・50％と歴史的に低い水準で利上げを終了した。

出口戦略では、前提として新型コロナウイルスの安全なワクチン・治療薬が開発され、景気拡大が先行きも継続すると予想される環境に回復することが必要だろう。そのうえで、まず資産購入額の段階的な縮小、購入停止、当面バランスシートの水準を維持しながら利上げを開始する。その後満期を迎えた資産への再投資を終了し、拡大したバランスシートを経済に適した水準まで縮小させる。あるいは、利上げの前に満期を迎えた資産への再投資の終了を実施する方法もある。どちらの出口戦略を行う場合でも金融市場の混乱や景気悪化を招かないように慎重に行うことになろう。非伝統的な金融政策を強化したため、政策を転換する際のコミュニケーション戦略が重要である。タイミングを誤ると、２０１３年のバーナンキ・ショックのように金融市場の混乱につながるおそれがある。すなわち当時のバーナンキＦＲＢ議長がバランスシートの縮小を示唆したことで、政策変更を警戒した金融市場は混沌とした状況となり、新興国からの資金流出につながるなど、リスク・オフの動きが広まり、世界規模の大混乱となった。

主要中央銀行で最も出口に近いのはＦＲＢであるが、長期目標と金融政策戦略を見直したことから、今回は金融危機後よりさらに慎重に出口戦略を行うとみられる。

11 ウィズコロナの金融市場は低金利と株高

ウィズコロナ期は、新型コロナウイルスの感染拡大と収束が繰り返される状態のため、経済成長は抑制され、財政や金融政策による支援が継続されよう。財政によるサポートは、財政赤字の拡大により限界があることから、徐々に弱まるとみられ、低金利政策が長期化しよう。

コロナ禍がインフレを加速することを警戒する見方がある。しかし、供給能力は被害を受けていない一方、需要は鈍化しているため、需給はひっ迫しにくい。医療器具など一部の需要の強まりで価格が上昇しているが、物価全体への影響は限定的である。また、サービス業ではコロナ対策でコストが上昇しているものの、需要の減少によって価格引上げが困難なため、コロナ禍でインフレ率は低位で推移すると予想される。

先進国の債券市場は、量的緩和で債券購入が続くため、金利が上昇しにくい状況が続くとみられる。株などリスク資産に資金が流れやすく、株価は緩やかな上昇基調をたどるのではないか。

為替市場では、ＦＲＢが事実上のゼロ金利政策を維持するほか、ＥＣＢ、日銀は、マイナス金利の継続が予想されるため、ドル・円、ユーロ・ドル相場に方向性を見出すことはむずかしい。

新興国通貨では、行き過ぎた金融緩和、経常赤字の拡大、財政赤字の拡大が続く国の通貨が下落しやすいとみられる。

12 ポストコロナの金融市場は政策変更がリスクに

ポストコロナは、安全で効果的な治療薬やワクチンが開発され、それをだれもがいつでも利用できる状態となることで、人の移動も増え、経済活動は活発化しやすくなるだろう。一方、ウィズコロナ期に積み上がった債務の削減が必要となり、家計や政府によるデレバレッジの動きが強まらざるをえない。政府は、増税や歳出削減によって、財政赤字の縮小を迫られよう。家計は次の危機への備えとして貯蓄を増やす行動に出るほか、返済負担の増加により債務残高の削減を行う必要があり、消費などの伸びは抑制されやすい。このため需要が伸び悩むとみられ、インフレ圧力が高まりにくい。金融当局は、債務削減の動きが強ければ、低金利政策を継続するとみられる。貯蓄は金融市場に流れるため、株価、金などを支え、債券利回りの抑制につながろう。

一方、過去と同様にデレバレッジが積極的に行われなければ、経済成長が加速し、インフレ圧力が強まるため、金融当局は金融緩和策を縮小し、引き締めに転じると予想される。債券利回りは上昇に転じよう。株価は、金利上昇等によって、いったん水準調整するものの、経済成長の加速を背景とした業績拡大期待から、上昇トレンドに回帰しよう。

金融政策のスタンスの変更は、世界金融危機後のように、FRBが先行するとみられることから、為替市場では、ドルが水準を切り上げるとみられ、円安、ユーロ安に向かいやすい。新興国通貨は、金利差の縮小のほか、債務問題への対処などが重視され、資金流出による混乱によって通貨危機が起きるおそれがある。

第7章

揺れに揺れた日本の経済政策

星野　卓也

1 日本における政府のコロナ危機対応

2月25日　政府基本方針決定

２０２０年1月16日、厚生労働省は武漢に滞在歴のある男性から、新型コロナウイルスが検出されたことを発表した。これが、日本における初めての新型コロナウイルスの感染事例となる。その後、1月30日に世界保健機関（ＷＨＯ）は、新型コロナウイルス感染症に関する緊急事態宣言を発令した。日本政府もこれを受け、「新型コロナウイルス対策本部」を設置し、対応にあたることとなった。2月13日には、コロナ対策第1弾として「新型コロナウイルス感染症に関する緊急対応策」が決定、帰国者への支援や水際対策の強化、日本政策金融公庫などを通じた緊急貸付・保証枠の確保などに１５３億円を充てた。

その後、2月25日に政府は「新型コロナウイルス感染症対策の基本方針」を決定した。ここでは、新型コロナウイルスの小規模患者クラスター（集団感染）の発生を指摘し、早期の感染収束のためにはクラスターが次のクラスターを生み出すのを防止することが重要、との指針が示された。これを受け、安倍首相（当時）は2月29日の会見において、「これから1、2週間が、急速な拡大に進むか、収束できるかの瀬戸際」であるとし、全国的なスポーツ、文化イベントの中止や延期、規模縮小を要請したほか、感染事例のあったスポーツジムやビュッフェスタイルでの会食を例にあげ、感染リスクの高い場所・形態での活動を控えるよう求めた。さらに、全国すべての小学校・中学校、高等学校、特別支援学校について、３月２日以降の臨時休校を要請した。経済活動への影響はこのころから徐々に広がっていくことになる。

3月13日　特別措置法成立

３月に入り、政府は５日に海外渡航者からの感染を抑止する観点から、中国・韓国からの入国制限を発動した。10日には、対策本部が緊急対応策の第２弾を決定した。ここでは、休校要請に伴って就労がむずかしくなった保護者への支援や、休業状態にある人に企業が休業手当を支払う際の補助金である雇用調整助成金の拡充、政府系金融機関を通じた資金繰り支援などが盛り込まれた。総額は国や地方の支出を伴う財政措置が４３０８億円、金融措置（融資枠等の総額）が１・６兆円にのぼった。13日には新型インフルエンザ等対策特別措置法に、新型コロナウイルス感染症を加える法改正が成立した。同法は国の緊急事態宣言発令の根拠法であり、これにより政府は緊急事態宣言の発令を行うための法的根拠を得た。24日には、２０２０年８月に予定されていた東京オリンピック・パラリンピックの延期が決定した。25日には、東京都内での感染者数の増加を受け、小池東京都知事が「感染爆発重大局面」にあるとして、週末の外出自粛やいわゆる3密（密閉・密集・密接）の回避、テレワークの推進を求めた。

4月7日　7都府県に緊急事態宣言

28日の会見で安倍首相は、「緊急事態を宣言するかどうかの瀬戸際の状況」「長期戦を覚悟していただく必要がある」と述べ、後の緊急事態宣言発令の布石を打った。同時に、リーマン・ショック時を上回る「かつてない規模の経済対策」を打つことも表明した。

そして、4月7日、特に感染症例の多かった東京・神奈川・千葉・埼玉・大阪・兵庫・福岡の7都府県を対象に、政府は緊急事態宣言を発令、その後の感染の広がりを受けて16日には全国に対象が拡大された。

「緩い」緊急事態宣言でも大きな効果

緊急事態宣言によって、各都道府県知事が法律に基づいて感染防止に必要な協力を要請・指示することが可能になったが、日本の緊急事態宣言に基づく要請には法的な強制力はない。諸外国では罰則付きの外出禁止命令や交通機関の停止を伴う都市封鎖（ロックダウン）が行われたが、日本の緊急事態宣言にこうした強制力はない。国や地方の権限でできるのはあくまで要請のレベ

図表7－1　主要都市の外出動向（平時対比・小売店・レクリエーション施設）

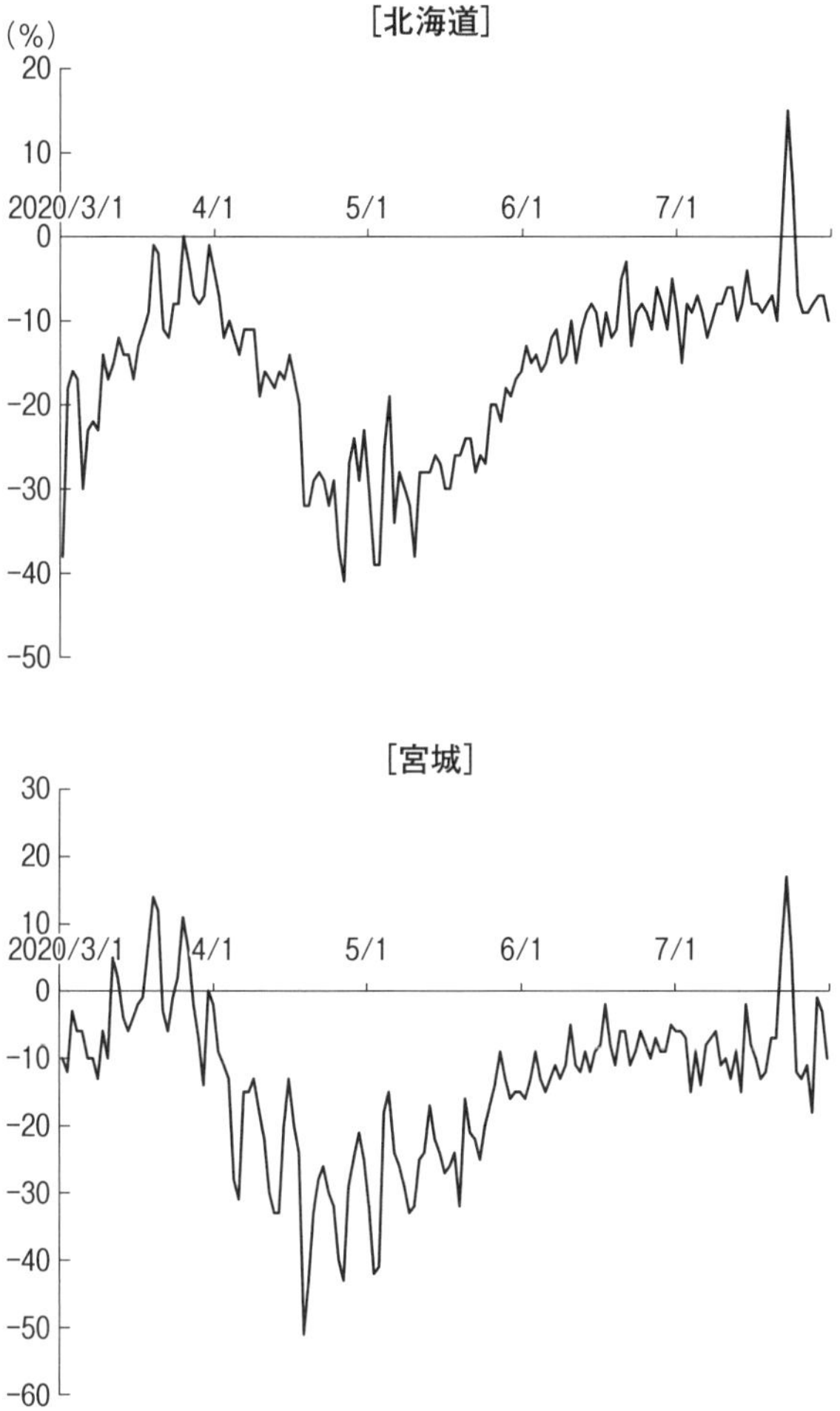

［東京］

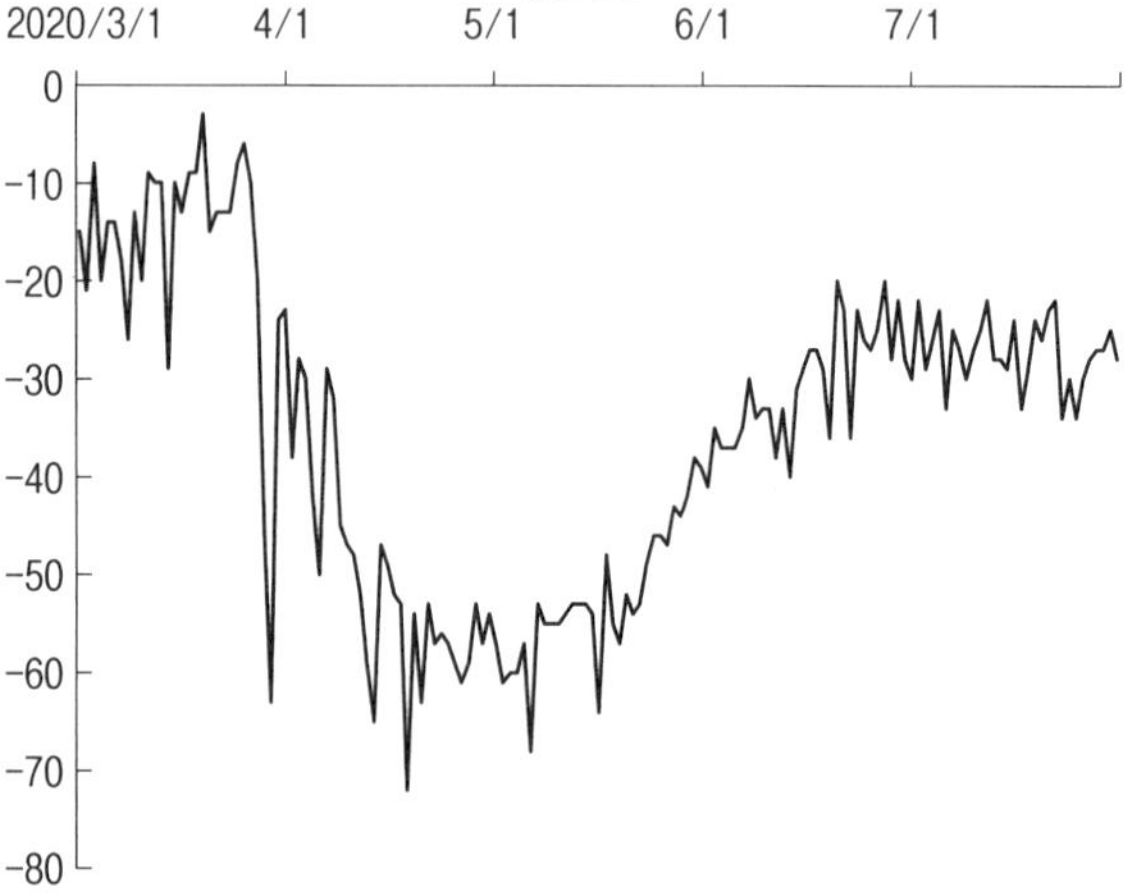
2020/3/1
4/1
5/1
6/1
7/1
0
−10
−20
−30
−40
−50
−60
−70
−80

［愛知］

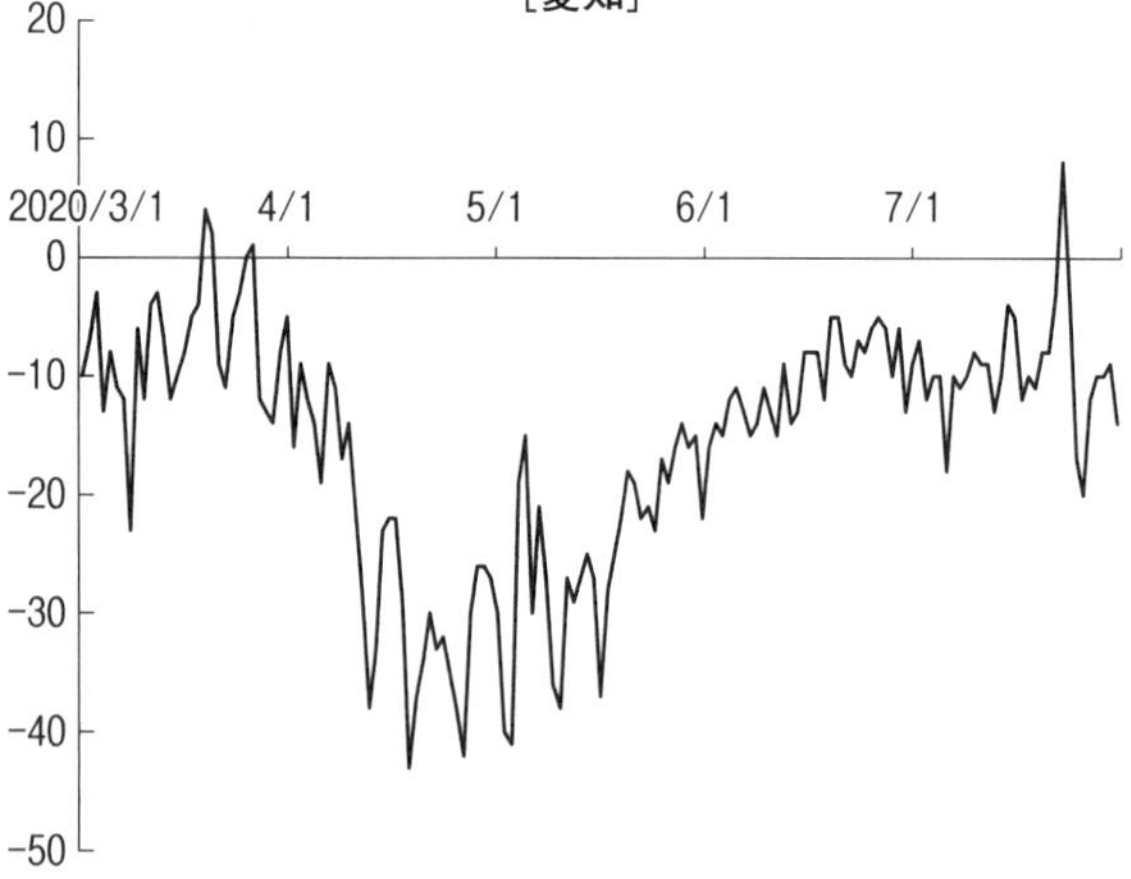
20
10
2020/3/1
4/1
5/1
6/1
7/1
0
−10
−20
−30
−40
−50

[大阪]

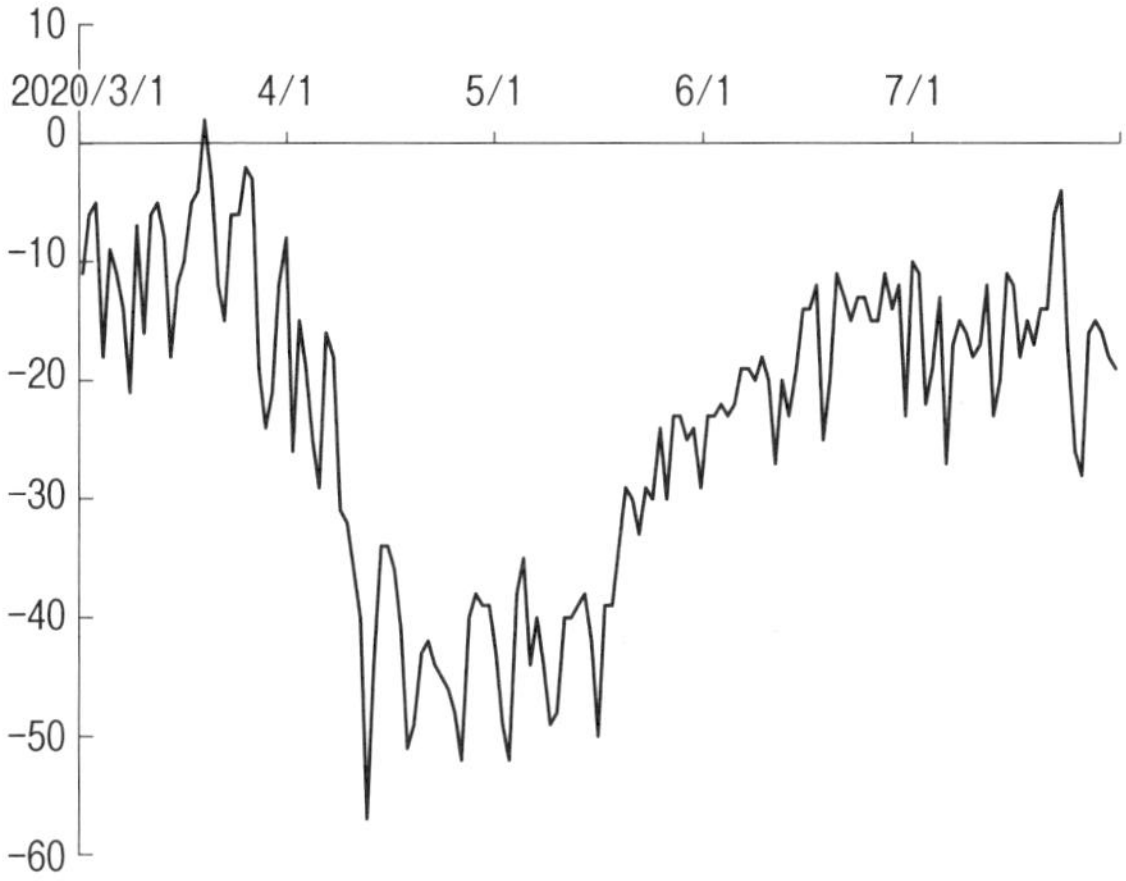

[福岡]

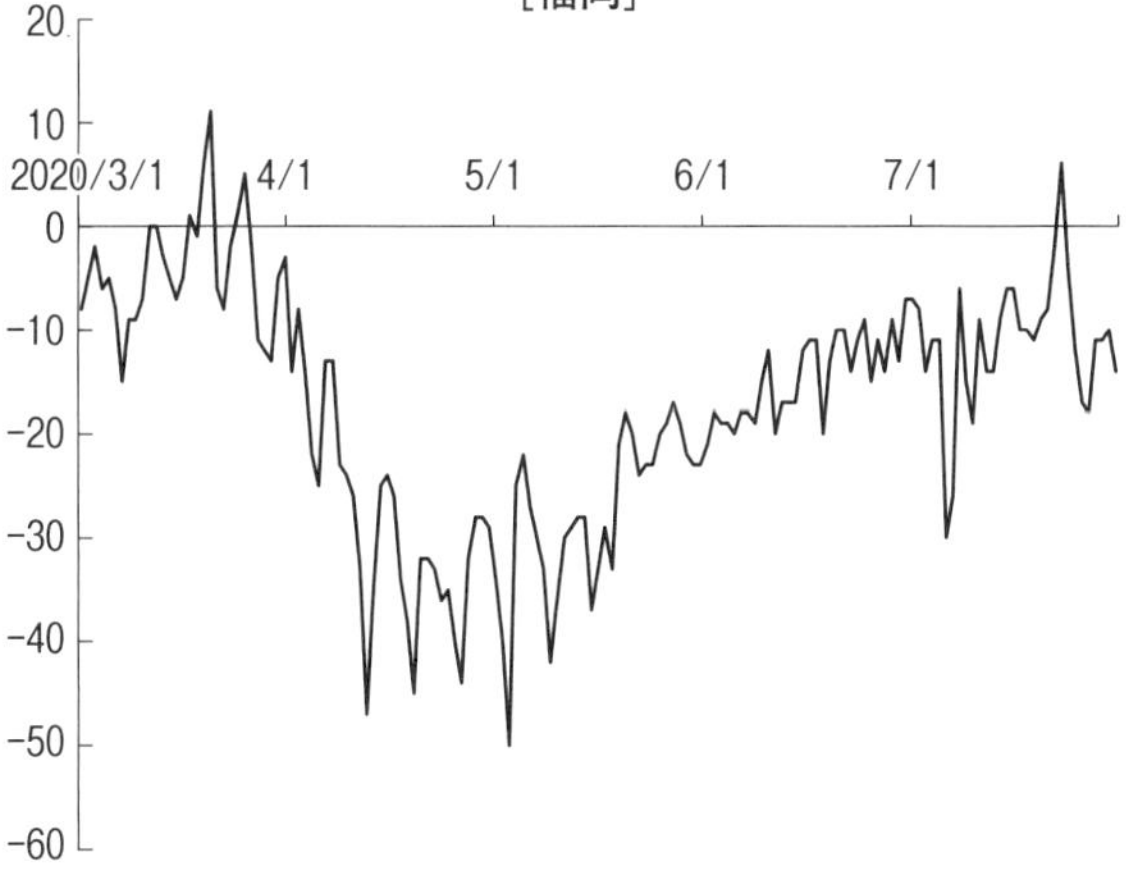

（出所） Googleより第一生命経済研究所作成

ルである。

このように、日本の緊急事態宣言は諸外国と比べれば「緩い」内容であったが、多くの国民は要請を受けて外出を控えた。図表７－１は、グーグル社が新型コロナウイルスの防疫に活用する観点で公表した携帯電話の位置情報に基づく外出状況のデータである。新型コロナウイルスが広がる前をベースラインとして、そこから外出状況がどれほど変わったかを示している。緊急事態宣言の発令とともに外出時間が大きく減少している点が確認可能だ。緊急事態宣言の解除はその後5月14日に39県で、21日に大阪・京都・兵庫で、25日には北海道・東京・神奈川・千葉・埼玉での解除が決定し、同時に外出も増加した。強制力のない緊急事態宣言だが、その効果は大きかった点がデータからも確認できよう。

2　甚大だった経済へのダメージ

リーマン危機を上回った4－6月期GDPの落込み

コロナ禍の影響を大きく受けた２０２０年４－６月期のＧＤＰ統計は前期比年率で2割超の落

込みを記録した。1四半期での落込み幅はリーマン危機時を上回る歴史的なものとなった。

特に甚大な影響が及んだ業態は、ほかの海外諸国と同様、人との接触や移動を伴うサービス関連業種である。経済産業省の「第三次産業活動指数」はその産業における売上げや価格データ、販売数量のデータなどを統合し、各産業における数量ベースでの経済活動レベルを推し量ることのできる指標だ。これを用いて、コロナ前の2019年平均値と緊急事態宣言下の2020年4~5月の指数を比較してみた。特に影響の大きかった業種は以下のとおりである。プロ野球などのプロスポーツ興行がマイナス100・0%、海外旅行マイナス98・4%、映画館マイナス98・4%、遊園地・テーマパークマイナス97・7%、結婚式場マイナス94・9%、国内旅行マイナス94・6%、パブレストラン・居酒屋マイナス90・8%、劇場興行団マイナス74・0%、写真業マイナス70・2%、喫茶店マイナス70・0%、パチンコホールマイナス69・7%、浴場業マイナス66・9%など。人の集まる場所を提供する形式のサービス業を中心にその影響が大きくなったことがわかる。

失業率よりも休業者数に表れた雇用喪失

また、雇用にも影響が及んだが、それは即座に「失業の増加」として表れるものではなかった。失業率は2020年3月には2・5%だったが、緊急事態宣言の発令された4月に2・6%、

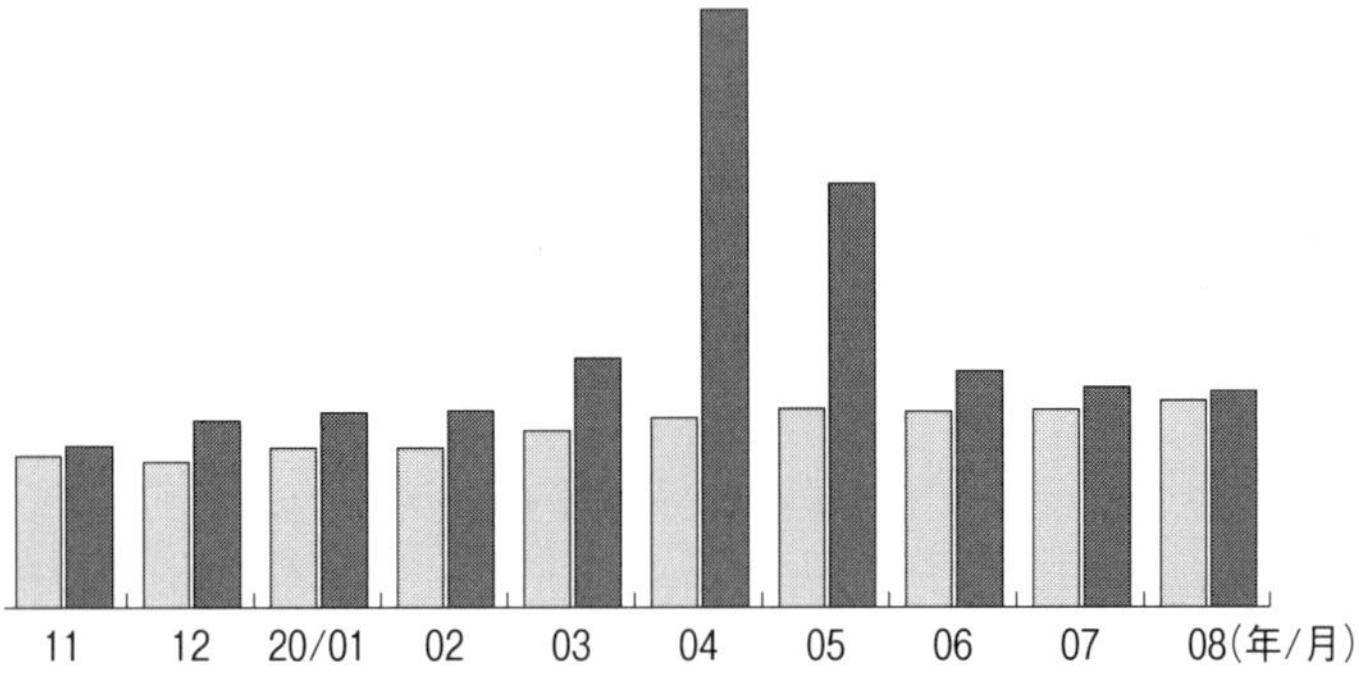

5月に２・９％となった。たしかに上昇はしたのだが、対人サービス業が活動停止に追い込まれているなかでは、むしろ失業率の上昇幅は限定的にも映るものだった。しかし、コロナ危機の影響は別の数字「休業者数」に顕著に表れていた。休業者数は「雇用関係などを維持しながらも、調査期間に働くことのなかった人数」を指す。平時であれば、病気やケガなどで一時的に仕事を休んでいる人が属するカテゴリである。また、20～30代の女性も多く、産前産後休業や育児休業を取得して休んでいる人がここに分類されている。この休業者数が、２０２０年2月に１９６万人だったところ、３月に２４９万人、４月に５９７万人まで急増したのだ。外出自粛要請のもとで経済活動がストップす

図表7－2　急増した休業者数

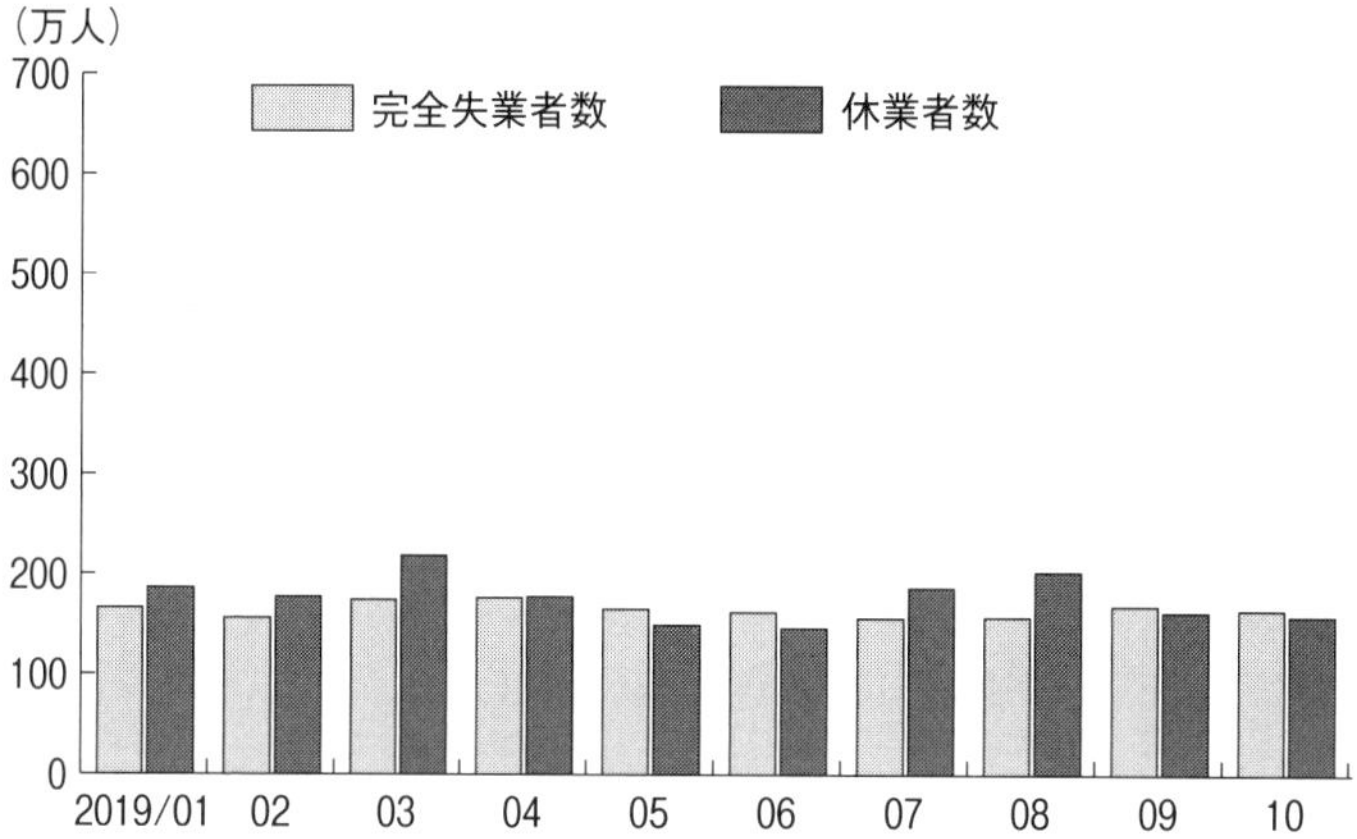

（出所）　総務省「労働力調査」

るなか、雇用を保ちながらも仕事を失った人が増加したことを示している（図表7－2参照）。

　緊急事態宣言の解除された5月（423万人）、6月（236万人）と落ち着きがみられたが、それでも休業者数は平時よりも高い水準での推移が続いた。ソーシャル・ディスタンス（社会的距離）の確保などの感染対策が制約となり、対人サービス業ではコロナ前の経済活動水準にすぐに戻れたわけではない。休業者数の動向は、コロナの影響が緊急事態宣言解除後も続いたことを示している。

コロナ禍が「ウチ消費」を創出

　コロナ禍は対人サービス業を中心に甚大な影響をもたらしたが、一方で新たな需要も創出している。総務省の「家計調査」は、品目ごとに細かく支出の動向を把握することのできる統計だ。これを用いて、緊急事態宣言下の４月の品目別支出を確認してみると、いくつかのトレンドがみえてくる。

まず、食の分野では外食関連の支出が軒並み激減する一方で、「豚肉」が（前年比プラス21・４％）、「ニンジン」（同プラス52・２％）など、食材の支出が増えた。在宅時間が増えたことで自炊の機会が増えたためだ。また、「ウイスキー」が（同プラス60・３％）、「チューハイ・カクテル」（同プラス41・２％）など酒類の支出が増加した。居酒屋などの営業が制限されたことを受け、家での飲酒機会が増えた。接触を避けるためにオンライン飲み会が流行したことも影響した。生活関連では、在宅勤務の広がりなどを受けた「化粧品」や、「理髪料」、「マッサージ料金」などが減ったが、マスクを含む「保健用消耗品」が（同プラス１２８・８％）、「せっけん」（同プラス29・６％）など感染防止グッズの支出が伸びた。

また、自宅にいながら楽しめる趣味としてガーデニング需要が拡大し、「植木・庭手入れ代」（同プラス１７０・５％）が増えた。娯楽関連では先にみたように「スポーツイベント」や「映画館」の支出が激減したが、その一方で「ケーブルテレビ放送受信料」（同プラス27・３％）、「ゲームソフト」（同プラス１０６・５％）の支出は伸びた。家にいながら楽しめる娯楽としての需要が伸びたのだろう。また、テレワークの増加から、「パソコン」（同プラス78・３％）、「インターネット接続料」(同プラス19・9%)が伸びた。

このように、消費に関して「ソトからウチへ」の構造変化を生み出した点も新型コロナウイルスの経済活動への影響の一つである。

3 大規模経済対策と噴出した問題点

ここまで、日本における新型コロナウイルスの感染拡大に対する政府の対応、緊急事態宣言の発令下における経済への影響をみてきた。次に、コロナ禍を受けた政府の経済対策について確認していく。章のタイトルにも名づけたように、日本の経済政策は「揺れに揺れた」。その過程で、日本の経済政策のさまざまな問題点があらわになっていった。この点を詳説する。

迷走した家計向け30万円給付金

政府は、経済への悪影響を抑えるために、2020年度に入って大規模な財政出動に踏み切った。4月7日の緊急事態宣言の発令と同時に打ち出された事業規模108兆円の緊急経済対策だ(コロナ対策第3弾)。内容は、企業の資金繰り対策や雇用維持、生活保障に重点が置かれたものであった。中小・小規模事業者への実質無利子融資を実施するための利子補給、事業収入が前年同月比50%以上減少した事業者に対し、減少分相当の給付金を支給する持続化給付金事業（中堅・中小企業は上限200万円、個人事業主は上限100万円）や、雇用調整助成金の拡充・延長が盛り込まれた。また、家計向けの現金給付として、月間収入が住民税均等割非課税水準に達するなど、一定要件を満たした世帯を対象に、1世帯30万円の給付を行うこととした。

しかし、この30万円の家計向けの条件付現金給付に対して、不満が噴出することになる。第一の問題点としてあげられたものが、給付条件の煩雑さである。給付対象となる世帯は、「世帯主の収入が2～6月の任意の月において、①新型コロナの影響で減少し、住民税非課税水準になる、または②新型コロナの影響で半分以上減少し、住民税非課税水準の2倍以下となる」というものだった。自分が対象世帯であるかどうかを確認するため、過去の収入や世帯人員によって変わる住民税非課税水準を確認する必要が生じる。申請手続などにかかる時間も考えれば、支給までに時間がかからざるをえず、必要なところにすみやかに資金が行き渡らない、という点が問題視されたのである。

また、この給付金は対象となった「世帯」に30万円を給付するものであり、1人世帯であろうと4人世帯であろうと給付額は30万円で変わらない。この点が子育て世帯などへの軽視だとされた。このほか、対象となる収入が世帯主収入であることも、共働き世帯が主流となるなかで不公平であるとの指摘、対象世帯になるために収入を調整するような事態も想定されるといった指摘など、各方面から条件付現金給付の問題点が噴出した。

政府はこうしたさまざまな批判を受け、4月20日に緊急経済対策を修正、再度閣議決定するという異例の措置をとる。家計向け現金給付は、減収世帯に世帯当り30万円を支給するものであったが、1人10万円を条件なしで一律に支給することとした。現金給付のスピードや対象世帯の線引きの煩雑さや不公平感の解消を目指す決断だった。

日銀の国債購入上限を事実上撤廃

政府に歩調をあわせるかたちで、日本銀行は4月27日の金融政策決定会合において、金融政策の修正を行った。ここでは、コマーシャル・ペーパー（CP）、社債の買入れ増額などに加え、国債の積極的な買入れを行うとし、「80兆円をメド」とされてきた日銀の国債購入上限が事実上撤廃された。政府の財政出動はそのほとんどが国債発行を通じてまかなわれるなかにおいて、その金利上昇圧力を金融政策が抑えるかたちとなった。金融政策は財政政策の側面支援の役割を果たすこととなる。

第二次補正で史上最大の財政出動

政府はその後、６月に第二次補正予算を決定し、財政政策の追加を行った。事業規模は１１７兆円にのぼるもので、先の４月の補正予算とあわせて過去に例のない大規模財政出動となった。内容は、資金繰り対応の強化や医療体制の充実、事業者向けの家賃支援給付金などだ。また、雇用対策として雇用調整助成金の拡大が再度行われたことに加え、これとは別途、個人向けの休業者給付金制度が創設された。企業向けの雇用調整助成金とは別に新たな給付金制度が創設された背景には、既存の雇用調整助成金に対する不満の高まりがあった。

4 雇用調整助成金はどこに問題があったのか

失業防止策の中核を担う

今回のコロナショックのもとで、特にその不備が目立った制度が、「雇用調整助成金」である。雇用調整助成金は、企業が労働者に休業手当を支給する際の助成金である。労働基準法は、使用者の責で休業が行われる際に、休業する労働者に平均賃金の６割以上を支給する義務を定めており、雇用調整助成金はこの休業手当の一定割合を補てんする制度だ。厳しい経済環境のなかでも企業に雇用維持を促し、失業者を抑えることを目的とした仕組みだ。コロナ前から雇用保険料を財源とした雇用安定事業として行われているものである。

今回のコロナショックのもとで、雇用調整助成金は初期の失業防止策の中核を担っており、緊急対応期間として設定された２０２０年４月１日〜９月30日の期間（後に延長が決定）、さまざまな面で拡充が行われた。通常、中小企業の場合には休業手当の３分の２が助成されるところを、緊急対応期間支給率を５分の４に、さらに解雇などを行わなければ10分の９に、加えて休業要請を受けるなど一定の要件を満たした場合は10分の10に引き上げられた。また、手続の煩雑さを解消するため、手続書類や記載事項の簡素化も進められた。

支給対象の労働者の範囲も拡充されており、短時間労働者をはじめとした雇用保険外の労働者も対象に加えられた。６月の第二次補正予算において、日額の上限引上げも行われた。雇用調整助成金の日額上限は１人当り８３３０円となっていたが、日額１万５０００円程度への引上げが決まった。コロナ危機のもとで、雇用調整助成金は数次にわたって拡充が行われた。

煩雑な手続と支給の遅れに不満噴出

しかし、雇用調整助成金は想定どおりの機能を果たしたとは言いがたい。課題となったのは申請手続の煩雑さとそれに伴って生じた政策スピードの「遅さ」だ。雇用調整助成金の特例措置については、申請が４月13日から開始されたが、４月13日～５月１日の週における支給決定件数は全国で５２２件、申請件数５１１９件の10・２％にとどまった。その後、受付窓口の体制強化が進んだこともあって、５月２日週の支給／申請率は29・３％、５月９日週には42・８％と徐々に改善していったが、それでも数日で支給が行われ、迅速に資金が行き渡る仕組みを構築した欧米諸国に比してその遅さが際立つことになった。

政府はこうした現状に鑑みて、６月のコロナ対策第４弾において、休業状態にある労働者に対して、雇用保険から特例的に給付を行うことを決めた。通常、雇用保険は職を失って次の職探しをしている人を主な対象としているが、例外的に雇用関係を維持している人も給付の対象とすることとした。東日本大震災の際にも用いられた「みなし失業」のスキームをベースにしたものである。

一時的な「持出し」が助成金利用を阻む

休業者給付金創設の背景には、先にみたように雇用調整助成金の支給が思うように進んでいないことがあった。雇用調整助成金は手続の煩雑さがたびたび指摘され、その煩雑さから申請を見送る企業も出てきていた。また、利用する企業側にとって資金繰りの観点で使いにくい制度になっているという問題もあげられる。雇用調整助成金は「休業手当を支払ったこと」を要件とした休業手当支払後に支給される後払いの助成金であるため、支給されるまでの期間は企業側に持出しが発生する。新型コロナウイルスの感染拡大に伴う需要の急速な蒸発によって、資金繰りに窮している企業にとっては、この一定期間の持出しが助成金利用のハードルになったのである。

遅ればせながら休業者への直接給付制度が新設

また、雇用調整助成金の抱えるもう一つの問題点として、労働基準法の休業手当は、新型コロナによる休業を行った際に、必ずしも事業主に支払が義務づけられているものではない、ということがあげられる。休業手当は「使用者の責」での休業時に労働者に支払うことが労働基準法で義務づけられている。ただし、厚生労働省の通達では、①原因が事業の外部より発生した事故であること、②事業主が通常の経営者として最大の注意を尽くしてもなお避けることのできない事故であることの2点が満たされれば、「使用者の責」には当たらず、支給義務も発生しない旨が示されている。つまり、企業側が休業を回避するために最大限の努力をすれば、休業は不可抗力とみなされ、休業手当の支給も事業者側の判断、雇用維持への意志に委ねられているのが実情であった。休業手当が支給されなければ、その助成のための雇用調整助成金の支給も進まない。こうなれば困るのは休業によって無給状態に陥る労働者である。このように、休業手当が支給されない、という旨の労働相談が増えたことも、休業者に失業給付を特例的に支給する、という判断を後押しした。

このように、雇用調整助成金が手続の煩雑さや支給が必ずしも行き渡らないという問題を抱えるなかで、最終的に休業者に公共職業安定所（ハローワーク）を通じて直接給付する制度が新設された。

米国は雇用維持企業に返済免除の緊急融資

紆余曲折のあった雇用維持策だが、海外と比較したときにどういった点が課題としてみえてくるのか。米国と英国の例をみていきたい。

米国では、給与保護プログラム（Paycheck Protection Program：ＰＰＰ）と呼ばれる政策が打ち出された。これは中小企業を対象として融資するものだが、最大の特徴は「雇用を維持した企業に対しては最大１０００万ドルの返済を免除する」としていることだ。融資の名を冠してはいるが、実質的には雇用維持に対する給付に当たる。これに対して、日本の雇用調整助成金は、「雇用を維持する」「休業手当を支払う」ことを条件に企業が助成金を受けることができる制度だ。一方で、米国ではまず融資として企業に資金を提供した後に、「雇用を維持していなければ」返済を求める、という方法をとった。順番が反対になっており、この点が資金繰りに窮した企業にとっては大きな違いとなる。また、雇用調整助成金はハローワークが申請窓口になるが、米国のＰＰＰは民間金融機関が広く融資を行っており、この点も支給の迅速化につながっている。

英国政府は従前の給与の8割を先払い

一方、英国では、給与の8割を政府が給付する制度が設けられた。日本の雇用調整助成金は企業の支給した休業手当（労働基準法の最低ラインは平均賃金の60％）のうちの一定割合が支給される。日本の雇用調整助成金に似た制度にみえるが、英国の制度では従前の給与額×80％が支給される。実際の「休業手当支給額」を基準とせず、「従前の給与額」を基準としていることに加え、給与支払日の14日前から申請可能で申請から数日で支給される。つまり、企業は助成金を「給与支払前」に受け取ることが可能なスキームになっているのだ。ここが休業手当の支払を条件に、助成金を支給する雇用調整助成金との決定的な差である。英国の制度は助成金の先払いがなされる点で、企業の資金繰りに配慮された設計になっているのだ。

5 デジタル行政の遅れが効率的対策の実施を阻む

迷走した家計向け給付金

日本では、家計向けに１人当り10万円の「特別定額給付金」を支給した。一方、米国では大人１人当り１２００ドル（約13万円）、子ども１人当り５００ドル（約５万円）の現金給付が行われた。米国の給付金の支給対象は主に低中所得者となっており、高所得者には支給されなかった。日本では、すべての人に一律給付となった点で給付の範囲が異なっている。

日本の現金給付も、当初は住民税非課税世帯などの低所得者に30万円を給付することが決まっていたが、線引きを設けることで事務手続が煩雑になり給付の遅れにつながる、などの指摘を受けて一律10万円に切り替えられた。

米国が所得での線引きによる給付を行うことができる理由の一つにSocial Security Number

（社会保障番号）の普及がある。番号をもっていることが現金給付を受ける要件にもなっている。米国では、番号に前年の確定申告における所得が紐づいていることから、所得での線引きを容易に行うことができるのだ。これに対して日本では、低所得者のラインとして「住民税が非課税であること」、という線引きが頻繁に用いられるが、その情報は納税先の地方自治体が各々保有しているため、支給までの手続にどうしても時間がかかってしまう。行政のデジタル化の進み具合の差が、実際の政策の違いとなって表れた事例といえるだろう。

縦割り対策を一元的に利活用できない

また、日本の制度の「利用しにくさ」は日英のウェブサイトを比較することでより鮮明になる。英国では、新型コロナウイルスを受けた経済対策を含め、政府サービスの情報がウェブサイト上で一元的に整理されている。コロナ関連の経済対策についても、利用者が自らの企業が属する業種や企業規模などに関する質問に答えていくことで、受けられるさまざまな政府支援が一括で表示され、それぞれの支給要件や手続に関する情報をチェックすることができる。

この点、日本でも首相官邸のウェブサイト「くらしとしごとの支援策」において、無利子・無担保融資や給付金などコロナ関連の経済対策をまとめたページが設置されている。しかし、そのサイトの構造は英国と大きく異なっている。サイトには、「持続化給付金」や「雇用調整助成金」

など、それぞれの政策名称が記載されており、名称をクリックすると経済産業省や厚生労働省など各所管の官庁や金融機関のサイトへ飛ぶかたちになっている。当然、各所管のウェブサイトのフォーマットはバラバラであり、どのような支援策であり、どのような人が受けられ、どのような申請が必要なのか、といった情報を各サイトの情報から照合していかなければならない。

デジタル・ガバメントの構築は「一丁目一番地」

このように、今回の新型コロナウイルスの感染拡大のもとで、多くの国では経済政策として雇用維持や生活保障のための給付金支給や資金繰り支援を重点的に行った。日本も同様である。しかし、そのなかで際立った点が、日本の政策スピードの遅さ、制度の複雑さ、申請の煩雑さ、利用しづらさ、ＩＴインフラの弱さなどだ。

こうした背景から、７月に閣議決定された経済財政運営と改革の基本方針２０２０（通称：骨太の方針）では、医療供給体制の整備などの新型コロナへの対応を強化する点に加え、「我が国社会全体のデジタル化を強力に推進する。まずは、デジタル・ガバメントの構築を、早急に対応が求められる、言わば一丁目一番地の最優先政策課題として位置付け、行政手続のオンライン化やワンストップ・ワンスオンリー化など取組を加速する」として、行政部門のデジタル化を最優先で強化する方針が明示された。

日本はこれまで、デジタル・ガバメントの取組みに対して無策だったわけではない。２００１年の「e-Japan 戦略」、２０１０年の「新たな情報通信戦略」、２０１２年の「電子行政オープンデータ戦略」、２０１８年の「デジタル・ガバメント実行計画」などを通じて電子政府の取組みを推進してきた。７月10日に公表された国連の電子政府ランキング（E-Government Survey）によれば、電子政府化の統合指標であるE-Government Development Index（ＥＧＤＩ）のランキングは１９３カ国中14位で最上位グループだ。電子政府化の計画立案や通信インフラなどが評価されており、電子政府化のスコアは「非常に高い」のカテゴリに分類されている。

ただ、経済協力開発機構（ＯＥＣＤ）の報告書（Digital Economy Outlook 2017）によれば、日本で電子申請を経験したことのある個人の割合は５・４％で、調査国31カ国中最下位となっている（図表７－３参照）。日本は国としてデジタル化に積極的に取り組んできたが、個人レベルでの利用は広がっていないという状況にあると考えられる。国連評価においても、利用者レベルでの浸透度合いが評価されているわけではなかった。

建物構築物を偏重してきた日本の固定資産投資

また、日本は行政デジタル化に無策だったわけではないが、その優先順位は決して高くなかった。その点は、政府の投資の姿をみると明らかになる。日米ユーロ圏のＳＮＡ統計から、政府の

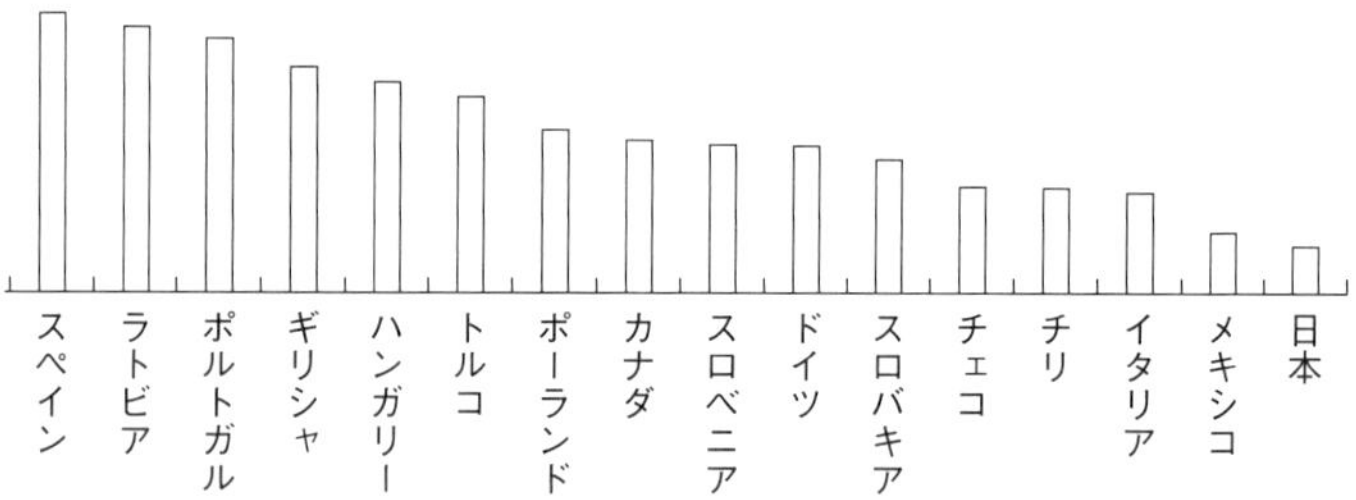

保有する固定資産の内訳を確認してみた。SNA統計では、固定資産の内数として知的財産生産物(Intellectual Property Products)というカテゴリがある。ここに計上されるのはデジタル化にかかわるソフトウェアや研究開発投資などの「無形資産」だ。各国政府の固定資産ストックについて、この知的財産生産物の割合をみたものが図表7－4である（2017年の値）。その順位をみると、デジタル・ガバメントに先進的に取り組むデンマーク（18・2％）が抜きん出ており、オーストリア（8・4％）、米国（8・3％）が続いている。日本は2・8％で、取り

図表7－3　国別：電子申請を経験した個人の割合（2016年）

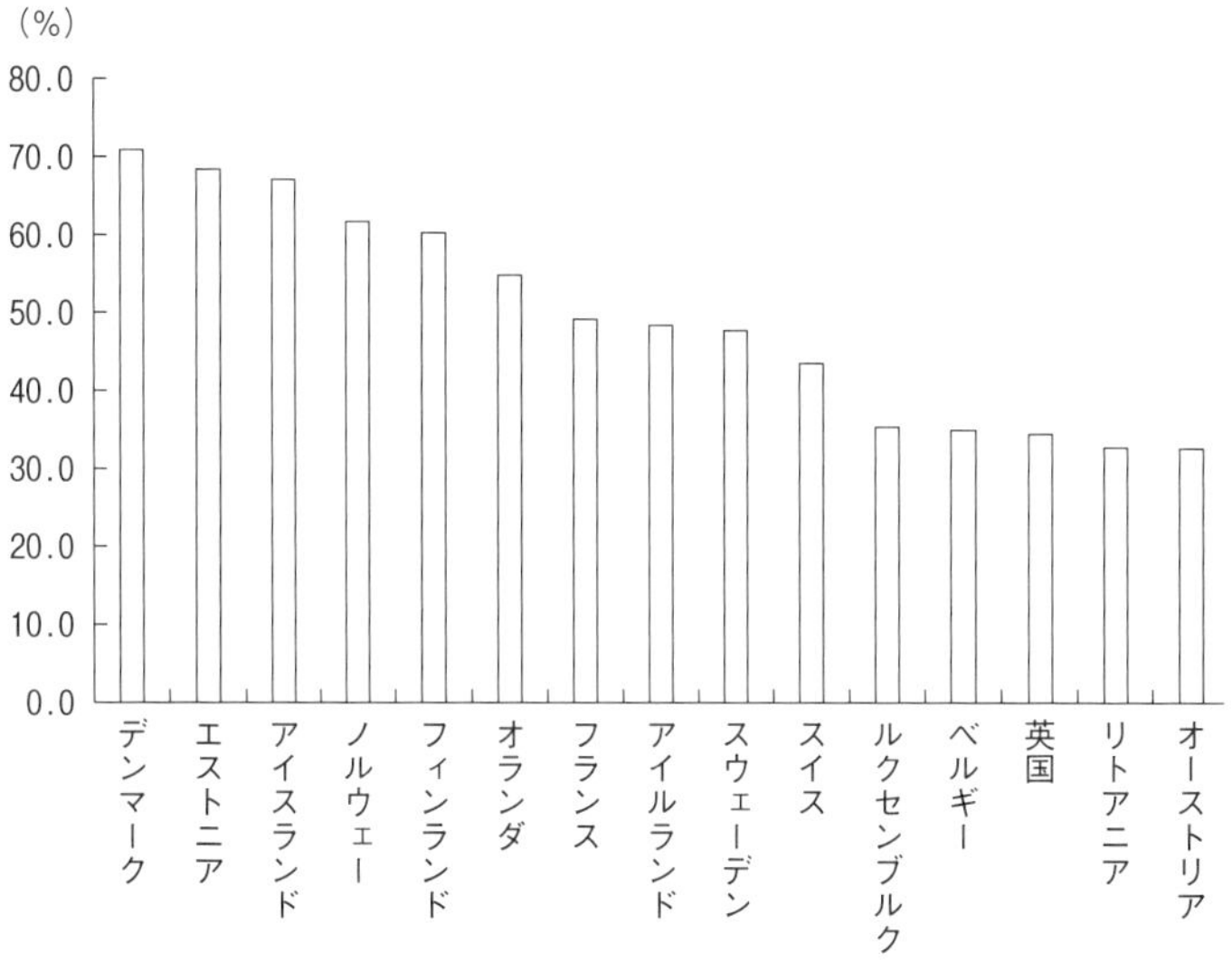

（出所）　OECDより第一生命経済研究所作成

上げた先進国25カ国のなかでは21番目だ。政府が無形資産投資に積極的に取り組んできたとは言いがたい。日本の固定資産投資は、そのほとんどがインフラなどの建物構築物に充てられており、無形資産への投資割合が小さくなっている。

無形資産は財政法で「投資」ではない

なぜ日本の政府の投資の多くは建設投資に回ってきたのだろうか。災害の多さなど国土の自然的条件なども背景と考えられるが、筆者は一因として財源面での要因もあるととらえている。それは、使途によって発

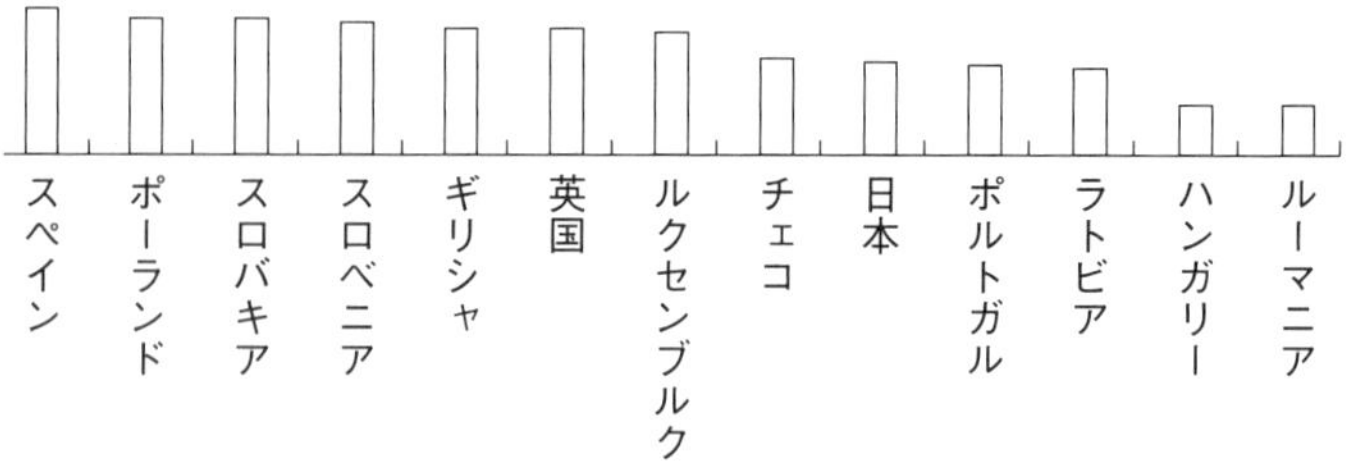

行要件が異なる国債制度の存在だ。

日本の財政法では、発行目的別に複数種類の国債が存在するが、大所は「4条公債（建設国債）」と「特例公債（赤字国債）」である。そしてこの2つは発行する際の要件が異なっている。財政法4条では、「国の歳出は、公債又は借入金以外の歳入を以て、その財源としなければならない。ただし、公共事業費、出資金及び貸付金の財源については、国会の議決を経た金額の範囲内で、公債を発行したり借入金をなすことができる」として、公共事業・出資金・貸付金の財源として建設国債の発行を認めている。対して、赤字国

図表7－4　政府・固定資産ストックの国際比較（2017年）

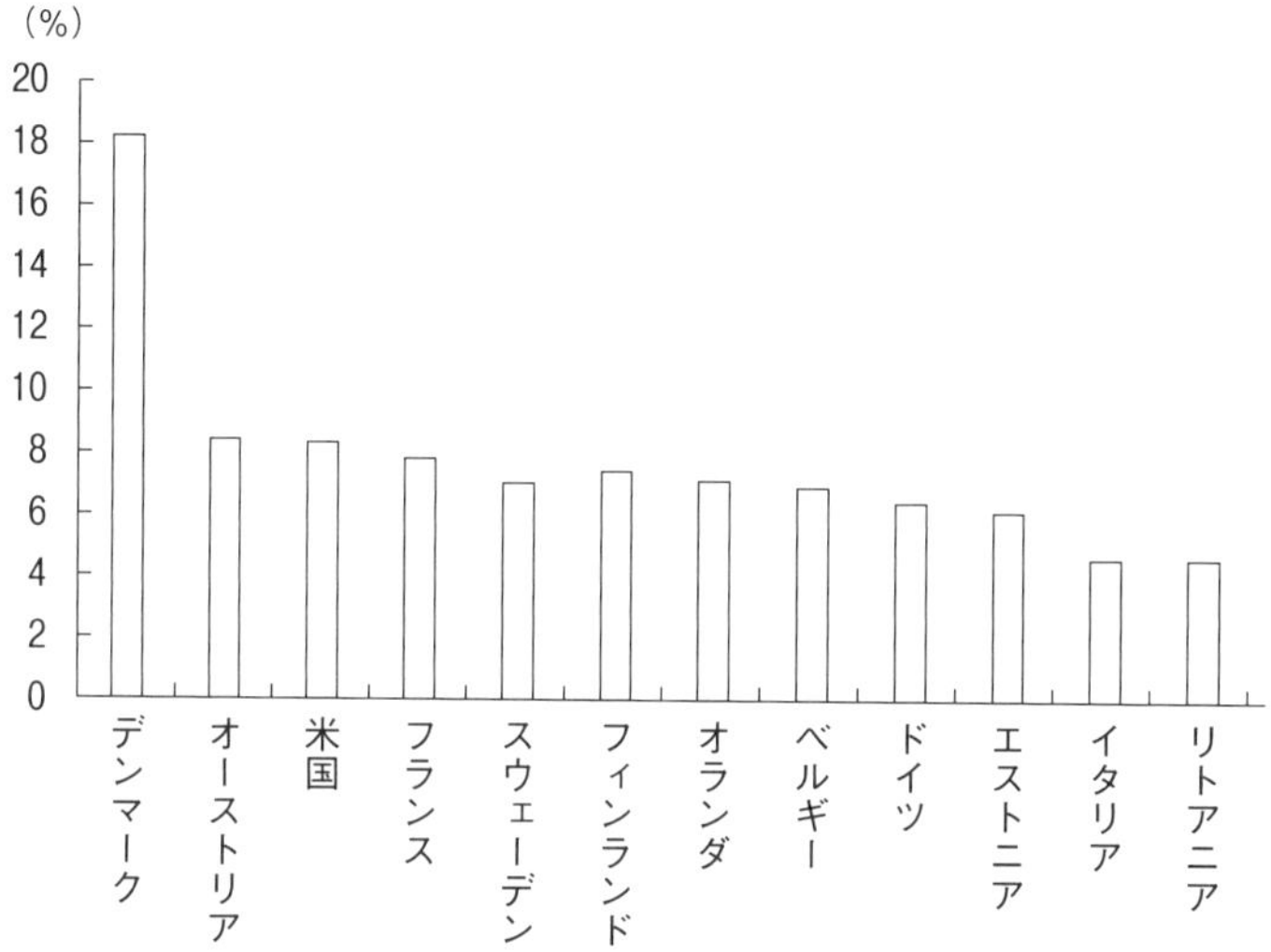

（出所）BEA、Eurostat、内閣府より第一生命経済研究所作成

債は別途法律の制定が必要であり、建設国債よりも発行のハードルが一段高くなっている。この背後にあるロジックは、4条公債＝建設国債が主に公共事業費に充てられるものであり、そこに資産性があるとみなせる、という点がある。借金をしてもインフラや施設が残り、将来世代にも便益をもたらすことから、建設国債発行のハードルは低くなっているのである。

一方で、特例公債＝赤字国債は、社会保障や給付金など資産性のない「費用」に対する国債発行であり、それは将来世代に政府債務のみを残す、との考え方がある。現状、建設

図表７－５　主要国の国債制度の比較

	日本	米国	英国	フランス	ドイツ	イタリア
公債発行の根拠法	財政法、特例公債法	第二自由公債法	なし	予算法	予算法	財政法
年間発行額の制限	予算に規定	債務上限の範囲で発行	なし	予算法に規定	予算法に規定	財政法に規定
使途の区別	新規／借換え、建設／赤字等の区別あり	区別なし	区別なし	区別なし	区別なし	区別なし

（出所）財務省「国の債務管理の在り方に関する懇談会」（第36回）資料より第一生命経済研究所作成

国債の対象は施設や建築物がほとんどを占める。これは、少なくとも財政法上、デジタル化投資をはじめとした無形資産などが、すべて「投資」ではないとみなされているということだ。２０１９年の経済財政諮問会議においても、無形資産の重要性が増すなかで、建設国債のルールが現代にあっていない旨の問題提起がなされている（「令和元年第12回経済財政諮問会議議事要旨」）。Ｇ６国の財政制度をみても、使途によって国債を区切っている国は日本のみである。

　災害が頻繁に起こる日本において、インフラの老朽化も課題となっており、建設投資は政府投資のなかでも重要な役割を占めることになるだろう。しかし、無形資産をはじめ「投資」の定義が明確に移り変わっていくなかで、建設投資のみを「投資」として扱うことは歳出の内容にゆがみを生むおそれがあるのではないか。建設国債の仕組みは戦後まもなく制定されたものだ。その見直しについて、もっと政府内で議論が交わされてもよいはずだ。

「公」のデジタル化が「民」のデジタル化を促す

コロナ禍を受けてデジタル化気運が高まったが、今回の特徴として特に行政分野、「公」のデジタル化がより前面に出てきている点があげられる。これまでもデジタル化は主要な政策課題として取り上げられてきたが、今回ほど「公」の側にウェイトが置かれた局面はなかった。「骨太の方針」においてもまずは行政部門のデジタル化、次に「民間部門のＤＸ（デジタル・トランスフォーメーション）を促進し、民間の投資やイノベーションを誘発する環境づくりを進める」として、「公」・「民」の優先順位が明確に示されている。

公的書類の提出など、「公」のデジタル化が進まなければ、「民」のデジタル化を進めることができない分野が数多くある。どんなに「民」における業務をデジタル化しても、最終的に提出する書類が紙ベース・要押印であればデジタルで業務が完結しない。これは「民」のデジタル化に対するインセンティブを削ぐ要因にもなっていると考えられる。政府の調べによれば、企業関連の分野では、特に社会保険・労働保険において、手続のオンライン申請利用率が低い。人事労務回りの手続は、ほぼすべての企業にかかわるものであり、抜本的なデジタル化を進めることができれば、多くの企業における生産性向上につながるはずだ。「公」のデジタル化を呼び水に「民」

のデジタル化を進めるために、政府は利用者目線に立ったサービスを提供することが求められているといえよう。

6 高まる「ジョブ型雇用」気運

在宅勤務の拡大が後押し

行政デジタル化とともに経済界を中心に急速に議論が高まっているのが、「ジョブ型雇用」導入の議論である。日本経済団体連合会（経団連）は、２０２０年１月に公表した経営労働政策特別委員会報告において、年功序列賃金体系など日本型雇用制度の見直しの必要性に言及、海外では一般的となっている職務を労働契約で明確にして働く「ジョブ型雇用」を広げることが重要だと訴えている。その後、コロナの拡大を受けて、政府の２０２０年の「骨太の方針」では、「感染症への対応として広まったテレワーク等がもたらした、新たな働き方やワーク・ライフ・バランスの取組の流れを後戻りさせることなく最大限活かし、従業員のやりがいを高めるためのフェーズⅡの働き方改革（ジョブ型雇用への転換等）に向けて取組を加速させる」とされた。

「ジョブ型雇用」への注目度が著しく高まっている背景には、第一にコロナ禍での在宅勤務の広がりがある。企業・管理職サイドが各社員の業務プロセスや労働時間をつぶさに把握することがむずかしくなるなかで、ジョブベース・成果重視型の評価体系を進める必要性が生じた。第二に、デジタル人材など高度な専門性を有する人材に対する需要が高まるなかにおいて、企業が専門性を重視した雇用形態を広げる必要に迫られている点があげられる。

ジョブ型雇用とは何か

そもそも、ジョブ型雇用とは何なのか。その反対概念に当たる日本の「メンバーシップ型雇用」との対比をしながら整理をしてみよう。まず、最も顕著な差異があるのが採用・労働契約の方法である。日本の大企業を中心にみられる日本型雇用慣行のもとでは、新卒一括採用が主流だ。企業は大卒の若者を年に一度、大量採用するが、多くの場合、ここで採用される新卒者は特定の職業スキルをもっているわけではなく、採用時には職務も明示されない。採用にあたっては仕事をするうえでの総合的な能力を有しているかどうかで選別され、そのフィルタリングのための指標として学歴などが用いられる。新卒採用者は、職種や勤務地を限定しない「総合職」として採用され、さまざまな職種・仕事内容・勤務地をローテーションしながらキャリアを構築、社内人脈を築き、会社への忠誠心をもち、長く支える人材となることを求められる。これに対し

図表7－6　メンバーシップ型雇用、ジョブ型雇用の特徴

	日本流メンバーシップ型雇用	欧米流ジョブ型雇用
会社と労働者の関係	会社が労働者を保護	対等
賃金体系	年功序列、社内公平性基準	市場価値ベース、社外競争力基準
退職	終身雇用	事業状況等で解雇有
労働市場の流動性	低	高
スキル取得	社内OJT	社外Off－JT
職務管理	時間ベース	仕事ベース
転勤	会社が決定	要本人同意
採用	新卒一括中心	事業に応じて

（出所）　第一生命経済研究所作成

て、ジョブ型雇用の採用基準は、その名のとおり仕事（ジョブ）にあり、その人に会社の求める仕事内容を遂行するために必要なスキルがあるかという基準で採用が行われる。日本の総合職のように職務があいまいなまま採用されるわけではなく、職務内容を記載した「ジョブ・ディスクリプション」が示される。採用されれば労働契約の範囲内で仕事を行うため、契約外の転勤を突如命じられるようなことはない。

　こうした採用・契約のかたちから、評価や賃金体系にもおのずと違いが生じてくる。日本型雇用慣行の最大の特徴は年功序列の昇進・賃金体系である。これは長く勤めて社内での経験を積むことを求める仕組みになっていることから生じる必然的な仕

組みだ。より長く勤めた人を評価する仕組みとすることで、働く側にとっては同じ会社で長く働くインセンティブが生まれる。勤続年数の長さに応じて支払われる退職金の仕組みも同様だ。近年は年功序列のみで賃金体系が決まるような企業はむしろ少数派で、いくらか成果主義的なシステムとの融合を図っている企業がほとんどだが、多くの企業で年功序列の仕組みは残存している。これに対して、ジョブ型雇用の評価・昇進基準はこれもまた〝ジョブ〟である。ジョブ・ディスクリプションに記載された仕事のレベルや希少性などを基準に賃金が定まり、それを遂行できたかで評価がなされる。基本的に仕事が変わらない限り待遇も変わらないので、労働者はよりレベルの高い仕事や高い待遇を求めて転職をすることでキャリアアップをする。このため、ジョブ型雇用を中心とした労働市場では転職が活発に行われ、労働市場の流動性が高い、という特徴がある。

　また、大きな違いが解雇に関する部分だ。日本型メンバーシップ型雇用は基本的に定年までの終身雇用を前提としており、本人が望んだり、事業が致命的に行き詰まったりしない限り、途中解雇は行われない。これに対して、欧米のジョブ型雇用では雇用保障は弱くなる傾向がある。事業再編などで仕事そのものが不要になった場合には、契約が打ち切りになるケースもままある。賃金と雇用の安定性の面で、メンバーシップ型とジョブ型の間には大きな隔たりが生まれる。

問われる日本型雇用慣行

メンバーシップ型雇用を中心とした日本型雇用慣行の見直しを進める動きは、コロナ前からすでに生じていた。例えば、２０１９年の政府・成長戦略では「終身雇用や年功序列を基盤とした日本型の雇用慣行を社会の変化にあわせてモデルチェンジし、多様な採用や働き方を促す必要がある」「組織の中に閉じ込められ、固定されている人を解放して、異なる世界で試合をする機会が与えられるよう、真の意味で流動性を高め、個人が組織に縛られすぎず、自由に個性を発揮しながら、付加価値の高い仕事が出来る、新たな価値創造社会を実現する必要がある」など、日本型雇用慣行とその帰結に当たる労働市場の流動性の低さが正面から問題視されていたのだ。

7 広がらない裁量労働制の現状

２０２０年の「骨太の方針」では、コロナ禍を契機としたテレワークの広がりを追い風に、ジョブ型雇用をより普及させていくことが重要である旨が記された。また、「ジョブ型雇用」促進の一環として、また労働時間ベースではなく仕事ベースでの働き方を促す観点で、裁量労働制の拡大を検討することが示された。

日本の労働基準法では基本的に労働時間ベースの職務管理が前提となっており、所定外時間の労働に対しては割増の残業代を支払う義務が生じる。これは、長い時間働けばより高い賃金を得られる、という状態を生み出しているが、これは、ちょうど会社への忠誠心を重視する日本型メンバーシップ雇用と調和してきたといえよう。これに対し、裁量労働制は、実際に働いた労働時間ではなく、事前に定めたみなし労働時間働いたものとするものだ。また、2019年に施行された高度プロフェッショナル制度は、対象の労働者に労働基準法の労働時間（法定労働時間や休憩・休日の規制）を適用しないものとする。制度の構造に違いはあるものの、いずれも制度の目指すところは時間ベースの働き方・給与体系からの脱却である。

「脱時間給」は広がるか

「脱時間給」は働き方改革などで過去にもたびたび登場してきた概念であり、制度の整理もある程度進んでいる。ただ、現行の裁量労働の制度では、これらの仕組みが適用できるのは職種などの条件を満たした労働者に限られている。また、過重労働を防止する観点から、労使協定や労働基準監督署への健康管理状況の報告が義務づけられている。2019年の就労条件総合調査（厚生労働省）によれば、専門業務型裁量労働制が適用されている労働者の割合は1・3％、企画業務型裁量労働制に至っては０・４％にとどまる。１０００人以上規模の大企業では割合が高い傾向があるが、それでも２・０％、０・６％にとどまっている。また、厚生労働省の集計によれば、２０１９年４月に制度開始された高度プロフェッショナル制度も、２０２０年３月末時点で適用労働者は４１４人にとどまっている。利用が進まない背景として、対象となる職種が限られていることや、健康管理の観点から措置されている労働基準監督署への報告義務など運用面でのハードルがあげられよう。このように裁量労働制拡大の議論では、過重労働を発生させるリスクがあるとして、その対策がセットで議論されるのが常だ。結果、職種制限やハードルの高い健康管理確保措置が設けられ、使い勝手の悪さから企業の制度導入が進まない、という状況に陥っている。

8 「雇用を守る」は正義か

ジョブ型雇用が広がるためには何が必要だろうか。企業に求められる視点は、各々の労働者がエンプロイアビリティー（労働者の雇用されうる能力）を確保することが、最大の労働者保護になる、という視点である。日本企業は雇用を守ることを美徳とする傾向があるが、雇用を守ることは労働者を守ることと同義ではない。

それはちょうど親と子の関係に似ている。本来、親に求められているのは、何歳になっても四六時中、ずっと子どもの世話をすることではない。子どもが自分の足で立ち、歩いていけるように育てることである。つまり、企業のすべきことは雇用を守り、労働者の保護者として振る舞い続けることではない。労働者の職業スキルや対外市場価値を意識しつつ、エンプロイアビリティーを高め、社外でも働くことのできる人材を育てることである。これが真の意味での労働者保護につながるのだ。同様に労働者側も企業を親として頼り続けるのではなく、仕事をしながら自らの対外市場価値を高めていくことが求められている。

企業と労働者が「保護する・される」の関係にある点が、日本のメンバーシップ型雇用が内在する最大の問題点である。この保護関係を対等関係に変えることがジョブ型雇用改革の本質だ。企業と労働者が互いに対等な緊張関係を保ち、労働者1人ひとりがプロフェッショナルとして自立することで、それぞれが高い生産性を発揮して職務を遂行する。企業もこうした専門性を的確に評価・処遇する。優秀な人材を集めるために、ワーク・ライフ・バランスや福利厚生の確保も企業の重要な人材獲得戦略となる。労働移動を活発にすることで、高生産性業態への人材移動を促し、産業構造の新陳代謝を進めていく。こうしたダイナミックな変化が真のジョブ型雇用改革であり、重要なエッセンスなのだ。

先にあげた裁量労働制と過重労働の問題も、根源は労使の対等関係が築かれていないという点に帰着する。つまり労働者は、過重労働をしいるような企業からは転職をすればよいのだが、転職が一般的でない流動性の低い労働市場がそれを阻んでいることや、転職が悪いこととみなされるメンバーシップ型雇用のカルチャーが問題なのである。

　コロナ禍によって導入機運が高まっているジョブ型雇用だが、むしろこの意味でコロナ禍はジョブ型雇用改革が進むうえでは逆風になりうる。なぜなら、経済環境の悪化によって転職が減少、労働市場の流動性が低下する可能性が高いためである。コロナ前までは景気回復に伴って、労働市場の流動化が徐々に進んでいた。人手不足度合いの高まりやそれに伴う中途採用の拡大などによって、転職者数が明確に増加していたのである。中身をみても、より良い待遇を求めて職を移るという、いい意味での労働移動が増えていた。しかし、新型コロナウイルスの感染拡大に伴う雇用環境悪化のなかで、転職市場は再び低迷する可能性が高い。経済環境悪化のなかでは、過重労働など労働者側が不利な状況に追い込まれるとして、解雇を伴うようなジョブ型雇用の導入や裁量労働制拡充に対しては反対論が強まる可能性が高い。「人手不足」の状況が変化しつつあるなかで、日本型雇用からの脱却論はいっそう進みづらくなっているといえる。

　だがそれでも、日本型雇用慣行からの脱却は日本経済の今後を見据えれば必要な取組みだ。人材が自らの専門性を磨き、必要な時に必要なところへ柔軟に動き回るようにすることは、時代や産業構造が大きな変化のなかでは欠かせない仕組みである。経団連や経済同友会は、ジョブ型とメンバーシップ型のハイブリッド型を軸に、雇用改革を進めていくべきとの提言を行っており、欧米型のジョブ型雇用に全切替えするような大胆な改革には踏み込んでいない。日本企業にメンバーシップ型雇用慣行が強く根付いている点をふまえると、やむをえない折衷案かもしれないが、重要な点は先にあげたジョブ型雇用改革の本質、あるべき姿を見失わないことであろう。つまり、①労使対等関係の構築、②労働市場の流動性向上という2つの目的を達するように雇用体系を融合していくことだ。高度な専門人材を適切に処遇するとともに、雇用される側は解雇のリスクを背負い、自らスキルを磨きエンプロイアビリティーを高め、それを会社側も支援する。労使がジョブを軸に対等な関係を築き、転職はキャリアアップの手段として当たり前のように行われ、労使の緊張関係のなかで働く側のスキルは高まっていく。そのような労働市場を実現することが、ジョブ型雇用導入の真の目的である。

ジョブ型雇用の目的は、裁量労働制を導入して脱時間給の働き方を広げることでもなければ、福利厚生的な意味合いで転勤のない雇用体系を拡大することでもない。これらはジョブ型雇用が広がり、労働者側が自立することによって生まれるものである。メンバーシップの文化、企業が労働者を保護する関係を維持したまま制度を導入しても、うまく機能しないだろう。雇用慣行の変革を通じた企業と労働者の意識・考え方の改革が必要だ。表面的な制度改革にとどまらないためにも、この視点を欠かさないことが重要になる。

9 フリーランスのセーフティネットの弱さが露呈

最後に、コロナ禍が明らかにしたもう一つの論点として、「フリーランスのセーフティネット問題」をあげたい。

フリーランスは近年拡大してきた働き方の一つだ。企業と雇用関係を結ばずに特定の組織などに属さず、独立して仕事を請け負うかたちで働くスタイルである。内閣府（2019）では306万〜341万人程度がこのフリーランス形態で働いていると推計している。基本的に雇用関係を結ばないために個人事業主となるが、コロナ禍でこうした人たちへのセーフティネットの格差があらわになった。

既存の社会保障制度には、業務起因のケガや病気に対する補償を行う労働者災害補償保険（労災）や、失業時などに支給される雇用保険などがある。また、すべての労働者に適用される労働基準法は、労働時の契約や労働時間などについて規定し、労働者の権利保護を図っている。しかし、これらの法律・制度の多くは雇用されている人を対象としているため、非雇用者を対象としていないものや、雇用者と非雇用者との間で給付内容などに差があるものが多い。例えば、労働基準法には休業手当の規定が存在しており、企業が使用者の責に当たる理由で労働者を休業させる場合には、平均賃金の6割以上の休業手当を支払う義務を定めている。先にも述べてきた雇用調整助成金は、この休業手当の支払のために企業に助成金を支給する制度である。また、新型コロナに罹患して働くことがむずかしくなった場合には、病気やケガの給付が行われる健康保険から傷病手当金が支給される。これにより、〔病気・ケガで働けない日数×月給×3分の2〕が支給される仕組みがある。しかし、労働基準法の対象は労働者であり、個人事業主扱いになるフリーランスの場合は法制度がそもそも適用されない。そして、雇用調整助成金もまた雇用保険に加入している労働者に支払う賃金を助成の対象としている。傷病手当金は雇用者が加入する健康保険には備わっているが、自営業者などが加入する国民健康保険には存在しない制度だ。個人事業主であるフリーランスにはこうしたセーフティネットがないのだ。

フリーランス形態の人たちのセーフティネットがないことから、政府は一時的にフリーランスを対象とした財政措置を急きょ用意することで対応した。3月のコロナ対策第2弾では、休校要請を受けた保護者に対する助成金が用意されたほか、コロナの影響で仕事を失った人が利用できる個人向け緊急小口資金融資の特例措置を設けた。

制度の穴を急きょ用意した財政措置でカバーするかたちとなったわけだが、本来的には必要なセーフティネットは恒久的な仕組みとして用意しておくことが望ましい姿であろう。フリーランスの社会保障・セーフティネットの問題がコロナ禍で表面化したことを受け、２０２０年の「骨太の方針」では、フリーランスが労災保険に任意加入できるよう、制度の検討を行う旨が記された。労災保険には、すでに雇用者以外も例外的に加入を認める特別加入の仕組みがある。「労働者ではないが労働者に準じて保護すべき人」が加入対象となっており、中小事業主やタクシー運転手、農林水産業従事者などの加入が認められている。保険料は自己負担となるが、事故の際の保険給付は一部を除いておおむね雇用者に近い給付が得られる。

新型コロナウイルスの感染拡大が、フリーランスに対する社会保障の議論を加速させ、労災保険の任意加入が検討されることになったわけであるが、課題はこれでは終わらない。社会保障の差は、フリーランス対雇用者の間だけでなく、短時間労働者対フルタイム労働者の間でも存在している。多くの社会保障制度は創設当初、フルタイム雇用者と自営業者の2通りの働き方のみを想定して設計されてきたため、短時間労働、フリーランス、副業など、働き方の多様化についていけていないところがある。今回示されたフリーランスの労災保険もその一つでしかない。

また、制度整備のほか、既存制度の周知も重要だろう。例えば年金では、雇用関係のない自営業者・フリーランスの場合、加入が義務づけられているのは国民年金のみである。これによって得られる老後の終身年金は老齢基礎年金のみとなり、終身の老齢厚生年金を得られる雇用者とは年金額の差が大きくなる。ただし、国民年金加入者には付加年金や国民年金基金の制度があり、これを活用して終身年金を上乗せすることが可能だ。既存の仕組みにも社会保障を充実させるこ

図表７－７　社会保障制度：フルタイム・短時間労働者・フリーランスにおける違い

	雇用関係あり（フルタイム）	雇用関係あり（短時間労働者など）	雇用関係なし
〈労災保険給付〉労働時のケガ、病気の給付	雇用者は原則加入義務	原則、雇用者は加入義務	自営業の場合、特別加入者のみが対象。それ以外のフリーランス等は対象外
〈失業給付〉〈雇用調整助成金〉（雇用保険）失職時の給付	雇用者は原則加入義務	雇用保険未加入の短時間労働者は対象外	雇用保険に加入しない自営業者やフリーランスは対象外
〈傷病手当金〉（健康保険）日常生活におけるケガ・病気で働けなくなったときの所得補償	大企業の健保組合や中小企業の協会けんぽなどに加入する場合には有	健保・厚生年金の適用要件を満たさない短時間労働者には無	健保組合などがなく、国保に加入する場合には無
〈年金〉老齢年金のほか、障害をもったときや死亡時の遺族給付	厚生年金に強制加入。上乗せ給付として企業型確定拠出年金など	健保・厚生年金の適用要件を満たさない短時間労働者には無	強制加入は国民年金のみ。上乗せ給付として付加年金・国民年金基金、個人型確定拠出年金など

（出所）　全国社会保険労務士連合会などから第一生命経済研究所作成

とのできる仕組みはあるので、そうした制度を有効活用できるよう、促すことが重要だ。働き方の多様化のなかで、社会保障のセーフティネットの網目からもれる人が生じないようにすること、包摂的な社会保障制度の構築という政策課題をコロナ危機はあらためて突き付けている。

より懸念される点は、「正規・非正規」といった雇用危機による〝格差〟がコロナ禍によって新たに生まれることである。２０００年代における非正規雇用の拡大は、働き方の多様化に貢献した一方で、リーマン・ショックを契機に雇用調整圧力が集中したのも非正規雇用の人たちが中心だった。さらにさかのぼれば、「フリーター」という言葉も、生まれた当初は「自由な働き方をする若者」を指すポジティブなニュアンスが強い言葉であった。しかし、バブル崩壊に伴う経済環境の悪化によって、職の不安定さなどを象徴するネガティブワードに変わってしまったといえる。「フリーランス」が同じ轍を踏まぬように、セーフティネットの整備や円滑な労働移動を可能にし、格差が固定化されないような仕組みが必要不可欠であろう。

10 コロナは10年後にどう振り返られるだろうか

本章では新型コロナウイルスの拡大に伴う日本経済への影響や、そこで浮かび上がってきた政策課題について述べてきた。ここまで述べてきて気づくのは、「行政デジタル化」も「日本型雇用」も「フリーランス」もコロナ禍が〝新しく〟生み出した問題ではなく、すでにあった課題がコロナというショックイベントを通じてあらわになっただけである。コロナは改革議論を加速させるその触媒となっただけだ。

今回あげた政策課題のなかでも、特に筆者は行政部門のデジタル化に強いフォーカスが当たっている点に期待を寄せている。「公」と「民」は分離されているものではない。民間企業は税や社会保険料納付など公的手続を行うために人を雇ったり、それにあわせてシステムをつくったりと多くの経営資源を割いている。行政側がアナログ・紙ベースのままでは、いくら民間側が努力しても、すべてをデジタルで完結させることはかなわない。この意味で、「公」のデジタル化は「民」のデジタル化の呼び水になる可能性を秘めている。

余談だが、筆者は経済の分析を行う傍ら、労働法制や社会保障制度を学んで分析の糧とするために社会保険労務士の資格を取得した（本章で雇用や社会保障に関する話題が多いのもこのためである）。試験合格後の研修で人事労務の手続の際に用いる書類の書き方を学ぶのだが、政府に提出する書類のアナログ度合いに驚愕した経験がある。書面に手書きの地図を描いたり、労災の申請には事故の様子を手書きの絵で記載する欄がある（人が階段で足を滑らせるようすを絵で説明したりする）。電子申請の仕組みも徐々に設けられており、いまもすべてがこのような体裁になっているわけではないが、アナログ文化が根強く残っていることを痛感した。公分野の効率化・デジタル化の余地はさまざまなところに眠っていると考えられる。

そして、デジタル化による効率化を一国全体の付加価値向上につなげ、日本経済の成長戦略とするためには活発な労働移動が不可欠である。デジタル化によって個々の時間当り生産性が改善したとしても、それはいままでやっていたことが効率的にできるようになるだけだ。これは、近年進んだ働き方改革にみられた誤解でもある。労働時間の節減など生産性（付加価値／労働投入）の分母を減らすことで生産性を高めても、分子の付加価値が高まるわけではない。長時間労働が問題化する日本において、効率化による労働時間削減は無意味ではないが、企業にとっても日本経済にとっても労働節約的な意味合いにとどまる。そこで生じる余剰労働力・労働時間が新たな価値を生み出すことで、デジタル化などを通じた効率化・生産性向上は日本経済の成長戦略となる。この意味でも、ジョブ型雇用の目指す労働市場の流動性向上は重要な意味合いをもつ。

また、近年広がりをみせている副業も労働移動の一つのかたちであろう。主業を維持しながら、新しく副業を行うのであれば、転職に比べて労働者側のハードルも低い。主業の効率化によって副業の追加収入を得るチャンスが得られるのであれば、労働者側にはテクノロジーを通じて効率化を進めるインセンティブが働くようにもなる。

今後、日本をはじめ多くの先進国は「高齢化のさらなる進行」という共通の問題に直面していくことになる。特に日本は２０４０年にかけて、団塊ジュニア世代の高齢化という高齢化の大波を迎える。経済や社会保障財政の観点では、高齢者も自然に無理なく働き、自分で稼得能力をもてる経済社会を構築することが重要になる。寿命が延びるなかで「高齢者＝65歳以上」など年齢ベースの社会システムにはさらに無理が生じてくるだろう。経済社会のデジタル化は、生産人口の減少が進むなかで経済レベルを底上げする効果が期待できよう。日本型雇用慣行の問題点を克服し、労働者1人ひとりに自立の意識が根付けば、高齢期にも自分の力でたくましく稼ぐことのできる人材がもっと増えているかもしれない。そうしたなかで、自立したフリーランスの働き方をより普及させるためにも、セーフティネットを国として整備することが必要だろう。これらの課題を克服することは、高齢化と経済・財政という多くの先進国が抱える大きな共通課題を克服することにもつながっていく。

新型コロナウイルスの感染拡大は、通常の金融危機をトリガーとした経済危機とはまったく違うかたちの危機であった。そして、良くも悪くも日本の社会経済システムの抱えるさまざまな問題を一挙にあぶり出すこととなった。10年後にコロナが日本経済に良い構造変化をもたらした歴史的な転換点として振り返られることを願って、本章を終えることとする。

【参考文献】

OECD, OECD Digital Economy Outlook 2017, October 11, 2017

United Nations, 2020 United Nations E-Government Survey, July 10, 2020

山口和仁（2010）、ドイツの第二次連邦制改革（連邦と州の財政関係）（1）―基本法の改正　国立国会図書館　外国の立法：立法情報・翻訳・解説（243）

内閣府（2019）、「日本のフリーランスについて―その規模や特徴、競業避止義務の状況や影響の分析」政策課題分析シリーズ 17

白井正人（2020）、「今さら聞けない「ジョブ型」雇用」（その1～その4）」マーサージャパン

財務省、「国の債務管理の在り方に関する懇談会」（第36回）資料（2015年4月17日）
https://www.mof.go.jp/about_mof/councils/gov_debt_management/proceedings/index.html

内閣府、「令和元年第12回経済財政諮問会議」議事要旨（2019年11月27日）
https://www5.cao.go.jp/keizai-shimon/kaigi/minutes/2019r/1127/gijiyoushi.pdf

GOV.UK（イギリス政府情報ポータルサイト）
https://www.gov.uk/

首相官邸「くらしとしごとの支援策」（新型コロナウイルス関連の政策情報ポータルサイト）
https://www.kantei.go.jp/jp/pages/coronavirus_shien.html

第8章

コロナ危機後の世界

田中　理

1 危機後の回復の姿は？

経済活動と感染予防をどう両立する

コロナ危機が厄介なのは、有効な治療薬やワクチンが開発されない限り、経済活動と感染予防を高い次元で両立することがむずかしい点だろう。米国では２０２０年4月にニューヨーク州を襲った感染の猛威がいったん収まった後、経済活動を再開した南部や西部の州で感染者が急増し、さらに秋に入ると中西部で感染が拡大している。いち早く外出制限を導入し、コロナ対策の優等生とされたカリフォルニア州でも感染者が再拡大し、7月には累計の感染者数でニューヨーク州を逆転した。米国での1日当りの新規感染者は10万人を突破して、累積の感染者数が１０００万人に接近、死者数も23万人を超え、いずれも世界で最も多い。欧州では5月に段階的な都市封鎖（ロックダウン）の解除を開始した後、多くの国や地域で感染者が急拡大しており、春の第一波を上回る深刻な状況となっている。日本でも5月末に緊急事態宣言を全面解除したが、夏以降、経済活動の再開とともに全国で感染者が再び増加している。欧米のような爆発的な感染拡大にこそ見舞われていないものの、やはり秋に入って感染者が一段と増加傾向にある。

新型コロナウイルス感染の初期段階では、感染者の多くが北半球に集中していたこともあり、インフルエンザと同様に低温少湿の冬場に流行し、高温多湿の夏場に感染力が弱まるとの希望的な観測も聞かれた。だが、その後に感染は南半球にも広がったほか、夏場を迎えた北半球でも感染拡大が続いている。世界保健機関（WHO）も「現段階で気候が感染力に強く影響する証拠はない」との見解を表明し、感染予防の徹底を促している。また、当初は感染防止のための経済活動停止は一時的なもので、活動再開後の景気が短期間で危機前の水準に復帰するとみられていた。だが、欧州は感染第二波の猛威に襲われ、米国でも1日当りの新規感染者が過去最高を更新し、新興国や日本でも感染者が高止まりするなど、感染拡大は長期化している。

都市封鎖解除でもむずかしいV字回復

感染長期化に伴い、経済的な打撃や財政的な負担も大きくなっている。多くの政府は経済活動停止の間の家計生活や企業活動を守るため、巨額の財政出動や減税、家計や企業への給付金や公的融資保証の提供など、異例の政策措置を打ち出している。だが、ロックダウンによる経済活動停止の影響は甚大で、経営難や倒産に追い込まれる企業、所得減少や失業に見舞われる家計が徐々に増えている。各国は追加の財政出動などで対応しているが、財政面での負担が重い政策対応を続けるには限界もあり、政策一巡後に企業倒産や失業者が一段と増加するおそれがある。

数字上では経済活動再開後の各種の経済指標は大きく反発している。2020年3～4月にかけて大幅に落ち込んだ各国の生産統計は、欧米主要国が5月に、日本が6月に前月比でプラス圏に復帰した。だが、それまでの落込みがあまりに劇的だったため、リバウンド後も危機前の水準を回復するには至っていない。都市封鎖の間に手控えられていた消費や投資活動を取り戻す動きも一部にみられるが、ウイルス感染への不安が払しょくされず、先行きの不透明感が回復の重石となっている。失業者や倒産企業の需要復元はむずかしい。社会や人々の行動変容もあり、観光や娯楽関連の消費、旅客需要などが危機前に戻ることはないだろう。挽回消費・挽回生産が一巡した後の景気は力強さを欠く公算が大きい。

「ストップ・アンド・ゴー」が基本戦略

全面的なロックダウンは経済的な打撃が大きく、国民の間で自粛疲れも広がっている。感染第二波に見舞われている欧州諸国も当初は、地域や対象を限定した行動制限で感染を封じ込めようとした。感染が拡大している国からの入国者の検査や一時隔離、検査能力の強化、社会的距離（ソーシャル・ディスタンス）の確保、マスクの着用、接触追跡アプリの導入、感染経路の特定などに、感染が拡大している地域での局所的な行動制限を組み合わせて対処していた。だが、感染者の急増で医療資源に過度な負荷がかかるおそれが高まってきたことから、フランス、英国、ベルギー、アイルランドなどがロックダウンの再開に踏み切った。もっとも、春の第一波に比べると、行動制限の度合いや営業停止の対象などを限定するケースが多い。

このことは、全面的なロックダウンを行う場合よりも、感染封じ込めにより長い時間がかかる可能性を示唆している。つまり、7－9月期のV字回復後の景気は、小さな振幅を繰り返しながら、感染収束を待つことになる。感染者が増加し始めると、局所的かつ限定的な行動制限を強化し、感染者が減少すると、行動制限を緩和することを繰り返す展開が想定される。これは第二次世界大戦後の英国がとった「ストップ・アンド・ゴー政策」と似ている。不況期に景気を刺激すると、内需過熱で国際収支が赤字となり、ポンド相場が動揺する。そこで今度は景気を引き締め、国際収支を安定化させる。国際収支の変動（今回の危機では感染者の増減に相当する）に応じて、景気刺激と引締め（行動制限の緩和と強化に相当する）を繰り返す「行きつ戻りつ」の経済運営を指す。Pueyo（2020）は強力な感染封じ込めが必要な局面を「鉄槌（ハンマー）」、感染制御と経済活動を両立する局面を「舞踏（ダンス）」と表現した。

2　中銀依存の罠に陥った世界経済

危機対応で膨れ上がる各国の借金

感染が収束したとしても、その間に膨れ上がった政府の借金は消えない。経済活動停止の間の国民生活を守り、失業や倒産を抑制するため、各国は巨額の財政出動を繰り返している。所得や売上げの減少による税収減と相まって、多くの国で財政赤字がふくらんでいる。国際通貨基金（ＩＭＦ）の２０２０年10月の世界経済見通しでは、主要先進国の多くで２０２０年の財政赤字の対ＧＤＰ比率が軒並み10％以上になると予測している。米国の18・７％を筆頭に、日本が14・２％、ドイツが８・２％、フランスが10・８％、イタリアが13・０％、スペインが14・１％、英国が16・５％といった具合だ。そのため、公的債務残高の対ＧＤＰ比率は、危機以前に高水準にあった日本が２６０％を突破、イタリアが１６０％を超え、フランスやスペインも１２０％前後に達するとみられている。

今後、感染長期化に伴い、各国で追加の経済対策が必要となる可能性があり、債務がさらに膨れ上がるおそれがある。また、コロナ危機対応で多くの国が銀行融資に対する公的保証を実施し

図表8－1　主要国の公的債務残高の対GDP比率

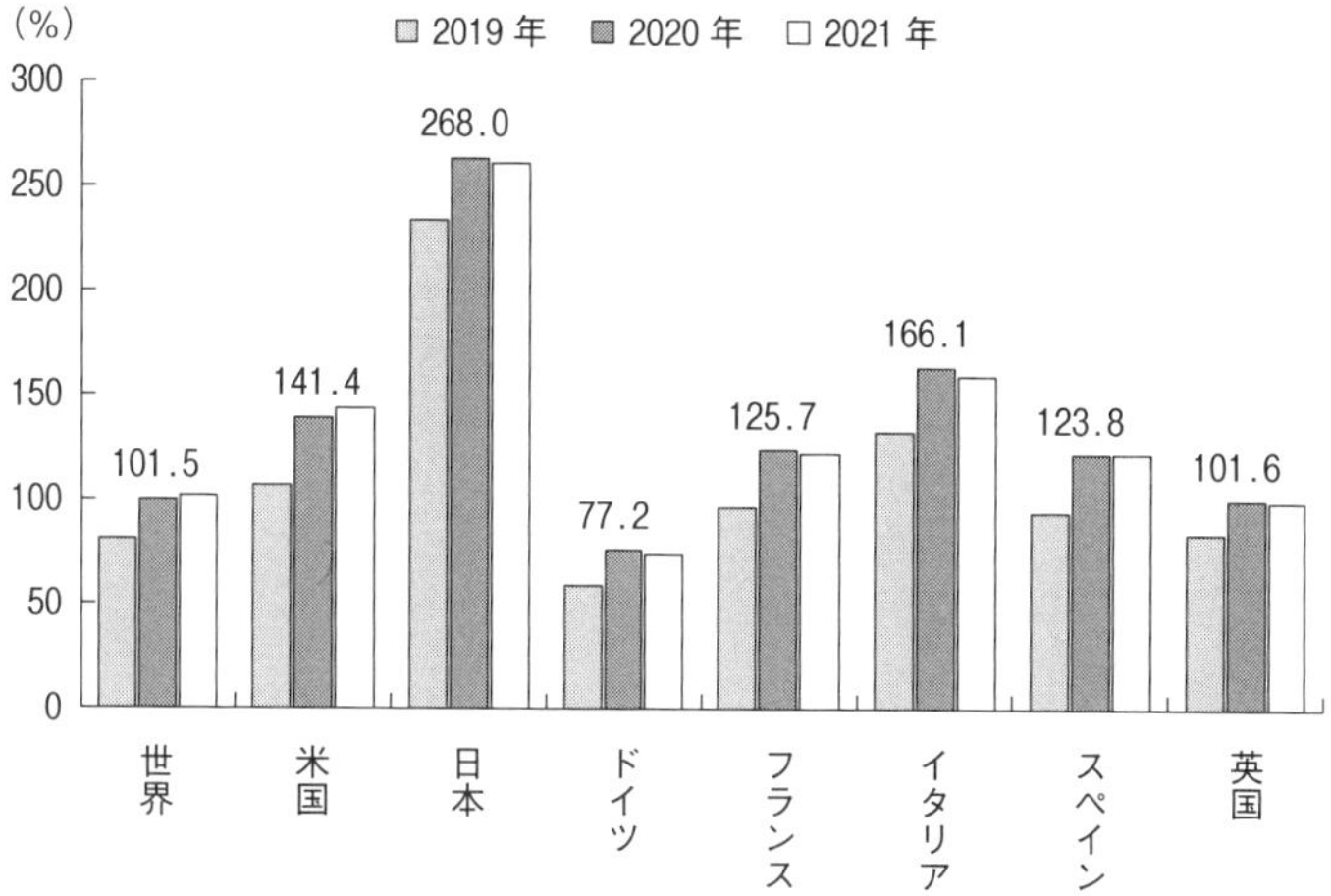

（注）　2020年10月の世界経済見通し。
（出所）　IMFより第一生命経済研究所作成

ている。これは融資時点で政府債務に計上されないが、銀行融資の返済が滞り、公的保証を通じて銀行に融資が弁済される時点で政府債務となる。危機の長期化で融資返済に行き詰まる企業や家計が増加すると、政府の借金がさらに膨れ上がる。

　先進国以上に財政基盤が脆弱なのが、単一の産品や産業に依存した経済構造をもつことが多い新興国だ。天然資源や観光業に依存した国が多く、遅れて感染者が急増している。コロナ危機の発生以降、通貨暴落や経済危機が続くアルゼンチン、原油安が直撃した産油国のエクアドル、鉱物資源への依存度が高いスリナム、財政難にコロナ禍が襲ったレバノンが債務不履行（デフォルト）に陥った。格付会社フィッチ・レーティングスは、２０２０年に入って、英国やイタリアなど30カ国以上の国債の信用格付を引き下げ、米国や日本などの格付見通しを「ネガティブ（弱含み）」に変更、現在40カ国以上の格付見通しをネガティブとしている（同社が格付対象とする国債は１１９カ国）。

中銀マネーが支える不気味な均衡

多くの国では国債増発を通じて財政資金を調達する。金融市場の緊張が高まった２０２０年春には、債務不安を抱える国の国債利回りに上昇圧力が及び、経済ファンダメンタルズが脆弱な新興国から海外資金が流出した。その後、各国中銀による積極的な金融緩和が奏功し、国債利回りの上昇が抑制され、新興国からの資金流出にも歯止めがかかっている。感染第二波や第三波に見舞われるなか、各国の財政余力は限界に近づいており、今後は中銀依存が一段と高まりかねない。ただ、こうした非常時対応には副作用もある。一部の国では、事実上、政府債務の中銀による引受け（財政ファイナンス）ととらえられかねない措置に踏み出している。中長期的には国債や通貨の信認低下を招くおそれがある。

各国中銀のバランスシートは前例のない規模に膨れ上がっている。経済調整圧力の高まりや感染再拡大で不況が長期化する場合、各国中銀は今後も金融緩和の強化を迫られよう。その間は、

図表8－2　日米欧主要中銀のバランスシートの推移
（対名目GDP比率）

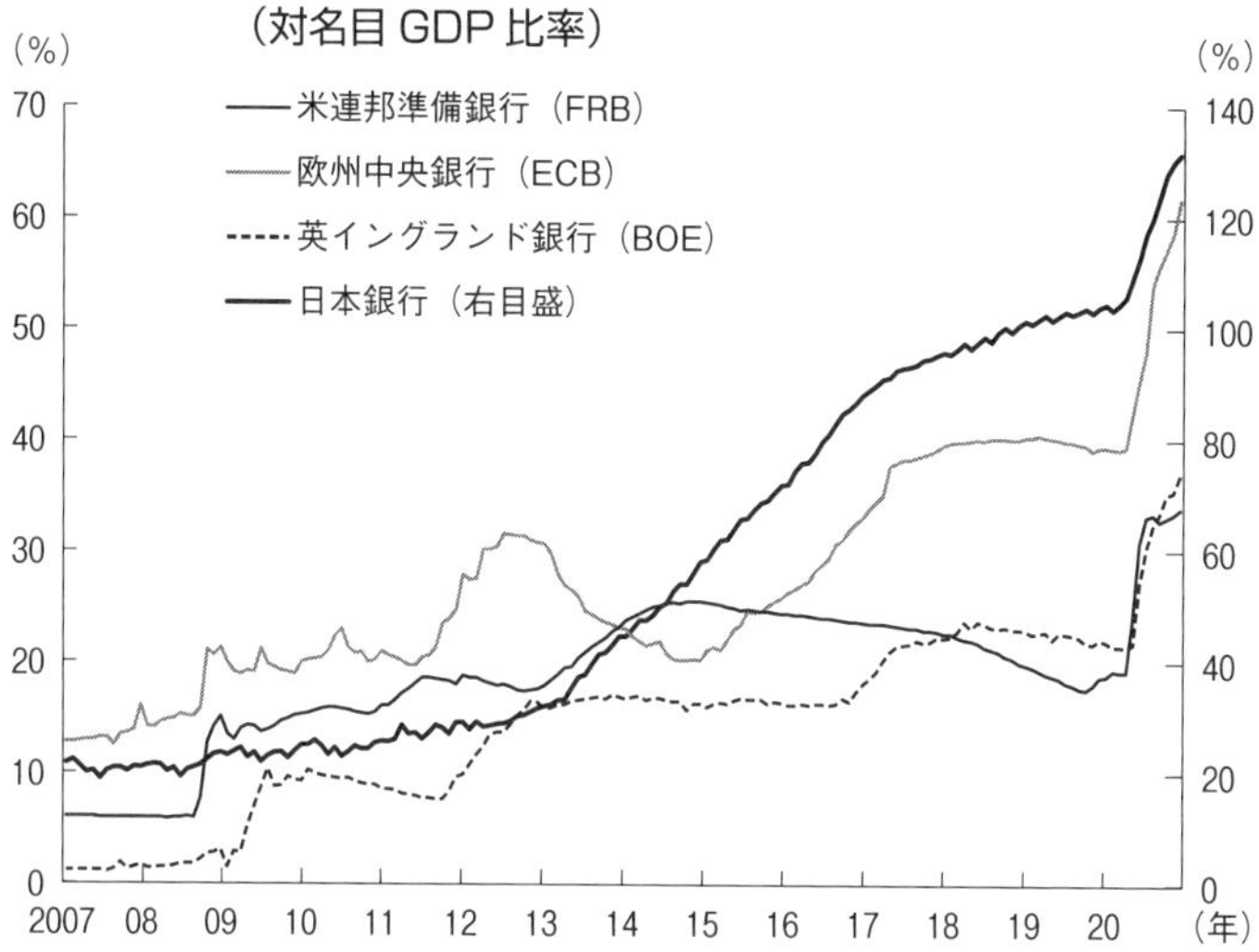

（出所）　各国中銀より第一生命経済研究所作成

膨張した中銀マネーが国債の安定消化を支える不気味な均衡が維持される。新たな均衡に向かう過程で、こうした関係が崩れる時にこそ注意が必要だ。景気回復や物価上昇の兆候を先取りし、長期金利が上昇に転じれば、中銀マネーに支えられた世界的な株高の構図が崩れるおそれがある。株価調整を食い止めるほど強い先行きの景気回復期待が高まる可能性もあるが、それは同時に緩和縮小ペースが早まることを意味する。実体経済をはるかに上回るマネーの膨張が逆回転を始めれば、新興国などにその余波が及ぶことは避けられない。大規模緩和による国債需給のひっ迫で覆い隠されてきた債務返済能力の悪化も表面化する可能性があるだろう。そこでは、景気回復による財政改善期待と、緩和マネー縮小による利払い負担の増加が綱引きとなる。

過去のパンデミックで物価は上昇

中銀の主たる政策目標は国内の物価安定だ。緩和マネーの縮小が金融市場の動揺や新興国からの資金流出を招くとしても、自国の物価安定が脅かされない限り、緩和縮小を止める理由とはならない。反対に、自国の物価上昇圧力が高まると判断すれば、金融緩和の縮小が視野に入る。コロナ危機が物価に及ぼす影響をめぐっては、品不足が顕著となった一部の医療物資、備蓄品、食料品などの価格が上昇したものの、物価全般に目立った上昇圧力は観測されていない。都市封鎖の間の生産停止や物流混乱による供給制約は一時的で、中長期的には需要低迷による影響のほうが大きいためだ。

この点は、過去のパンデミック（世界的大流行）で賃金や物価に上昇圧力が及んだのとは事情が異なる。例えば１９１８〜１９２０年にかけて世界的に大流行したインフルエンザ（スペイン風邪）では、働き盛りの世代に死者が集中し、第一次世界大戦（１９１４〜１９１８年）による戦死者とも重なり、この時期の労働供給が大幅に減少した。感染の多かった42カ国の経済データに基づくBarro et al.（２０２０）の推定によれば、スペイン風邪を原因とした死者は４００万人を超え（当時の世界人口の2・1％に相当）、消費者物価を21％ポイント押し上げた。

今回は短期的には、品不足の解消により、医療物資や備蓄品の価格上昇が一服し、需要低迷を反映した物価低迷が続く公算が大きい。対面接触型のサービス消費の低迷が続いており、宿泊料金の値引きなども物価の押し下げ要因となりそうだ。ただ、感染への警戒が長期化した場合、社会的距離の確保のために利用者を制限しなければならない業態（例えば観劇、航空旅客、接客を伴うサービス業など）では、いずれ採算確保のために値上げが必要なところも出てこよう。

今回のコロナ危機では、既往歴のある高齢者が重篤となるケースが多く、過去のパンデミック時のような深刻な労働者不足が起きる可能性は低い。サービス化が進んだ現代では、農業従事者が多かった当時と比べ、外出制限や営業停止の影響を受ける労働者の範囲も広い。労働需給はむしろ緩和する可能性があり、賃金に下落圧力が及ぶことが予想される。

3 危機で浮き彫りとなる格差

パンデミックで格差縮小は過去のもの

ウイルスは人を選ばない。富める者も貧しい者も等しく感染する可能性がある。だが、感染爆発が起きた場合の経済的な影響は国によっても人によっても大きく異なる。Furceri et al.（２０２０）は、２００３年の重症急性呼吸器症候群（ＳＡＲＳ）、２００９年の新型インフルエンザ、２０１２年の中東呼吸器症候群（ＭＥＲＳ）、２０１４年のエボラ出血熱、２０１６年のジカ熱の５つの感染症に見舞われた国を対象に発症から5年後までのジニ係数（所得の不平等さを測る代表的な指標）を計算し、今世紀に世界を襲ったパンデミックが所得格差の拡大につながったことを示した。反対に、工業化以前のイタリアを分析したAlfani and Ammannati（２０１７）は、14世紀のペスト流行後に所得格差が縮小したことを明らかにしている。「黒死病」と呼ばれたペスト感染では、当時の欧州の人口の3分の1が死亡したとされる。大幅な人口減少で労働力が希少となり、農家の賃金上昇を招いたことで、領主の地代収入との格差が長期にわたって縮小したと考えられている。新型コロナウイルスの致死率はそれほど高くなく、今回の危機で14世紀の黒死病時にみられたような賃金上昇と格差縮小が起きる可能性は低そうだ。

　コロナ危機による経済的な打撃は、業種や職種、雇用形態によって大きく異なる。対面での接触を伴う仕事は、医療や介護従事者、薬局や食料品店の店員、郵便や宅配便の配送作業員などのエッセンシャル・ワーカーを除いて、休業命令や自粛要請の対象となりやすく、収入減や失職のリスクが高い。営業再開後も、社会的距離の確保や顧客側の警戒もあり、平時の活動に戻ることは望めない。危機をきっかけに人々の嗜好が変化する可能性や、対人接触を避ける企業側の取組みも始まっており（例えばホテルのフロント業務の無人化やスーパーのセルフレジ導入など）、仕事自体がなくなるおそれがある。

女性や不安定な就業形態の労働者が犠牲に

　Avdiu and Nayyar（２０２０）は、コロナ危機で影響を受けやすい労働者を、リモートワークで代替することがむずかしく、対人接触を伴う仕事と定義している。これらに該当する業種として、小売、宿泊・飲食、芸術・遊興・娯楽、医療・介護、不動産・賃貸、卸売、公務をあげている。専門・科学・技術、情報通信、会社の経営層はこの対極に位置し、リモートワークで代替しやすく、対人接触を伴わない。製造業、建設業、鉱業、農業、運輸・倉庫、公益、管理・総務は、リモートワークで代替することがむずかしいが、対人接触を伴わない。金融・保険と教育は、リモートワークで代替しやすいが、対人接触を伴う業種として分類している。リモートワークで代替可能な業種の多くが、法務、経営、コンピュータ関連など高賃金労働で、代替がむずかしい業種の多くが、生活雑貨関連、外食、生産工程などに従事する低賃金労働であることを指摘している。また、低賃金労働の多くは対人接触を伴う業種で、女性の就労割合が多い傾向も観察される。

菊池ほか（２０２０）は、類似の切り口で、日本の労働者を「一般的（対人接触を伴わない）」と「対人的（対人接触を伴う）」、「フレキシブル（リモートワークで代替しやすい）」と「非フレキシブル（リモートワークで代替しにくい）」に分類し、それぞれの平均年収を計算している。コロナ危機に最も脆弱な対人的・非フレキシブルな労働者の割合は20・２％を占め、平均年収は２４２万円と４グループ中で最も低い。コロナ危機の影響を受けにくい一般的・フレキシブルな労働者の割合は24・５％を占め、平均年収は５３７万円と最も高い。そのうえで、日本特有の正規・非正規の雇用形態別、男女別、学歴別に同様の分類を行い、コロナ危機に最も脆弱な対人的・非フレキシブルな労働者の割合が、非正規の32・８％（平均年収１２３万円）、女性の24・９％（１４４万円）、大卒未満25・３％（２２６万円）とそれぞれ高く、いずれも平均年収が低いことを明らかにしている。

つまり、コロナ危機の影響を受けやすいのは、非正規、短期雇用、パート労働など不安定な就

図表8－3　コロナ危機前後で家事と育児に費やす時間の変化

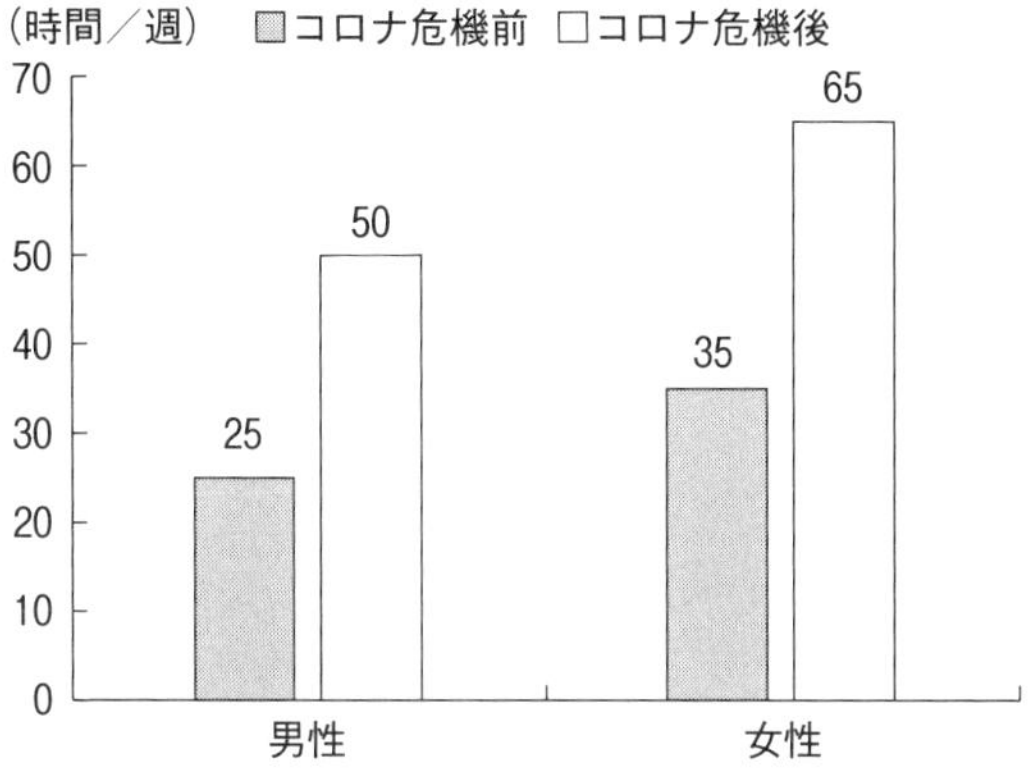

（注）　米英仏独伊の3,055組の共働きの親への聞き取り調査。

（出所）　BCGより第一生命経済研究所作成

業形態、さらには女性、低学歴の労働者といえそうだ。こうした層はコロナ危機以前から不安定で収入が低いことが多く、格差の定着につながりやすい。加えて、収入だけでなく、十分な貯蓄がなく、収入減少時や失職時の経済的なバッファーも乏しい。

　コロナ危機はジェンダー間の不平等も悪化させるリスクがある。女性はリモートワークが困難な仕事への従事割合が多いだけでなく、リモートワークが可能な職種に就いている場合も、在宅期間中の家事や育児負担が集中しやすい。コンサルティング会社ＢＣＧが２０２０年３月から４月にかけて欧米５カ国の共働きの親世帯を対象に行った聞き取り調査によれば、家事分担の進んでいる欧米社会においても、リモートワーク中の家事・育児に充てる時間は女性が男性の1・3倍で、1週間当りで15時間多かった。同調査では、家事を「夫婦で等しく分担している」との回答が45%、「主に女性が担っている」との回答が37%と多く、「主に男性が担っている」との回答は18%にとどまった。

リモートワークで世界中の労働者が競争相手に

対人接触を伴わず、リモートワークで代替可能な仕事も、必ずしも安泰ではない。インターネット環境があればどこでも仕事ができる労働者にとってのライバルは、会社に通勤可能な距離に住む人だけではなくなるからだ。仕事上のやりとりがメールやウェブ会議ですむ職種の人々の間では、都会の喧騒を逃れ、自然豊かで住環境の良い場所でのリモートワークを選択する人も現れている。それでも月に何度かの出社が必要であれば、さすがに会社から5時間も6時間も離れた場所に居を構える人は少ない。だが、完全リモートワークが可能な労働者にとっては、職場と住宅との物理的な距離は重要でなくなる。極端な話をすれば、日本にいる必要もないわけだ。これは労働者にとって職住接近という制約がなくなることを意味するが、それは会社側にとっても同じだ。日本の多くの企業には言語という壁が残っているが、リモートワークの常態化で国境や国籍という壁が取り除かれ、いずれはインドのエンジニアや中国のセールスマンなど世界中の労働者がライバルとなる可能性を秘めている。

この点、ボールドウィン（２０１８）が描く近未来が興味深い。同書ではモノ、アイデア、ヒトの移動の制約に応じてグローバル化を3つの段階に分類している。第1段階のグローバル化は、輸送技術の発展で国境を越えたモノの移動（貿易取引）が活発化した。１９９０年頃に始まった第2段階のグローバル化は、情報通信技術の発展で複雑な工程を遠隔で調整できるようになり、工場の海外移転が進み、ノウハウが国境を越えた。未来のグローバル化は、遠隔ロボット技術の発展で頭脳労働が国境を越える。そこでは、ある国の労働者が別の国で労働サービスを提供する「バーチャル移住」が進み、国際的な競争にさらされる仕事が増えると論じる。リモートワークで代替可能な仕事は、ボールドウィンが思い描く第3段階のグローバル化を先取りするものといえるだろう。

資産価格の上昇が生む富の集中

コロナ危機の打撃を軽減するはずの政策対応も格差拡大につながるおそれがある。今回の危機では多くの国が、国民生活を守るため、家計や企業に対する給付を行った。日本では当初、収入が減って厳しい状況に置かれた世帯に一律30万円を支給することが検討されたが、支給対象のわかりやすさや支給までの迅速性が重視され、全国民に1人当り10万円を給付するかたちに変更された。これまでどおりの給与所得を得ている人にまで、一律で支給する必要があったかどうかは議論の余地がある。休業や外出自粛の影響、先行き不透明感による消費手控えの影響もあるが、所得が減少しなかった家計の間では、給付金の多くが貯蓄に回った可能性がある。コロナ危機発生後の家計貯蓄率の上昇は、他国でも観察されている。

各国中銀による大規模な金融緩和と潤沢な流動性供給は、金融市場の動揺封じ込めや景気の下支えを目指したものだ。だが、巨額の緩和マネーは、企業業績とかけ離れた資産価格の上昇という歪な現象を引き起こしている。世界の主要株価指数は軒並みコロナ危機前の水準を回復しており、日経平均株価も２０２０年８月下旬にコロナ危機前の水準を回復した後、11月には年初来の高値を更新するどころか、29年ぶりに２万５０００円台まで上昇、ハイテク株中心の米ナスダック指数は史上最高値を更新し続けている。超低金利下で多くの家計が預金収入の目減りに直面するなか、株式保有者の資産は増加している。こうした株価上昇の恩恵はとりわけ一部の富裕層に集中する。コロナ危機下でハイテク企業創業者の純資産額が増え続けていることを伝える新聞報道も目につく。

医療アクセスにも貧困の影

日本のように医療アクセスが良い国ばかりではない。先進国の米国でも、医療保険をもたない低所得層（低所得者向けの公的医療扶助制度であるメディケイドからもれる人々）が、高額請求をおそれて医療機関を受診しないケースが目立つ。公的機関でのウイルス検査が無料でも、他の病気の検査費用などがかさむ。米国では今回のコロナ危機において低所得層が多い黒人やヒスパニック系住民の感染率や死亡率の高さが注目された。今後、有効なワクチンが開発されたとしても、費用負担が障害となり、低所得層の接種率が伸び悩むおそれがある。調査会社モーニング・コンサルタントが10月に実施した調査によれば、ワクチンが開発された場合に接種すると回答した米国人の割合は50％を下回る。

　サハラ以南のアフリカ、中南米、南アジアなどの新興国における貧困層の置かれた状況はさらに深刻だ。貧困層の居住地域は、人口が密集し、衛生環境も劣悪なところが多い。医療資源も脆弱なうえ、医療アクセスも悪い。コロナウイルスの感染拡大で他の病気の治療に支障が出るケースも増えている。感染予防用のマスクや消毒液どころか、安全で清潔な水ですら贅沢品である最貧国もある。

　このように新型コロナウイルスは国の内外を問わず、持つ者と持たざる者の間を隔てる格差を浮き彫りとする。直径１００ナノメートル（1ミリメートルの1万分の1）のウイルスに国境はない。日本で感染が収まったとしても、世界のどこかから再びウイルスが持ち込まれるリスクがある。世界で感染が収束しなければ、この危機は終わらない。

4 グローバル化の逆流が始まる?

世界中で消えた空の旅

コロナ危機は世界のヒトとモノの流れを一変させた。世界的な感染拡大を受け、各国は感染リスクの高い国からの入国禁止、高リスク国の渡航歴がある外国人の入国禁止、査証免除の効力停止、入国時や滞在中の健康状態を検査、PCR検査の実施や陰性証明、健康証明書の提出、入国後の一定期間の隔離、公共交通機関の利用自粛、自国民の海外への渡航禁止や渡航自粛、自国民の早期帰国といった措置を相次いで打ち出した。

英航空情報会社OAGが集計したデータによると、世界の航空機の運行便数は2020年4〜5月にかけて前年比で7割前後と大幅に落ち込み、なかでも欧州、シンガポール、香港では9割前後もの減便となった。その後、外出制限や渡航禁止の緩和、経済活動の再開を受け、運行便数の下落率は縮小傾向にあるが、11月初旬の段階でも世界で5割程度の旅客機が飛んでいない。旅客需要の減少や乗客間の社会的距離を確保するため、1便当りの搭乗客数も少なく、旅客数の減少はこれを上回る。国内の移動制限を解除した国が増えてきたことから、国内線に復調の兆しが

図表8－4　世界の航空機の運航便数の月次推移

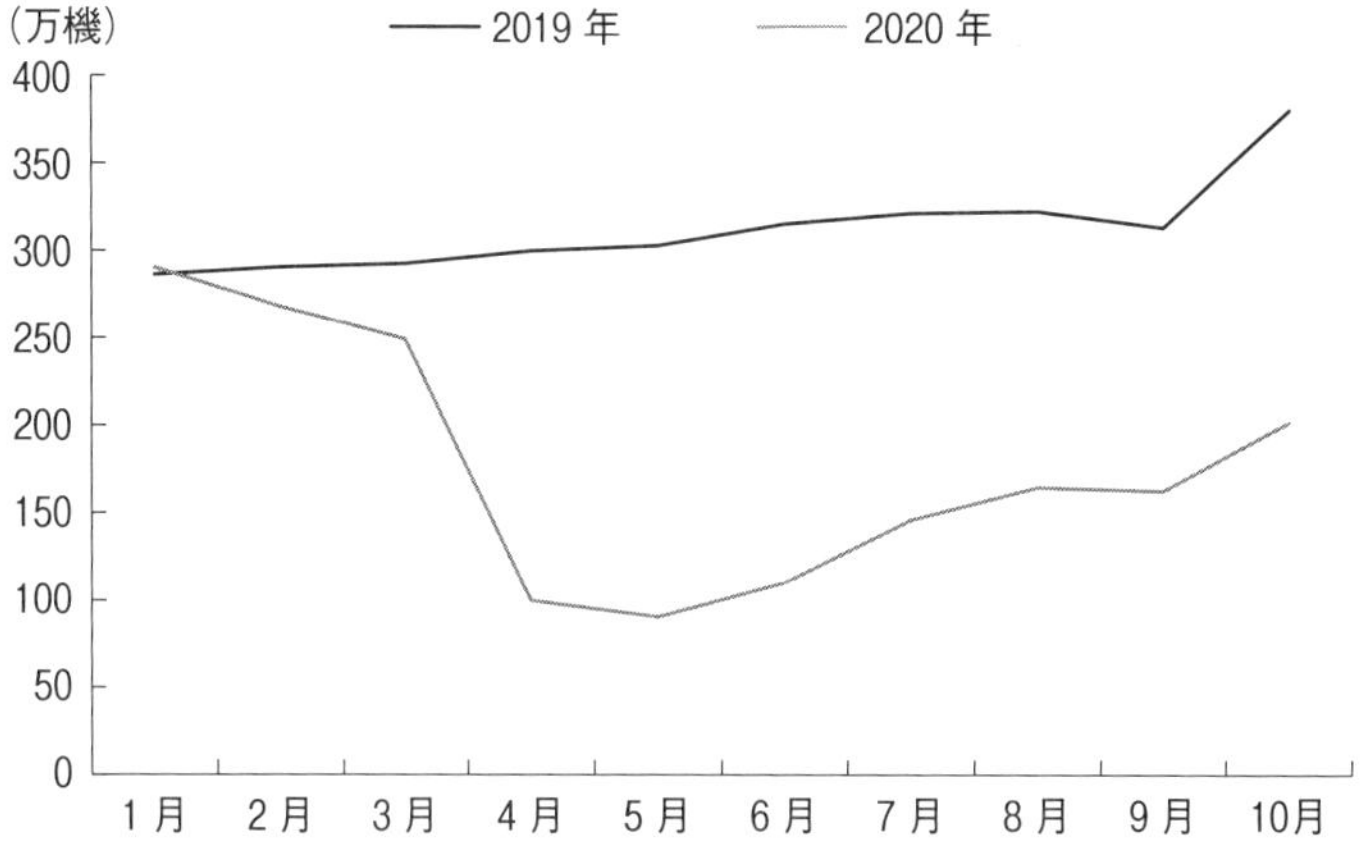

（出所）　OAGより第一生命経済研究所作成

あるが、国際線は底ばい圏での低空飛行が続いている。国境を越えた人の移動がいまもほぼ完全に停止している状況だ。

コロナ危機は国境を越えた経済活動にも影響を及ぼしている。初めに感染が広がった中国の武漢市と同市が位置する湖北省は、中国における自動車産業の集積地の一つで、日本を含む世界の主要自動車メーカーが部品工場などを構えていた。中国での感染拡大を受け、各社は2020年1月下旬の春節休暇にあわせて工場の創業を停止したが、結局、部分的な生産再開に漕ぎ着けたのは3月中旬以降で、フル稼働にはさらに時間がかかった。部品調達が滞ったことで、世界の自動車生産にも大きな影響が出た。

その後、欧州に飛び火したウイルス感染は、イタリア北部の工業地帯で猛威をふるった。同地域でも一時期、各種工場が操業停止に追い込まれ、欧州を中心としたサプライチェーンにも影響が出た。さらに感染が世界各国に広がるなか、今度は都市封鎖の間の需要蒸発と先行き不透明感が重石となり、世界の貿易取引が激減した。世界貿易機関（ＷＴＯ）は２０２０年の世界の貿易量が楽観シナリオで前年比12・９％減少、悲観シナリオで同31・９％減少すると予測する。

海外渡航の再開はいつになる？

感染収束後に世界の人と物の流れは危機前の姿を取り戻せるのだろうか。国際航空運送協会（ＩＡＴＡ）が２０２０年６月に11カ国４７００人の旅客利用者を対象に行った調査によると、「感染収束から飛行機での旅行を再開するまでにどの程度の時間を置くか」との質問に対し、12％が「即座に再開する」、33％が「1～2カ月程度待つ」、36％が「半年程度待つ」、14％が「1年程度待つ」、５％が「予見できる将来にわたって再開しない」と回答した。４月の調査に比べて全般に再開までの期間が長期化する回答が増えている。また、「飛行機での旅行をより安心できるための措置」を尋ねたところ、「全乗客へのマスクの着用義務づけ（34％）」「搭乗時の乗客への検査（32％）」「機内での社会的な距離の確保（31％）」「出発時の検温（28％）」「飛行機の消毒の可視化（28％）」が回答の上位を占めた。ただ、いずれも3割程度の回答割合にとどまり、不安解消が容易でないことが示唆される。

加えて、感染拡大が広がって以降、欧米諸国などでアジア系住民やアジアからの旅行客が罵声を浴びせられたとの報道も散見される。米調査機関ピュー・リサーチ・センターの調査によれば、「中国に対して好意的でない」意見をもつ米国人の割合は２０２０年7月に73％と、調査開始以来の過去最高を更新した。同調査では、米国人の78％が「世界的な感染拡大を招いた原因の多くが中国にある」と考えている。欧州でも調査会社レッドフィールド&ウィルトン・ストラテジーズが２０２０年3月に行った調査によれば、イタリア人の73％、スペイン人の56％、フランス人の64％が、「今回の危機で中国が非難されるべき」と考えている。こうした嫌中意識の広がりは、アジア系の観光客が米国や欧州訪問に二の足を踏む一因ともなりかねない。

中国依存見直しの動きが加速

コロナ危機によるサプライチェーンの分断は、自然災害や戦争などで生産設備や物流施設に物理的な被害が発生する状況とは異なる。工場の操業が停止されたのは、政府の感染予防措置に従った場合や、従業員の安全確保を求める労働組合からの要請、学校休校で子どもを残して出社できないなどの事情によるものだ。こうした事象が解消されれば、比較的すみやかな復旧が予想される。今後、世界需要が持続的に回復すれば、それに応じて世界の貿易量も回復に向かうことが

図表８－５　医療関連物資の中国からの輸入依存度

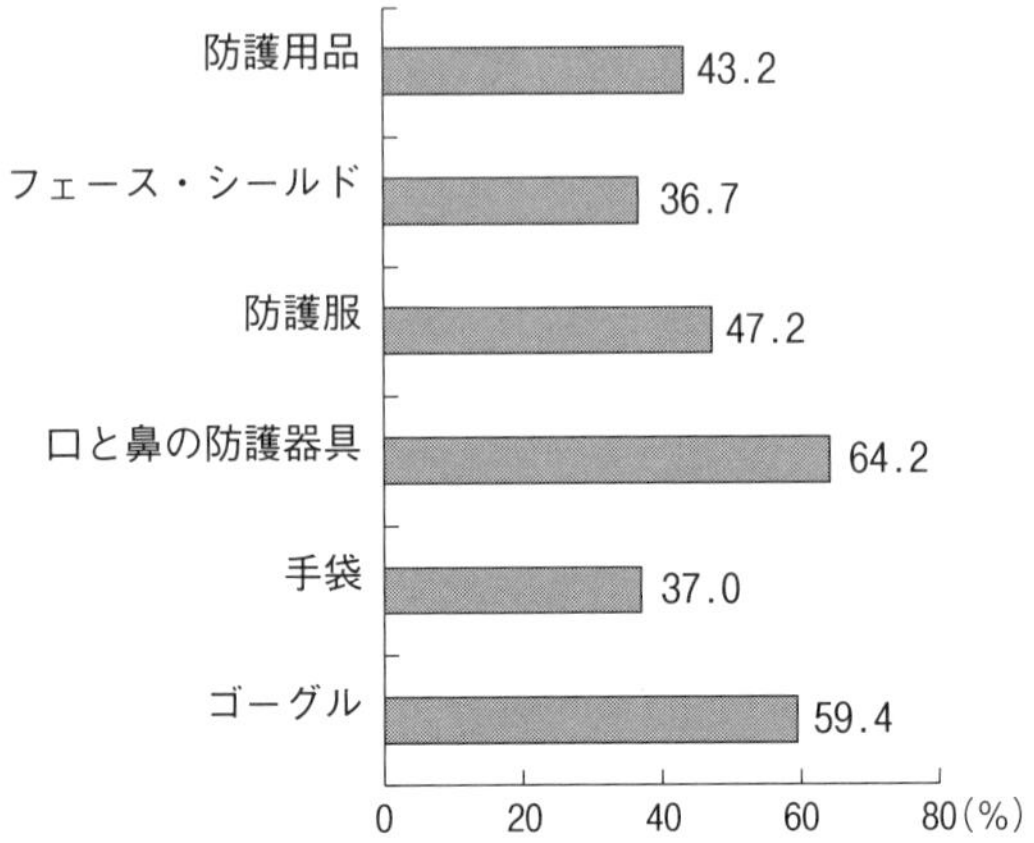

（注）　2018年の世界の関連輸入に占める中国からの割合。
（出所）　Bown（2020）より第一生命経済研究所作成

予想される。前述のＷＴＯの見通しでも、２０２１年の世界の貿易量は楽観シナリオで前年比21・3％増、悲観シナリオでも同24・0％の増加が見込まれている。

ただ、今回の危機をきっかけに国際的な分業体制や医療物資を中心に調達先の見直しが検討されることになりそうだ。サプライチェーンが一つの国や地域に集中すると、供給遮断による影響が直撃する。今後はサプライチェーンの多元化でリスク分散を図る動きが加速しよう。米中間の貿易戦争の激化や中国での人件費高騰もこうした流れを後押しする。バイデン次期米大統領のもとでも、中国の技術覇権や国家安全保障上の脅威を理由とした米中対立は続く見込みだ。フランスのマクロン大統領は、医薬品、マスク、人工呼吸器などの中国依存を減らし、国内の生産体制を強化する方針を表明している。国内生産の拡大を条件に、コロナ禍で苦しむ自動車産業を支援することも発表している。日本も医療物資の国内生産回帰に補助金を支給する。

コロナ危機で顕著になったのは、主要国が医療関連物資を中国からの輸入に大きく依存していることだ。Bown（２０２０）は、主要各国について、フェース・シールド、防護服、手袋などの医療関連の防護用品の中国からの輸入依存度を計算している。それによれば、日本の防護用品の輸入の55％が中国からで、米国が48％、ドイツが49％、フランスが50％、英国が49％、イタリアが54％、オーストラリアが54％、世界全体では42％と中国依存度の高さが際立つ。米ＣＮＮはインド商工会議所とＫＰＭＧの調査結果として、米国内の処方薬の約９割がジェネリック医薬品で、このうち３分の１をインドの製薬会社が生産しているが、その原材料の68％を中国から輸入していることを伝えている。

ＷＴＯの調査では、今回の危機で少なくとも80の国と地域がコロナに関連した輸出規制を導入した。具体的には、73カ国がマスクやゴーグル、50カ国が防護服、47カ国が医療用手袋、28カ国が消毒液、20カ国が医薬品、17カ国が食料品、10カ国が人口呼吸器などの医療機材、６カ国がウイルス検査キット、３カ国が石鹸、２カ国がトイレットペーパーの輸出禁止や輸出制限を行った。爆発的な感染拡大に見舞われた各国が、国内供給を優先し、需給ひっ迫による国内での価格高騰の抑制を目指したのは仕方のなかった面もある。将来のパンデミックに備えて、マスクや防護服、人口呼吸器などの医療物資については、多くの国が海外依存を改め、国内生産への回帰を検討している。

グローバル化で世界中にウイルスが拡散？

コロナ危機の発生以前からグローバル化のもたらす弊害を指摘する声が高まっていた。ミラノヴィッチ（2017）は世界の所得分布と世帯当り実質所得の伸び率をプロットすることで、グローバル化の利益が均等に配分されていないことを視覚的に明らかにした。象が鼻をもたげた姿に似ていることから、「エレファントカーブ」と呼ばれるこの有名な曲線は、グローバル化が大きく進展した1988〜2008年の間に（これはベルリンの壁の崩壊からリーマン・ショックまでの時期とおおむね一致する）、中国やインドなど主にアジアの新興国の中間層と、米国に多くが集中する世界の所得上位1％の超富裕層の実質所得が大幅に伸びたのに対し、日本やアメリカ、ドイツなど先進国の下位中間層の実質所得がまったく伸びていないことを示す。

貿易は国全体の経済厚生を引き上げるが、利益を得る人と不利益を被る人を必ず生む。高い経済成長を実現している間は、不利益を被る人も所得分配を通じて間接的にその恩恵を享受する余地もあった。だが、先進国の経済パフォーマンスが下方屈折した現在、貿易の利益を実感できる人はますます少なくなっている。英国が欧州連合（ＥＵ）からの離脱を選択したのも、米国でトランプ大統領が誕生したのも、経済成長から取り残されたこうした人々の不満を反映したものだ。国境を越えたウイルス感染の脅威は、グローバル化に対する一般市民のイメージをよりいっそう悪くするおそれがある。

5 世界で失われる教育機会

教育機会を奪われた子どもたち

コロナ禍で大きな我慢をしいられているのが学生だろう。過去に猛威を振るったＳＡＲＳやＭＥＲＳなどの感染症と比べて、新型コロナウイルスは感染力が強いが、致死率が低く、無症状者が多い。基礎疾患のない若者は重篤化しにくいが、無自覚・無症状の感染者として、家庭内や市中で感染源となることが不安視されている。学校や大学では教室という限られた空間に多くの生徒が集まる。未就学児や小学校の低学年に、ソーシャル・ディスタンスを徹底させることはむずかしい。コロナの感染拡大後、世界中で多くの学校や大学が一時休校やオンライン学習への切

図表８－６　世界で学校休校の影響を受ける子どもの数

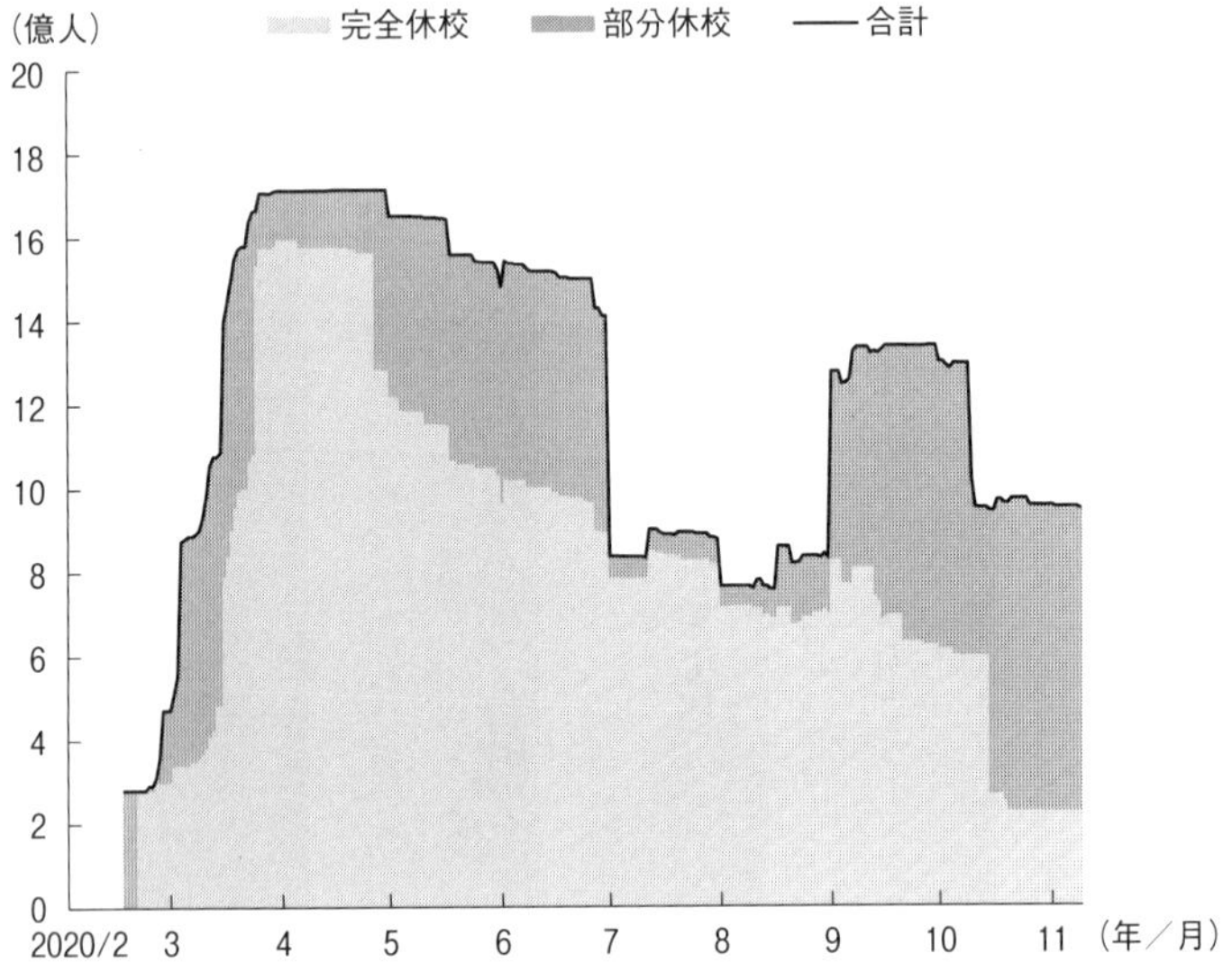

（出所）ユネスコより第一生命経済研究所作成

替えを迫られた。国連教育科学文化機関（ユネスコ）の集計によれば、２０２０年４月のピーク時には世界の１９０カ国以上がなんらかのかたちで学校を休校し、未就学児と就学児の９割以上に相当する約17億人が影響を受けた。ＯＥＣＤ（２０２０）は、就学機会の減少で労働スキルの到達点が低下し、向こう80年間で各国のＧＤＰを最大で１・５％ポイント引き下げると試算している。

日本では２０２０年３月に全国の小中高と特別支援学校に臨時休校が要請され、当時はまだ感染者の出ていなかった地域でも多くの学校がこれに従った。４月の新年度開始にあわせて学校再開も模索されたが、緊急事態宣言が発令されるなか、学校休校は長期化した。休校期間中の学習面での対応には学校の情報設備や教師の情報リテラシーに大きなギャップがあり、オンラインでの学習環境の整っていない学校や家庭も多かった。十分な授業時間を確保し、学習の遅れを取り戻すため、さらには大学教育の国際化への対応も視野に入れ、入学や始業時期を秋にずらす「9月入学」の導入を求める声が高まった。だが、5月に緊急事態宣言が解除され、6月には段階的な学校再開が視野に入ってきたこともあり、教育関係者や未就学児の親から慎重論が浮上した。教師や教室の確保、カリキュラムの見直し、義務教育の開始年齢を遅らせることによる弊害、就職予定だった学生の処遇などの課題も浮き彫りとなった。結局、幅広い制度改革には国民的な合意が必要として、導入が見送られた。

学校休校の影響はこんなところにも

再開後も分散登校や短縮授業で対応する学校が多く、直後に夏休み入りしたことで、日本の学校教育はほぼ半年間ストップした状態だった。遠隔授業やオンライン学習への取組みでは、学校の対応能力に大きな差が出た。学校側のインフラ整備の問題に加えて、自宅に十分な学習環境や通信環境が整っていない家庭も多い。オンラインで教育の質をどう確保するか、主体的に学ぶことが苦手な生徒の学習意欲をどう高めるか、学習の遅れをどう取り戻すかが大きな課題となる。

夏休み明けから本格再開した学校が多いが、学校再開後に生徒を介した感染が広がるおそれもあり、再び休校となった場合の準備も進めておく必要がある。

共働き世帯では学校休校や保育サービスの休業が仕事のパフォーマンスにも影響する。前述のＢＣＧの調査では、共働きが多い欧米社会においても、60%の世帯が「学校休校や保育サービスの休業中に、別の保育サービスを見つけることができなかった」と回答している。1週間当りに家事と育児に費やした時間は休校前の約2倍に増え、「家事・育児負担の増加で仕事のパフォーマンスが低下した」と回答した割合は47%に及んだ。特に未就学児を抱える家庭でパフォーマンス低下を実感する割合が高い。

言うまでもなく、学校は「読み書き算盤」を教えるだけの場所ではない。学校行事やクラブ活動を通じて、集団行動や人間関係を学ぶ場でもある。複雑な家庭環境の子どもにとっては、栄養バランスに配慮した食事や家庭以外の〝居場所〟も提供する。母子家庭世帯の相対的貧困率が高い日本では、学校休校で母親の仕事に支障が出れば、所得減少や生活困窮に直結する。感染長期化をにらむと、再休校に備えたオンライン学習環境を整備するとともに、学校や家庭での感染予防の徹底、子どもから高齢者への感染リスクを軽減する取組みが急務となろう。

電気のない家庭にオンライン授業は届かない

世界に目を移すと、学校を全面的に再開したのは、アジア、オセアニア、欧州などの一部の国に限られる。アフリカ、中南米、中東では多くの国が休校を続けている。２０２０年11月初旬の段階でも、世界の１００以上の国で約10億人の子どもが休校の影響を受けている（前述のユネスコ集計）。社会的弱者は教育面での影響も、ひときわ大きくなる。オンライン学習への切替えが困難なことに加え、経済的な打撃が大きい貧困家庭の子どもは、教育課程を修了できないリスクが高まる。英エコノミスト誌によれば、オンライン学習を開始したものの、そのまま不登校となる子どもや、退学する子どもが増えることも懸念されている。犯罪に巻き込まれ、暴力や強制結婚の犠牲になるリスクも高まる。最貧国では学校給食の提供がなくなり、飢餓が増えるとの指摘もある。手洗い場すらなく、学校再開に不可欠な感染予防がむずかしい学校も多い。

極端な対応をしている国もある。米ニューヨークタイムズ紙によれば、ケニア政府は２０２０年７月、公立・私立を問わずすべての学校を対象に、オンライン学習を含めた２０２０年度中（同国の学年度は1～11月）の完全休校を決定した。３月中旬の休校開始後に政府はラジオ、テレビ、インターネットを通じたオンライン学習プログラムの提供を開始したが、貧困世帯や農村部ではテレビどころか、電気が通っていない家庭も多い。生徒や教師をウイルス感染から守るだけでなく、オンライン学習への平等なアクセスを確保できないことを問題視した措置とされる。こうした政府の対応には、国全体の学習到達度の低下につながるとして不安視する声もある。

世界で授業料の返還を求める動き

大学教育のあり方も問われている。世界の大学は新型コロナウイルスの感染拡大後、一斉に遠隔授業に切り替えた。感染再拡大への警戒が続くなか、感染者が減少傾向にある国でも、対面での授業を本格的に再開した大学は少ない。米USニュース&ワールド・レポート誌によれば、米国の大学のなかには秋に対面での授業を開始した後、感染者の増加で再びオンライン授業への切替えを余儀なくされたところもある。教育の質が低下したとして、授業料の返還を求める動きも各国で相次いでいる。高額の学費をオンライン授業のために支払うことに疑問を感じ、入学を取りやめたり、退学する学生も出ている。ピュー・リサーチ・センターが10月に米国の成人を対象に行った調査によれば、68%が「オンライン授業が対面授業と同等の教育上の価値を提供しない」と回答し、「提供する」との回答(30%)を上回った。米国では7月に、秋学期の授業がすべてオンラインで行われる場合、留学生にビザ発給を認めず、すでに米国の大学に在籍中の留学生も対面授業を実施する大学に転校するか、国外に出国する必要があるとの方針が発表された。大学や学生の反発を受けて、政府は方針を取り下げたが、新規の留学生が激減するとみられている。交換留学や国際交流プログラムの中止も相次いでおり、国際的な人事交流にも大きな影響が出ている。

6　社会変革で危機を乗り越える

コロナ禍で進んだ働き方改革

リモートワークで代替可能な職種では、コロナ禍で働き方が大きく変わった。感染収束後もフレキシブルな勤務形態やリモートワークを続けたいと考える人も少なくない。国際労働機関（ＩＬＯ）の集計では、コロナ危機以前に永続的に在宅から勤務をしていた労働者の割合は世界全体で7・9％にとどまったが、コロナ後に飛躍的に高まった。Berg et al.（２０２０）は、世界全体の18％、高所得国の27％が、在宅からの勤務が可能な職業に従事していると推定している。

総務省の通信利用動向調査報告書によれば、日本全国の２１２２社を対象とする２０１９年の調査では、20・1％が「テレワークを導入している」と回答している。回答企業は従業員規模が

１００人以上の企業に限られ、実際のテレワークの普及率はこれをはるかに下回る。森川（２０２０）によれば、日本では２０１９年に行った調査で、テレワークの導入企業が６％弱にとどまった。主に大企業を対象とした調査ながら、緊急事態宣言発令後の２０２０年４月に日本経済団体連合会（経団連）が行った調査では、回答企業の97・８％がテレワークや在宅勤務を導入していると回答、導入企業のうちテレワークや在宅での勤務者が従業員に占める割合が５割以上を占める企業が72・７％にのぼった。また、人材派遣会社パーソルの関連会社が4月に全国の就業者を対象に行った聞き取り調査では、調査対象の正社員の27・９％がテレワークを実施していると回答した。外出自粛下での半強制的な在宅勤務の開始で、思いがけず働き方改革が前進した。

リモートワークの功罪

リモートワークの普及は、通勤時間の節約、混雑した公共交通機関を利用することに伴う健康負荷や感染リスクの軽減、子育て・介護・家事・ボランティア・地域活動との両立、ワーク・ライフ・バランスの実現、女性の就労促進、大都市圏への一極集中の是正などの問題解決につながる可能性を秘めている。加えて、一極集中の是正や分散型都市の実現は、地方創生、感染予防、渋滞緩和、温室効果ガス排出量の削減などにも貢献する。

一方で、新入社員や転勤者などに目に見えない企業文化や共有知をどのように伝えるか、適切な管理や評価ができるか、長時間労働や運動不足による健康への影響、孤独感などメンタルヘルスへの対応が課題となる。日常的な接点を通じて得られる情報、上司・同僚からの助言も得られにくくなる。このほかにテレワークを導入しない理由として、セキュリティ上の心配がある、導入に費用がかかり過ぎる、顧客など外部対応に支障が出るといった指摘も多い。前述のとおり、コロナ禍の経済的な打撃が大きいのは、リモートワークで代替することがむずかしく、対人接触を伴う仕事であることが多い。こうした仕事に従事している人は、非正規やパート労働など不安定な就業形態が多く、社会的なセーフティネットの拡充を同時に進める必要がある。

前述のパーソル総合研究所の調査では、「非対面のやりとりは、相手の気持ちがわかりにくく不安」（テレワーク実施者の37・4％）、「上司や同僚から仕事をさぼっていると思われていないか不安」（同28・4％）、「上司から公平・公正に評価してもらえるかが不安」（同22・6％）など、対人関係での不安を感じている人が多い。また、テレワーク実施後に、「組織の一体感」（同36・4％）、「仕事への意欲・やる気」（同32・8％）、「仕事の満足度」（同31・0％）、「組織へ貢献したい意欲・気持ち」（同25・6％）、「組織への帰属意識」（同24・8％）が低下したと回答した人が多い。

リモートワークで生産性は高まるか

リモートワークが生産性を高めるかは、仕事の性質や個人の置かれた環境にも依存する。家族構成や家事分担、書斎やワークスペースなど集中できる仕事空間が自宅にあるか、インターネットなど仕事で必要な機器や設備が整っているか、協働するチームメンバーも含めてリモートワークに必要なスキルを有しているか、などが影響しよう。大学生を対象とした実験結果に基づき、仕事の性質によってテレワークの生産性に違いが出るかを分析したDutcher（２０１２）によれば、創造的な仕事では生産性が高まったのに対し、退屈な仕事では生産性が低下した。

現実の世界はもう少し複雑なようだ。創造的な仕事の代表格といえる米国のハイテク企業の間でもリモートワークの評価は定まっていない。米ウォール・ストリート・ジャーナル紙によれば、在宅勤務の長期的な活用を表明した企業がある一方で、安全確保のために当面必要だが、危機後の長期的な解決策としては好ましくないと考える企業も増えている。従業員と会社とのつながりが薄れることや、共同作業での効率の悪さ、従業員教育がむずかしいなどの理由を指摘する。日本生産性本部が２０２０年5月に実施した調査によれば、「自宅での勤務で効率が上がった」と回答した割合は34・８％にとどまったが、7月調査では50・０％、10月調査では50・５％に上昇している。ドイツのＩｆｏ経済研究所の調査では、「生産性が上がる」と回答した企業の割合は19％にとどまった。

パンデミックに負けない社会の構築に向けて

危機は変革をもたらす。14世紀に欧州を襲った黒死病（ペスト）は、当時の欧州の人口の3分の1に相当する2500万人もの死者を出した。クリミア半島にあったジェノバ共和国の植民都市で発生したペストは、寄生されたネズミとともに商業船に乗ってイタリアに渡り、欧州のほぼ全域と北アフリカや中東に広がった。それ以前の数世紀の急速な人口増加と長年の戦禍による農地の荒廃は欧州に深刻な飢饉をもたらした。そこに追い打ちをかけたのがペストの大流行だった。大量死による人口減少で、領主と農民の力関係に変化が現れる。それがやがて大きなうねりとなり、商業都市の発展や大航海時代の到来と相まって、中世封建社会の終焉とルネサンスへとつながっていった。

コロナ危機がわれわれに問いかけるのは、どのように危機に立ち向かい、それを克服し、より良い社会を築き上げるかだ。欧州はコロナ危機対応で復興基金の創設を決め、積年の課題であった財政統合に向けての第一歩を歩み出す。そこでは、危機からの経済復興と気候変動やデジタル化といった社会課題の同時解決を目指している。日本でも今回のコロナ禍で、政府や企業、学校現場のデジタル化対応の遅れ、調達先や都市機能を過度に集中することによる弊害、世界有数の医療体制が抱える脆弱性など、多くの社会課題が浮き彫りとなった。コロナ危機後の社会の方向性は、デジタル技術による業務やビジネスの変革（デジタルトランスフォーメーション）、デジタル（オンライン）とアナログ（リアル）の融合、非接触・非対面型のサービス、大都市圏に集中してきた機能の地方への分散（分散型社会）、医療関連物資の国内生産回帰、サプライチェーンの戦略的な分散化などが進むことになりそうだ。新しい生活様式や社会の変化に対応するかたちで、行政や法規制にも柔軟な対応が求められる。

人類はこれまでも多くの感染症と向き合ってきた。世界的なベストセラーとなった『銃・病原菌・鉄』（ジャレド・ダイアモンド著）では、農業や都市の勃興、インカ帝国やアステカ帝国の滅亡など、人類の歴史において病原菌が果たしてきた役割が綴られている。このまま感染が収束に向かうかの結論はいまのところ出ていない。急ピッチでワクチン開発が進められているが、副作用への警戒もあり、実用化後も接種が伸び悩む可能性もある。新型コロナウイルスは変異しやすいことも知られている。今回の危機を乗り越えたとしても、いずれ新たな感染症の猛威が日本や世界を襲うことになるだろう。そうした事態に備え、いまこそパンデミックや自然災害に強い社会の構築に向けて歩み出す必要がある。

【参考文献】

Alfani, Guido, and Francesco Ammannati (2017), Long-term trends in economic inequality: The case of the Florentine state, c. 1300-1800, The Economic History Review, Volume 70, Issue 4, March 2017, p1072-1102

Avdiu, Besart, and Gaurav Nayyar (2020), When face-to-face interactions become an occupational hazard: Jobs in the time of COVID-19, Brookings Institution, 30 March

Barro, Robert J., Jose F. Ursua, and Joaana Weng (2020), The coronavirus and the great influenza pandemic: Lessons from the "Spanish flu" for the coronavirus's potential effects on mortality and economic activity, NBER Working Paper Series 26866, March 2020

Berg, Janine, Florence Bonnet, Sergei Soares (2000), Working from home: Estimating the worldwide potential, VoxEU.org, 11 May

Boston Consulting Group (BCG), Easing the Covid-19 burden on working parents (2020 年 5 月 21 日公表)

Bown, Chad (2020), COVID-19: China's exports of medical supplies provide a ray of hope, Peterson Institute for International Economics, 26 March

CNN, The coronavirus exposed the US'reliance on India for generic drugs. But that supply chain is ultimately controlled by China (2020 年 5 月 16 日公開オンライン記事)
https://edition.cnn.com/2020/05/16/business-india/india-pharma-us-china-supply-china-intl-hnk/index.html

Dutcher, E. Glenn (2012), The effects of telecommuting on productivity: An experimental examination. The roll of dull and creative tasks, Journal of Economic Behavior & Organization, Volume 84, Issue 1, September 2012, p355-363

Furceri, Davide, Prakash Loungani, Jonathan D. Ostry, and Pietro Pizzuto（2020）, Covid-19 will raise inequality if past pandemics are a guide, VoxEU.org, 8 May

Ifo Institut. Sonderfragen im 2. Quartal 2020: Homeoffice und Digitalisierung unter Corona（2020年8月3日公表）
https://www.ifo.de/personalleiterbefragung/202008-q2

International Air Transport Association, Passenger insight in the times of a pandemic（2020年6月3日公表）

Kissler, Stephen, Christine Tedijanto, Marc Lipsitch, and Yonatan H. Grad（2000）, Social distancing strategies for curbing the Covid-19 epidemic, March 2020

Morning Consult. Gaps in Health IT Capabilities Threaten to Undermine Coronavirus Vaccine Rollout（2020年10月26日公表）
https://morningconsult.com/2020/10/26/health-it-covid-vaccine-distribution-states/

OECD. The Impact of Covid-19 on Education. Insights from Education at a Glance 2020（2020年6月30日公表）

Pew Research Center. Americans are divided on whether colleges that brought students back to campus made the right decision.（2020年10月26日公表）

Pueyo, Tomas. Coronavirus: The Hammer and the Dance. What the Next 18 Months Can Look Like, if Leaders Buy Us Time.（2020年3月20日に自身のウェブサイトで公開）
https://tomaspueyo.medium.com/coronavirus-the-hammer-and-the-dance-be9337092b56

Redfield and Wilton, Coronavirus: European public is in it for the long haul（2020年3月25日公表）

Silver, Laura, Kat Devlin, and Christine Huang（2020）, Americans fault China for its role in the spread of Covid-19, Pew Research

Center, 30 July
The Economist, School closures in poor countries could be devastating (2020年7月18日公開オンライン記事)
https://www.economist.com/international/2020/07/18/school-closures-in-poor-countries-could-be-devastating
The New York Times, Kenya's unusual solution to the school problem: cancel the year and start over (2020年8月5日 公開オンライン記事)
https://www.nytimes.com/2020/08/05/world/africa/Kenya-cancels-school-year-coronavirus.html
The Wall Street Journal, Companies start to think remote work isn't so great after all (2020年7月24日公開オンライン記事)
https://www.wsj.com/articles/companies-start-to-think-remote-work-isnt-so-great-after-all-11595603397
US News & World Report. Colleges, Universities Continue Battling Major COVID-19 Spikes (2020年9月14日公開オンライン記事)
https://www.usnews.com/news/education-news/articles/2020-09-14/colleges-universities-continue-battling-major-covid-19-spikes
World Trade Organization, Export prohibitions and restrictions, Information note (2020年4月23日公表)
菊池信之介・北尾早霧・御子柴みなも (2020)、「新型コロナ危機による労働市場への影響と格差の拡大」、小林慶一郎・森川正之編『コロナ危機の経済学　提言と分析』、日本経済新聞出版社
ジャレド・ダイアモンド (2014)、『銃・病原菌・鉄』、草思社
総務省、「令和元年　通信利用動向調査報告書（企業編）」(2020年8月17日公表)
日本経済団体連合会、「緊急事態宣言の発令に伴う新型コロナウイルス感染症拡大防止策　各社の対応に関するフォローアップ調

査」(2020年4月21日公表)

日本生産性本部、「第3回　働く人の意識調査」(2020年10月16日公表)

パーソル総合研究所、「新型コロナウイルス対策によるテレワークへの影響に関する緊急調査」(2020年4月24日公表)

ブランコ・ミラノヴィッチ (2017)、『大不平等　エレファントカーブが予測する未来』、みすず書房

森川正之 (2020)、「コロナ危機と在宅勤務の生産性」、小林慶一郎・森川正之編『コロナ危機の経済学　提言と分析』、日本経済新聞出版社

リチャード・ボールドウィン (2018)、『世界経済大いなる収斂　ITがもたらす新次元のグローバリゼーション』、日本経済新聞出版社

おわりに

２０１９年12月に中国の内陸部で原因不明の肺炎患者が報告されてから約1年が経過する。新型コロナウイルスは瞬く間に世界中に広がり、多くの尊い命を奪ってきた。治療法が確立されていない未知のウイルスへの対応に世界各国は追われ、平時では経験したことのない経済的な苦境に見舞われている。本書は第一生命経済研究所で日本、米国、欧州、新興国を担当するエコノミスト４名が主に経済的な側面に焦点を当て、それぞれの担当地域や担当領域でコロナ危機のこれまでの歩みと政策対応を振り返ったものである。危機はいまも続いており、状況も刻一刻と変化している。筆者の力量不足もあり、医学や疫学的な見地の話題を十分に盛り込めず、コロナ後の世界について確固たる将来展望ができなかった点は今後の反省材料としたい。

普段、社会科学分野を扱う筆者にとって驚きだったのは、医療や公衆衛生の専門家の間で新型コロナウイルス対策をめぐる見解が大きく食い違ったことだ。ウイルスの特性や感染様式をめぐっては科学的な研究成果の蓄積が日々進んでいるが、いまも十分に解明されていないことが多いという。このことが科学的な証拠（エビデンス）に基づく政策議論をむずかしくした。例えば、欧米諸国や南米大陸に比べて、日本を含む東アジア、オセアニア、アフリカでは、人口当りの感染者が少なく、感染者当りの死者も少ない傾向が確認される。新型コロナウイルスに関する積極的な情報発信を行っている京都大学・iPS細胞研究所の山中伸弥所長は、これを「ファクターX」と名づけた。遺伝的要因や生活・衛生習慣の違いが影響しているなどさまざまな仮説があるが、いまのところ科学的な検証結果は判明していない。

　コロナ危機をきっかけにわれわれの生活様式も変化を余儀なくされた。外出機会は減り、オンライン会議が増え、緊急事態宣言解除後も在宅勤務を続ける人が少なからずいる。外出時はマスクを着用し、ソーシャル・ディスタンスを意識するようになった。危機は社会変革のきっかけとなる。在宅勤務を制度化し、人員配置や店舗立地を見直す企業も増えている。こうした新しい生活にも慣れてきた半面、これがコロナ後の日常であるとは思いたくない。人間は他者との関係において存在する。感染収束後にすべてが危機以前の状況に戻ることはないだろうが、人と人との「つながり」が感じられる生活を希求し、核となる生活様式についてはある程度、危機以前に戻るのではないだろうか。

　ウイルスの感染力が高まる冬場を迎え、米国では1日当りの新規感染者が過去最高を更新し、欧州は感染第二波の猛威にさらされ、日本も全国で感染者が拡大している。その一方で、開発中のワクチンの高い有効性が確認される治験結果が相次いで発表され、早期のワクチン接種による免疫獲得への期待も広がっている。

　ペストに襲われた民衆の葛藤を通じて不条理を描いたアルベール・カミュの名著『ペスト』

は、主人公の医師リウーの言葉で締め括られる。リウーはペストが消え去って喜悦する市民の声を聞きながら、この喜悦がいずれまた脅かされるであろうことを思い浮かべる。新型コロナウイルスの感染がこのまま収束するかは現時点で見通せない。今回のコロナ禍を乗り切ったとしても、人類はいずれ別の感染症の脅威に見舞われることになろう。本書が世界を大きな不安と混乱に陥れたコロナ危機を振り返る一助となれば幸いである。

最後に本書の執筆にあたっては、第一生命経済研究所の自由闊達な研究環境と同僚との刺激に満ちた意見交換が大きな助けとなった。なかでも佐久間啓氏と新家義貴氏からは数々の貴重な助言を得た。この場を借りて感謝したい。また、本書の企画段階からさまざまなかたちでご助力いただいた株式会社きんざい出版部の谷川治生氏にも深く感謝したい。

2020年11月

執筆者を代表して　田中　理

【執筆者略歴】

（肩書は２０２０年12月1日現在）

田中　理（たなかおさむ）［第3章、第8章］

第一生命経済研究所　経済調査部・主席エコノミスト

１９９７年3月、慶應義塾大学法学部卒。青山学院大学修士（経済学）、バージニア大学修士（経済学・統計学）。

１９９７年4月、日本総合研究所入社。調査部にて米国経済・金融市場を担当。その間、日本経済研究センターに出向。２００１年7月、モルガン・スタンレー・ディーン・ウィッター証券（現：モルガン・スタンレーMUFG証券）入社。株式調査部にて日本経済担当エコノミスト。海外大学院留学を経て、２００８年7月、クレディ・スイス証券入社。株式調査部にて日本株担当ストラテジスト。

２００９年11月、第一生命経済研究所入社、２０１２年1月より現職。担当は欧州経済。多摩大学非常勤講師（２０１５～２０２０年）。

西濵　徹（にしはま　とおる）［第2章、第5章］

第一生命経済研究所　経済調査部・主席エコノミスト

２００１年、一橋大学経済学部卒

２００１年、国際協力銀行入行。同行においてアジア（東アジア、東南アジア、南アジア、中央アジア・コーカサス）向け案件審査・監理、アジア・東欧・アフリカ向けソブリンリスク審査などを担当。２００８年に第一生命経済研究所に入社、２０１５年より現職。アジア、オセアニア、中東、アフリカ、ロシア、中南米などのマクロ経済および政治情勢分析を担当。

桂畑　誠治（かつらはた　せいじ）［第4章、第6章］

第一生命経済研究所　経済調査部・主任エコノミスト
１９９２年、日本総合研究所入社。１９９５年、日本経済研究センターに出向。１９９９年、丸三証券入社。日本、米国、欧州、新興国の経済・金融市場などの分析を担当。２００１年より現職。米国経済・金融市場・海外経済総括のほか、欧州、新興国経済などの担当を兼務。

星野　卓也（ほしの　たくや）［第1章、第7章］

第一生命経済研究所　経済調査部・副主任エコノミスト
２０１１年、一橋大学経済学部卒。２０２１年3月、一橋大学大学院経営管理研究科・金融戦略経営財務専攻を卒業見込み。
日本経済の分析・予測を専門。財政・社会保障・労働など制度知識を背景にした経済構造分析、政策提言なども行う。
跡見学園女子大学非常勤講師、景気循環学会幹事を務める。社会保険労務士、国際公認投資アナリスト（ＣＩＩＡ）。

KINZAIバリュー叢書
コロナ禍と世界経済

2021年1月21日　第1刷発行

著　者　田中　理・西濵　徹
桂畑誠治・星野卓也
発行者　加藤一浩

〒160-8520　東京都新宿区南元町19
発　行　所　一般社団法人 金融財政事情研究会
企画・制作・販売　株式会社 き ん ざ い
出 版 部　TEL 03(3355)2251　FAX 03(3357)7416
販売受付　TEL 03(3358)2891　FAX 03(3358)0037
URL https://www.kinzai.jp/

DTP・校正：株式会社友人社／印刷：三松堂株式会社

ISBN978-4-322-13831-3